MW01631952

Ortografía y gramática catalanas

para **dummies**®

Ortografía y gramática catalanas para dummies

Ferran Alexandri

para dummies

Edición publicada mediante acuerdo con Wiley Publishing, Inc.
...For Dummies, el señor Dummy y los logos de Wiley Publishing, Inc. son marcas registradas utilizadas con licencia exclusiva de Wiley Publishing, Inc.

Grupo Planeta
Avda. Diagonal, 662-664
08034 – Barcelona
rcelona

ISBN: 978-84-329-0479-0
Depósito legal: B. 20.369-2018

Primera edición: abril de 2014
Primera edición en esta presentación: septiembre de 2018
Preimpresión: gama, sl
Impresión: Black Print

Impreso en España - Printed in Spain
www.dummies.es
www.planetadelibros.com

¡La fórmula del éxito!

- Un tema de actualidad
- Un autor de prestigio
- Contenido útil
- Lenguaje sencillo
- Un diseño agradable, ágil y práctico
- Un toque de informalidad
- Una pizca de humor cuando viene al caso
- Respuestas que satisfacen la curiosidad del lector

¡Este es un libro *...para Dummies!*

Los libros de la colección *...para Dummies* están dirigidos a lectores de todas las edades y niveles de conocimiento interesados en encontrar una manera profesional, directa y a la vez entretenida de aproximarse a la información que necesitan.

Millones de lectores satisfechos en todo el mundo coinciden en afirmar que la colección *...para Dummies* ha revolucionado la forma de aproximarse al conocimiento mediante libros que ofrecen contenido serio y profundo con un toque de informalidad y un lenguaje sencillo.

www.dummies.es
www.facebook.com/paradummies
@ParaDummies

¡Entra a formar parte de la comunidad Dummies!

El sitio web de la colección *...para Dummies* está pensado para que tengas a mano toda la información que puedas necesitar sobre los libros publicados. Además, te permite conocer las últimas novedades antes de que se publiquen y acceder a muchos contenidos extra, por ejemplo, los audios de los libros de idiomas.

Desde nuestra página web, también puedes ponerte en contacto con nosotros para comentarnos todo lo que te apetezca, así como resolver tus dudas o consultas.

También puedes seguirnos en Facebook (www.facebook.com/paradummies), un espacio donde intercambiar impresiones con otros lectores de la colección, y en Twitter (@ParaDummies), para conocer en todo momento las últimas noticias del mundo *...para Dummies.*

10 cosas divertidas que puedes hacer en www.dummies.es, en nuestra página de Facebook y en Twitter @ParaDummies

1. Consultar la lista completa de libros *...para Dummies.*
2. Descubrir las novedades que vayan publicándose.
3. Leer en exclusiva los primeros capítulos.
4. Suscribirte a la Newsletter de novedades editoriales.
5. Trabajar con los contenidos extra, como los audios de los libros de idiomas.
6. Ponerte en contacto con la editorial y con otros lectores para intercambiar opiniones.
7. Participar en concursos y ganar premios.
8. Publicar tus propias fotos en la página de Facebook.
9. Conocer otros libros publicados por el Grupo Planeta.
10. Informarte sobre promociones, descuentos, presentaciones de libros, etc.

Descubre nuestros interesantes y divertidos vídeos en nuestro canal de Youtube: www.youtube.com/paradummies
¡Los libros Para Dummies también están disponibles en e-book!

El autor

Ferran Alexandri es profesor de catalán desde 1990, fecha en la cual obtuvo la licenciatura de Filología Catalana en la Universidad de Barcelona. Durante más de quince años impartió clases de lengua y literatura a estudiantes de bachillerato, ESO y adultos. Pero hoy día se dedica a otros asuntos no menos interesantes, como por ejemplo escribir un libro de vez en cuando o publicar artículos relacionados con sus inquietudes y aficiones. Es autor de varios libros, como el exitoso *Catalán para Dummies* (2007), que ya lleva más de 10.000 ejemplares vendidos, obra que prosiguió con su "segunda parte", que tienes en las manos, la *Ortografía y gramática catalanas para Dummies* (2014), ahora en una nueva edición revisada, ampliada y, sobre todo, actualizada según las nuevas normas de la *Ortografia catalana* publicadas por el Institut d'Estudis Catalans (2017).

Ferran Alexandri es un lector apasionado, un auténtico devorador de libros, especialmente de ficciones. Por eso también ha cultivado el género literario destinado al público infantil y juvenil. Destacan sus textos en los siguientes libros ilustrados: *Me llamo William Shakespeare*, *Me llamo Agatha Christie* o *El gran libro de los seres fantásticos*; también en algunas adaptaciones de novelas clásicas de aventuras, como *Robinson Crusoe*, *Viaje al centro de la Tierra* o *La isla del tesoro*.

Por si fuera poco, también es montañero, espeleólogo y viajero, sus pasiones favoritas, como puede comprobarse en sus guías de excursionismo (*Turisme tranquil 1* y *2,* 2006) y de espeleología (*Excursions a l'interior de la terra*, 2011) o sus intervenciones sobre montañismo en radio y televisión. Desde el año 2004 dirige y edita la revista *Muntanya*, dedicada al alpinismo y los deportes de montaña; en ese ámbito de la prensa se ha especializado y ha publicado numerosos reportajes de sus viajes y excursiones, además de entrevistas a alpinistas de élite y personajes de lo más variopinto.

Recientemente, gracias a su conocimiento del paisaje, la historia y la cultura del entorno catalán, ha publicado sendos libros para una misma colección: *1001 curiositats dels Pirineus catalans* (2016) y *1001 curiositats del romànic català* (2018).

Ferran Alexandri vive en Barcelona, situada a orillas del Mediterráneo entre el mar y la montaña, la ciudad donde nació un buen día de agosto del año afortunado de 19...

C'est tout.

Sumario

Introducción

Estudiar y describir las relaciones entre palabras, oraciones y demás elementos del lenguaje y establecer cómo deben usarse es tarea de la gramática. Pero no te asustes ante un objetivo tan ambicioso. Tú también puedes hacerlo, de un modo más modesto, por supuesto. Y lo repito, no te asustes: No tengo la intención de martillear tu mente con un sinfín de normas y reglas sobre verbos, pronombres, acentos y otros conceptos técnicos para abducirte e integrarte en la poderosa secta de los lingüistas. No se trata de eso. Solo pretendo que utilices la lengua catalana de forma más correcta; que sepas un poco más catalán del que ya sabes.

Este libro tratará siempre de decir lo que es correcto y lo que no, además de brindarte herramientas que te ayudarán a expresarte de un modo más preciso y acorde a la normativa estándar. No persigo que alcances el dominio lingüístico de un licenciado en Filología Catalana ni de un literato, sino, sencillamente, que aprendas a hablar y a escribir mejor.

Y para ello, la ortografía y la gramática de una lengua son aspectos sumamente importantes. No intento enseñarte la metafísico-teólogo-cosmólogo-ninología como pretendía el viejo Pangloss para su pupilo Cándido, en la famosa novela de Voltaire... Lo único que pretendo es enseñarte, simple y llanamente, algunas normas del catalán. Por eso, no tienes que aprender todos los tecnicismos que irás encontrando acerca de cómo escribirlo y hablarlo correctamente, están ahí para que los consultes en caso de duda. En el fondo, este es un libro mágico, en el que solo se cuentan trucos para que mejores tu expresión y tu vocabulario, para construir argumentos bien formulados y comunicaciones interesantes. En pocas palabras: no tienes que memorizar las reglas, porque cuando las comprendas ya habrás elegido la mejor de las opciones posibles. Intuitivamente. Te doy mi palabra.

Acerca de este libro

En este libro se presentan de un modo ordenado las normas ortográficas del catalán y todos aquellos aspectos relacionados con la gramática de esta lengua, con el fin de evitar errores y mejorar tanto la lengua hablada como la redacción. Está dirigido a todas aquellas personas que ya saben catalán, bien porque han crecido en un entorno catalanoparlante o viven en él, bien porque lo han aprendido con el libro *Catalán para Dummies* o porque, fuera como fuese, ya conocían este idioma pero no habían tenido tiempo de aprender sus normas.

No es preciso leer este libro en orden, aunque si ese es tu deseo, puedes hacerlo. Tampoco tienes que leerlo entero si no quieres. Mira el sumario y busca los temas que te resulten más complicados o desconocidos. Por ejemplo, si tienes problemas con los *pronoms febles*, lee el capítulo 11, en el que encontrarás información básica sobre el tema. O si lo que te hace sentir inseguro son las tildes, el capítulo 5 te ofrece las normas de acentuación a la vez que te presenta sus distintas representaciones gráficas en catalán. Tú decides lo que quieres aprender. El resultado: una matrícula en catalán.

Cómo utilizar este libro

Cada capítulo de este libro presenta unas ideas básicas, junto con las normas generales sobre ese punto. Al mismo tiempo te presenta ejemplos claros e ilustrativos para que puedas aplicar en tus textos escritos o en tus elocuciones. Te indica cuál es la palabra correcta, cómo construir la oración más adecuada, conjugar los verbos correctamente o usar con soltura los pronombres. Los test que encontrarás al final de cada capítulo te servirán para confirmar que has asimilado el contenido del mismo o te indicarán que te conviene que leas o repases una sección. Por otra parte, tienes que prestar mucha atención al icono de *En Banyeta*, pues señalan los aspectos más controvertidos del lenguaje: palabras que puedes confundir, excepciones a reglas, frases que pueden dar ocasión a juicios diversos, etc. En una palabra, cuestiones que pueden deslucir tu modo de expresarte.

Lo que no debes leer

En diferentes partes del libro encontrarás ciertas secciones marcadas con el icono *Para matrícula*. Se trata de información que, si la conoces, te puede permitir que obtengas honores en un hipotético examen para alumnos avanzados. No necesitas esa información si tu objetivo es dominar la ortografía y la gramática en un grado suficiente para desarrollar tus pensamientos, sea en un texto escrito o en el habla. Con sinceridad: como el objetivo de este libro es sencillamente que mejores tu expresión oral y escrita, si quieres, puedes saltarte estos iconos y dedicarte al ajedrez.

Algunas suposiciones

Un buen día escribí *Ortografía y gramática catalanas para Dummies* pensando en ti. Supuse que eras una persona que ya entiendes e incluso hablas catalán, pero quieres perfeccionar su dominio; y también escribirlo con cierta solvencia. También supuse que eras una persona ocupada, sin intención de aprenderse de cabo a rabo las normas ortográficas o las conjugaciones verbales enteras. Quieres hablar y escribir bien, pero no te hace falta doctorarte en Filología Catalana ni convertirte en técnico superior en materia de lenguaje.

Este libro es para ti si:

- ✔ Quieres sacar mejores notas en catalán o en comentario de texto.
- ✔ Aspiras a conseguir un empleo mejor en una zona donde el dominio del catalán te dé puntos.
- ✔ Quieres que tu forma de hablar y de escribir manifiesten que eres una persona instruida e inteligente.
- ✔ Quieres obtener una buena nota en las pruebas del nivel C del curso de lengua catalana.
- ✔ Persigues que tu elocuencia y redacción sean claras y expresen exactamente lo que quieres decir.
- ✔ Quieres pulir tus conocimientos de catalán como segunda lengua.

Por cierto, doy por supuesto que alguna que otra lengua romance conocerás, por lo menos el castellano, si has elegido este libro, por lo que recurro a ella a menudo para buscar comparaciones que te faciliten el aprendizaje.

Cómo se organiza este libro

Las dos primeras partes cubren la información relativa a la ortografía, lo más esencial para escribir sin cometer faltas (de ortografía), e incluye las normas de acentuación. Las partes III y IV abordan la morfología, la parte de la gramática que se ocupa de la estructura de las palabras y su clasificación. Es la parte más mecánica, para comprender la organización básica del lenguaje. Al final, con los pronombres, se entra en el campo de la sintaxis, que prosigue en la parte V con los verbos y otras partículas relacionadas, con el fin de coordinar y unir las palabras para formar las oraciones y expresar conceptos inteligibles.

A continuación te presento una guía más concreta para navegar por *Ortografía y gramática catalanas para Dummies.*

Parte I: Ortografía del catalán

En esta parte se explica la ortografía, es decir, el conjunto de normas que regulan la escritura del catalán. No obstante, antes de entrar de lleno en las normas he preparado un capítulo introductorio, en el que te presento las reglas del juego: cómo se pronuncia el catalán y cuáles son las unidades más básicas de las palabras. A continuación te describo las normas de escritura de las vocales y sus posibilidades, que pueden diferir de unas zonas a otras, habida cuenta de la pluralidad dialectal existente en el dominio lingüístico del catalán. Finalmente, en esta parte trato las normas ortográficas de las consonantes.

Parte II: La acentuación de las palabras y otros fenómenos interesantes

No te llevarás ninguna sorpresa si te digo que uno de los aspectos más quisquillosos de este idioma son las reglas de acentuación. Sobre todo porque en catalán hay que poner muchos acentos, además de que los hay de dos tipos: el acento abierto y el cerrado. Esto complica la situación, pero leyendo con atención unas normas simples y directas podrás dominar sin problemas esta cuestión para todas las palabras. Concluyo esta parte con el uso de otros signos relacionados con la acentuación, la separación de palabras o la reducción de sílabas. Me refiero a la diéresis, el guion y el apóstrofo, asuntos bien singulares de este idioma.

Parte III: Desmenuzando el lenguaje

En la tercera parte de este libro entramos de lleno en la morfología de las palabras y empezamos a desmenuzar el lenguaje para desentrañar su sentido y comenzar a aprender la estructura del catalán. Por eso se tratarán ya los primeros tipos de palabras con gran contenido semántico, a saber: los nombres y los adjetivos. Son categorías gramaticales que te serán muy útiles para hacer descripciones, así como para enriquecer con sumo detalle tus pensamientos, y decir lo que realmente ves y piensas. Los nombres y los adjetivos tienen flexión de género y de número; eso da lugar a situaciones y matices muy ricos.

Parte IV: Divinas palabras

La parte IV ahonda en la particularidad, de las palabras pequeñas, que podemos denominar, sin lugar a dudas afectuosamente, *divinas palabras*. Me refiero a palabras tan cortas como esenciales, sin las cuales tus oraciones, deseos y pensamientos quedarían mutilados y sin conexión: los artículos, los demostrativos y los numerales, cuantitativos e indefinidos. Además, también van en este saco los demonios más molestos de la lengua catalana: los pronombres, pequeñas palabras que complican de lo lindo la sintaxis. El único consejo que puedo darte es que aprender los pronombres es fácil si sabes cómo. Este parte del libro te suministrará la información necesaria. No desesperes.

Parte V: En el ojo del huracán

Quien domine los mares dominará el mundo. Por eso quien domine la materia de la parte V dominará la lengua catalana sin problemas. No serás un gran maestro pero sí un buen discípulo; y eso es lo que cuenta. Esta parte cubre lo más tormentoso de una lengua: los verbos; pero también trata de aquellas palabras que están relacionadas con el predicado de las oraciones (también con el sujeto, por supuesto) y que alargan bastante las oraciones y sirven para ordenar las ideas. Me refiero a los adverbios, las preposiciones y las conjunciones. Ahí es nada.

Parte VI: Los decálogos

La parte VI es la última y como en todo libro de la colección Para Dummies es la de los decálogos. Te ofrece consejos para mejorar la redacción y la presentación de tus textos. Te descubro diez consejos para escribir bien, te describo el uso de los diez signos de puntuación que necesitas y acabo con la presentación de diez tipos de letra y de palabras que pueden serte de gran utilidad.

Iconos utilizados en este libro

En todos los libros de esta colección, se utiliza un recurso muy útil: unos pequeños iconos situados al margen del texto, que marcan determinados tipos de información y, como hitos en el camino, te permiten reconocer por donde pisas; bueno, por donde leer.

Donde veas este icono hallarás estrategias útiles para entender mejor una regla o para escoger la palabra o expresión correcta. También puede indicarte las diferencias más notorias entre el castellano y el catalán, para que no cometas errores que son fáciles de evitar.

Lo que te señala este icono es lo que no debes leer, a menos que quieras entrar de lleno en los aspectos técnicos de la gramática. Si dominas estas claves del lenguaje, no tengas ninguna duda de que vas a impresionar a tus colegas de estudio..., aunque, seguramente, como maestrillo, aburras a los demás.

Los pequeños demonios (representados en el folklore popular catalán por el personaje de *En Banyeta*) te cuentan muchas cosas. Por ejemplo, te señalan las palabras que se confunden fácilmente o las frases que llevan a equívoco, con el fin de decir lo que realmente piensas. O bien palabras que creías que se escribían de un modo distinto, pronunciaciones que debes mejorar; incluso excepciones a las reglas molestas o endiabladas. ¡Cuidadito con lo que dices! También te advierte de las excepciones de las reglas generales y hace hincapié en los aspectos lingüísticos a los que debes prestar una atención especial.

Este icono te señala las normas ortográficas, morfológicas y sintácticas que debes *aprender* para hablar y escribir correctamente el catalán.

Cuando veas esta señal debes recordar alguna norma, ejemplo o particularidad que ya se ha comentado con anterioridad y que es de suma importancia.

Para comprobar lo que has aprendido, contesta los ejercicios tipo test que aparecen a lo largo del libro indicados con este icono. Si no estás seguro de cómo lo has hecho, consulta la solución en el apartado de contenidos extra del libro en `www.dummies.es`

Este icono señala asuntos controvertidos que, algunas veces, pueden no estar regidos por las normas, pero que te ayudarán a expresarte y escribir mucho mejor. También te señala ejemplos normativizados recientemente en catalán; o bien nuevas reglas de la gramática contemporánea que debes conocer, o cosas interesantes para saber más.

Cómo proceder

Ahora que ya sabes quién es quién y dónde te encuentras, solo te queda empezar. Pero antes de proceder, una última palabra (en realidad tres): *tú puedes hacerlo*. Sé que ya sabes catalán. Si esta es una segunda lengua para ti, estoy seguro que en el transcurso de tu vida has aprendido bastante, un poco, al menos. Lo suficiente como para saber que, con una pizca de voluntad y esfuerzo, aprender catalán es *bufar i fer ampolles*, lo cual no significa 'soplar y hacer botellas', sino que puedes aprender catalán de una forma fácil y sencilla.

Anímate y échale un vistazo al sumario. Resuelve algunos test. Sumérgete en la ortografía y en la gramática, y sal a respirar de vez en cuando.

Parte I

Ortografía del catalán

En esta parte...

Palabras, palabras, palabras... canta una bella y conocida canción italiana de amor... o de desamor. Efectivamente, la gramática y la ortografía no existirían sin las palabras, las oraciones, nuestras ideas, que debemos usar siguiendo unas normas y una estructura para que los demás nos entiendan bien; así conseguiremos comunicarnos con eficacia en la sociedad, inmersa sin remedio en el lenguaje. Y para hacerlo de forma correcta en catalán, lo primero es conocer el alfabeto de esta lengua, los signos que lo forman, es decir, las letras, su pronunciación y, a continuación, sus normas de escritura. Una buena disección de letras y palabras para empezar te ayudará a entrar de lleno en el fabuloso mundo de la ortografía, porque tu deseo es escribir y hablar bien una lengua que ya conoces e, incluso, puede que ya utilices en público y en la intimidad.

Capítulo 1

Las reglas del juego

En este capítulo

- La ortografía y la gramática
- El alfabeto catalán y sus sonidos
- Diferencias entre catalán y castellano
- Diseccionando las palabras: las sílabas y los diptongos

Palabras, palabras, palabras... ¡con todo lo que significan! Cierto es que nunca podemos parar de hablar, aunque no digamos nada, pues el pensamiento, que siempre fluye, es también lenguaje. No dejamos de hablar ni siquiera cuando estamos durmiendo, pues, con más o menos conciencia, siempre soñamos; y sí: los sueños también son lenguaje. Hablar, hablar y hablar. Siempre. Tan grande es nuestra verborrea que muy a menudo incluso nos encontramos con la necesidad de ponerla por escrito, para la posteridad.

Entonces llega el momento en que nos damos cuenta de que hay que hacerlo bien. Hay que escribir bien las palabras y estructurar las oraciones en la redacción correctamente. Desde nuestra etapa de jóvenes estudiantes en la escuela hasta llegar a ser profesionales en nuestro trabajo, y aun en nuestra vida diaria, escribimos un montón de documentos sin apenas darnos cuenta. Algunos más o menos serios, otros no tanto. Apuntes, exámenes, currículums, artículos, postales, instancias, cartas personales y comerciales, cartas al director de un periódico... y ahora... ¡Quizá quieras escribir un libro o una tesis doctoral! ¡Adelante! Sin prisa, pero sin pausa. Y qué voy a decirte de lo que escribes cada día sin casi darte cuenta (aunque sean minimensajes): correos electrónicos, SMS, tuits, estados en el Facebook... y no quiero ni pensar que seas de esos que te pasas la vida chateando en internet.

Con esta enorme cantidad de textos escritos, ¿te has detenido a pensar por un momento si has dedicado el tiempo suficiente a aprender a redactar en catalán? ¿Nunca te has quedado en blanco delante del ordenador o con el bolígrafo en la mano sin saber cómo escribir lo que tienes en la cabeza? ¿Cuántas veces has dudado si esa palabra se escribe con hache o sin ella, si aquella otra debe escribirse con mayúscula o con minúscula? Por no hablar de las tildes... Efectivamente, redactar y escribir bien es una tarea compleja, pero si sigues las indicaciones de este libro, todo puede ser más fácil y... ¡divertido!

Breve historia de la ortografía catalana

Tenemos un mal comienzo para la ortografía catalana, pues casi nada se sabe de sus reglas en los siglos medievales, salvo el hecho de que la Cancillería Real (el organismo administrativo creado en el siglo XIII por los reyes de la Corona de Aragón) se había dotado de "ciertas normas" para escribir bien.

Según parece, la primera ortografía catalana conocida se encuentra en el *Fons verborum* de Antoni Font, de 1637, de la que se adueñó luego, en 1640, Pere Torre. Aunque la preocupación ortográfica comenzó con los tratados de Carles Ros (1732) y Pere Màrtir Anglès (1743) sobre esta disciplina, no se consolidaría hasta el siglo XIX, con el movimiento artístico, histórico y social de la Renaixença, con talentos y figuras como Manuel Milà i Fontanals, Marià Aguiló, Pi i Vidal, Josep Valari, Tomàs Forteza y el insigne Pompeu Fabra, creador de las normas de la ortografía catalana moderna, de su gramática y del primer diccionario riguroso.

El Institut d'Estudis Catalans (corporación académica, científica y cultural para el estudio de todo lo referente a la cultura catalana, que equivaldría a la Reales Academias Españolas) y el presidente de la Mancomunitat de Catalunya, Enric Prat de la Riba, aceptaron en 1913 las regulaciones prescritas por Pompeu Fabra en las *Normes ortogràfiques*, que luego se completaron con el *Diccionari ortogràfic* de 1917. Con estas obras se puso fin a la anarquía ortográfica que dominaba en los Países Catalanes desde hacía muchos, muchos decenios.

El alfabeto catalán y su pronunciación

El alfabeto es el conjunto de letras que utilizamos en la escritura de una lengua. Curiosamente, la propia palabra se forma con las dos primeras letras del alfabeto griego, *alfa* y *beta*. Agrupa los signos que usa una lengua y luego las normas ortográficas se encargan de decirnos cómo debemos escribir cada uno de esos signos.

Hoy en día escribir mediante el alfabeto nos parece lo más normal. ¿Te imaginas lo complicado que sería, para nosotros los occidentales, usar la escritura ideográfica del chino o el japonés o acaso la escritura jeroglífica del antiguo Egipto? ¡Vaya complicación!

Nuestro alfabeto es un sistema basado en la correspondencia de un signo para cada sonido o fonema. Se dice que lo inventaron los fenicios y que dio origen a los sistemas de escritura adoptados en todo el mundo (¡excepto en Extremo Oriente, claro!), en los que una letra equivalía a un sonido, aunque en algunas lenguas el alfabeto solo recoja las consonantes. Después los griegos utilizaron este sistema, al menos a partir del siglo IX a. C., que, a su vez, derivó en una forma más *occidental*: el alfabeto latino. Y aquí es donde vamos a parar: las letras del alfabeto catalán, y de las demás lenguas románicas, proceden en su mayoría del alfabeto latino.

El alfabeto catalán tiene veintiséis letras, una menos que el alfabeto castellano, pues no existe la letra *ñ* (¡aunque sí el sonido!, que se forma con dos letras juntas: *ny*).

En la tabla siguiente te las presento y te escribo su nombre en catalán:

Tabla 1-1. Las letras del alfabeto catalán

a *a*	**b** *be alta*	**c** *ce*	**d** *de*	**e** *e*	**f** *efa*	**g** *ge*
h *hac*	**i** *i*	**j** *jota*	**k** *ca*	**l** *ela*	**m** *ema*	**n** *ena*
o *o*	**p** *pe*	**q** *cu*	**r** *erra*	**s** *essa*	**t** *te*	**u** *u*
v *ve baixa*	**w** *ve doble*	**x** *ics o xeix*	**y** *i grega*	**z** *zeta*		

Para empezar a dominar los sonidos del alfabeto, te será práctico separar las vocales de las consonantes y observar las diferencias que existen respecto al castellano.

Los sonidos vocálicos

Los primeros sonidos que se identifican en cualquier alfabeto son las vocales, lo más básico del lenguaje. ¿No es cierto que el llanto de un niño es tan vocal como *aaaaaaaa*? Así es, ya que las vocales son sonidos que se producen sin que la salida del aire espirado encuentre ninguna obstrucción. Decimos que las vocales son sonoras, es decir, se producen con la vibración de las cuerdas vocales, y orales, lo que significa que se producen cuando el velo del paladar está en tensión, bloqueando el paso del aire hacia la nariz.

Las cuerdas vocales no son cuerdas como las de una guitarra o un violín, sino que son un par de pliegues de la mucosa laríngea que abren y cierran la glotis y vibran: el resultado de ambos procesos es la voz.

Hay cinco vocales que en buena parte del territorio donde se habla catalán representan ocho sonidos vocálicos, que suenan así:

Tabla 1-2. Los sonidos vocálicos en catalán

Sonido	*Letra*	*Ejemplo*	*Ejemplo en otra lengua*
a	**a**	m**a**re	Suena igual que la *a* castellana.
e cerrada	**e**	v**e**nt	Suena igual que la *e* castellana.
e abierta	**e**	c**e**l	Suena como *mère* en francés o *get* en inglés.
i	**i**	f**i**	Suena igual que la *i* castellana.
o cerrada	**o**	tr**o**nc	Suena igual que la *o* castellana.
o abierta	**o**	c**o**r	Suena como *got* en inglés o *corps* en francés.
u	**u**	c**u**rt	Suena igual que la *u* castellana.
[ə] vocal neutra	**a/e**	car**a** / par**e**	Suena igual que la *a* de *ability* en inglés.

Como habrás observado, el castellano (a excepción, en parte, del dialecto andaluz) no tiene vocales *e* y *o* abiertas, y tampoco vocales neutras. Te preguntarás cómo puede ser que las mismas cinco vocales del castellano se amplíen a ocho sonidos vocálicos en catalán.

Los sonidos vocálicos se diferencian según el lugar de la boca donde se producen, por lo que se clasifican, teniendo en cuenta el grado de elevación de la lengua en:

- ✔ Vocales altas
- ✔ Vocales medianas altas
- ✔ Vocales medianas
- ✔ Vocales medianas bajas
- ✔ Vocales bajas.

Pero según el grado de avance de la lengua pueden ser:

- ✔ Vocales anteriores
- ✔ Vocales centrales
- ✔ Vocales posteriores (estas últimas producen también un simpático redondeo de los labios, como ocurre en la *o* y la *u*).

Fíjate ahora en la siguiente figura:

Tabla 1-3. Clasificación de los sonidos vocálicos

Según el grado de elevación de la lengua	*Según el grado de avance de la lengua*		
	anteriores	*centrales*	*posteriores*
altas	[i] t**í**ngu**i**		[u] s**u**c, s**u**car
medianas altas	[e] ll**e**t / tamb**é**		[o] m**ó**n
mediana		[ə] **e**sponj**a**	
medianas bajas	[ɛ] f**e**l / caf**è**		[ɔ] h**o**rt / d**o**na
bajas		[a] g**a**t / dem**à**	

En síntesis, y para que lo veas claro y sencillo, te diré que las vocales catalanas se pronuncian igual que las vocales castellanas excepto en los casos siguientes:

- ✔ La vocal que representamos con este signo [ə], que se denomina *vocal neutra* porque no es ni alta ni baja, ni anterior ni posterior; tiene un sonido intermedio entre una *a* y una *e*, y puede escribirse con *a* o con *e*. Suena exactamente igual que la *a* de *ability* ([əbíliti]; capacidad) en inglés.
- ✔ La *e* abierta no existe en castellano. Es una *e* de pronunciación más abierta y prolongada, como la *e* de *pet* ([pèt]; animal de compañía) en inglés, o la segunda *e* de *desert* ([desèrr]; postre) en francés.
- ✔ La *o* abierta también es diferente, más abierta y prolongada, como la *o* de *body* ([bò-di]; cuerpo) en inglés.

En la pista número 1 (primera, segunda y tercera parte), de audio que acompaña al libro *Catalán para Dummies* (la encontrarás en la página web `www.paradummies.es`) puedes oír todos los sonidos vocálicos del alfabeto catalán.

Los dialectos del catalán

Los sonidos vocálicos que se explican en este capítulo son ocho; pero no todos se utilizan siempre en todo el territorio donde se habla catalán, es decir en todo su dominio lingüístico. El catalán, como toda lengua que se habla en un área geográfica extensa, tiene dialectos. Un mallorquín habla un catalán distinto del que habla un valenciano; un leridano puede usar solo cinco vocales (las mismas que en castellano), mientras que un barcelonés usa ocho. Con eso quiero decirte que la pronunciación de las vocales no es la misma en todo el territorio catalanohablante. La vocal neutra, por ejemplo, suena en buena parte de Cataluña, pero no todos los hablantes saben pronunciarla, sobre todo los de la zona occidental, como pronto verás.

Los lingüistas han establecido dos grandes bloques dialectales: el catalán oriental y el catalán occidental. En el mapa siguiente puedes ver los dialectos del catalán y sus zonas de habla:

Mapa dialectal del catalán

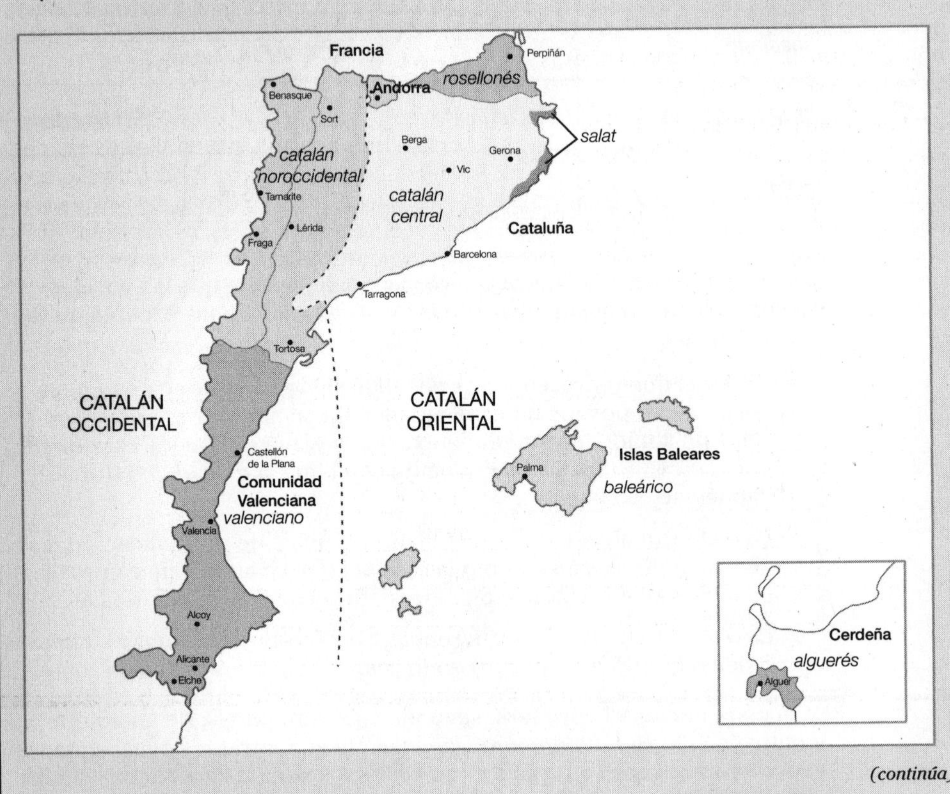

(continúa)

(continuación)

Dentro del catalán oriental encontramos las siguientes variantes o dialectos:

- ✔ **Rosellonés.** Hablado en la región francesa del Rosellón (Pirineos Orientales).
- ✔ **Central.** Hablado en la parte centro oriental de Cataluña.
- ✔ **Baleárico.** Hablado en las islas Baleares.
- ✔ **Alguerés.** Hablado en la ciudad de Alguer, en la isla de Cerdeña (Italia).

Y dentro del catalán occidental encontramos estas variantes o dialectos:

- ✔ **Noroccidental.** Hablado en la parte noroccidental de Cataluña, pero también en la Ribagorza, el bajo Cinca y en las comarcas aragonesas de la Litera y Matarraña.
- ✔ **Valenciano.** Hablado en la Comunidad Valenciana, también denominada *País Valencià*.

Este libro trata, sobre todo, del dialecto central, hablado en la zona donde vive el 80 % de la población de Cataluña, y en el cual se basa el catalán estándar, pero no quiero dejar de lado, siempre que sea oportuno, las otras variedades, que te iré mostrando con ejemplos concretos. Existen dos estándares para el catalán, el primero es el regulado por el Institut d'Estudis Catalans (IEC), que es el válido para todo el dominio lingüístico, y que tiene en cuenta la ortografía establecida por Pompeu Fabra, pero con las características del catalán central (con algunos rasgos de otros dialectos). En segundo lugar tenemos el catalán regulado por la Acadèmia Valenciana de la Llengua, restringido al País Valencià, que se basa asimismo en las normas ortográficas de Fabra, pero adaptadas a la pronunciación del catalán occidental y a los rasgos que caracterizan las variedades del valenciano. En Baleares se utiliza el estándar del IEC adaptado al dialecto balear por parte de la Universitat de les Illes Balears.

Y para que no se olvide: un dialecto es una variante de lengua, de un idioma, tan correcto como cualquier otro. A modo de degustación, aquí tienes ciertas cosas que un catalán occidental denomina de un modo distinto que uno de la zona oriental:

Catalán occidental	Catalán oriental
abadejo	bacallà
corder	xai, be
escombra	granera
espill	mirall
melic	llombrígol
roig	vermell
xic	noi, al·lot

¿Cómo lo llevas a estas alturas?... ¿Bien?... ¡Excelente! Prosigamos pues con las letras consonantes y sus sonidos, con el fin de que puedas dominar su pronunciación como un catalán *de toda la vida*.

Los sonidos consonánticos

Las consonantes son sonidos que se pronuncian cuando se interrumpe el paso del aire espirado en algún punto del canal vocal (como *p, t*) o bien al estrecharse dicho canal de manera que el aire sale con fricación, es decir, rozando (como la sssssss...).

Los sonidos consonánticos se pueden clasificar según el punto de articulación (el lugar exacto de la cavidad bucal donde se producen), la manera de articularlos y el comportamiento de las cuerdas vocales. Y, aunque sea de Perogrullo, son consonantes todas aquellas letras que no son vocales.

Puedes ver el sistema consonántico del catalán esquematizado en el cuadro siguiente:

Tabla 1-4. Cuadro fonético del sistema consonántico del catalán

	Modo de articulación								
	oclusivos		*fricativos*		*africados*		*laterales*	*vibrantes*	*nasales*
Punto de articulación	sordos	sonoros	sordos	sonoros	sordos	sonoros	sonoros	sonoros	sonoros
bilabiales	[p] *pa, tub*	[b] *bé, vine*							[m] *mont*
labiodentales			[f] *far*						
dentales	[t] *te*	[d] *dau*							
alveolares			[s] *son* *cent* *massa* *cançó*	[z] *cosa* *zona*	[ts] *potser*	[tz] *dotze*	[l] *laic*	[r] / [rr] *ara, riu, serra*	[n] *nus*

palatales			[sh] *fa**ix**a* ***x**iprer*	[j] ***g**el* ***j**eure*	[tx] *co**tx**e* *fa**ig***	[tj] *pla**tj**a* *fe**tg**e*	[ll] ***ll**om*		[ñ] *a**ny***
velares	[k] ***c**asa* ***qu**ilòmetre*	[g] ***g**os* ***gu**ineu*							

Para que interpretes bien el *simpático* cuadro de las consonantes, te explico a continuación sus características. ¡No te exasperes! No hay que aprendérselo de memoria; se trata, más bien, de una curiosidad fonético-científica, solo para un curioso como tú.

Como te decía unas líneas más arriba, los sonidos consonánticos se clasifican teniendo en cuenta las siguientes características:

a) El lugar donde se produce la interrupción de la salida del aire, que se llama *punto de articulación*:

- ✔ En los labios: **bilabiales** (juntando los labios) y **labiodentales** (juntando los dientes superiores con el labio inferior).
- ✔ En los dientes: **dentales.**
- ✔ En los alvéolos de los dientes: **alveolares.**
- ✔ En la lengua y el paladar: **palatales.**
- ✔ En el velo del paladar: **velares**.

b) La forma cómo se produce la interrupción del aire, que se llama *modo de articulación*:

- ✔ Por contacto total entre dos órganos, que provoca la interrupción de la salida del aire espirado: **oclusivos.**
- ✔ Por aproximación entre dos órganos y salida del aire con rozamiento: **fricativos.**
- ✔ Por contacto y aproximación en dos tiempos (oclusión y fricación): **africados.**
- ✔ Conduciendo el aire por los lados de la cavidad bucal: **laterales.**
- ✔ Por contacto breve y reiterado entre dos órganos: **vibrantes**.

c) La intervención de la cuerdas vocales:

- ✔ El aire hace vibrar las cuerdas vocales: sonidos **sonoros.**
- ✔ El aire no hace vibrar las cuerdas vocales: sonidos **sordos**.

d) La salida del aire:

- ✔ El aire se escapa por la boca: sonidos **orales.**
- ✔ El aire se escapa por las fosas nasales: sonidos **nasales**.

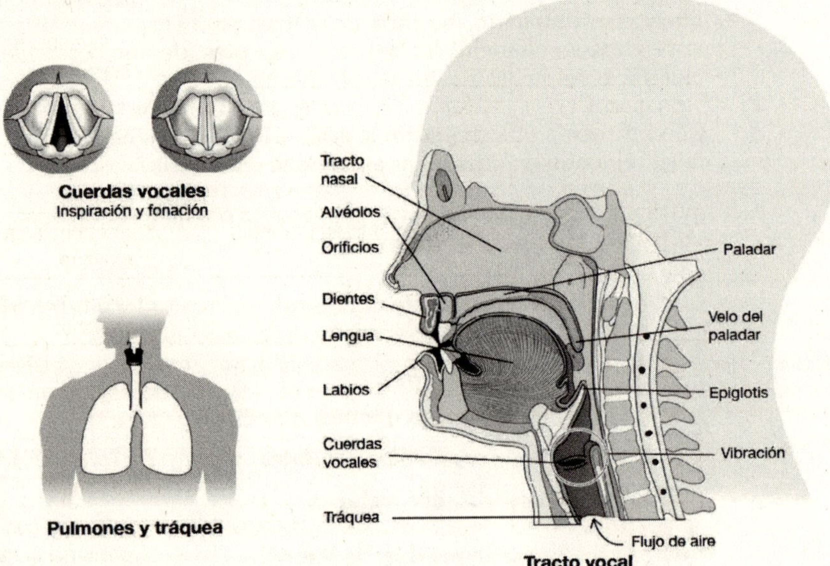

Figura 1-1: El aparato fonador

Ahora es el momento de ver cómo se pronuncian las consonantes en catalán, con qué letras se representa cada sonido y sus similitudes y diferencias respecto al castellano (por cierto, cuando digo castellano me refiero al español septentrional estándar, para ser más concisos). En la tabla siguiente te explico detalladamente, mediante ejemplos, los modos de pronunciación:

(cont.)

Tabla 1-5. Pronunciación de las consonantes catalanas

Consonante	*Ejemplo*	*Sonido*
p, b	**p**a [pà], tu**b** [túp]	Se pronuncia igual que en castellano .
b, v, w	**b**é [bé], ca**v**all [cə-bàll], **w**agnerià [bəc-nə-ri-à]	Se pronuncia igual que en castellano.
f	**f**ar [fàrr], **f**arina [fə- rí-nə]	Se pronuncia igual que en castellano.
t, d	**t**erra [tè-rrə], su**d** [sút]	Se pronuncia igual que en castellano.
d	**d**au [dàu]	Se pronuncia igual que en castellano.
c, g, qu, k	**c**asa [cà-zə], càsti**g** [càs-tic), **qu**ilòmetre [qui-lò-mə-trə], **q**uan [quàn], **k**urd [curr]	Se pronuncia igual que en castellano.
g, gu	**g**os [gos], **gu**ineu [gui-nèu]	Se pronuncia igual que en castellano.
m	**m**ont [món]	Se pronuncia igual que en castellano.
l	**l**aic [làic] diagona**l** [di-ə-gu-nàl]	¡Esto ya es diferente! Mira la explicación fuera de la tabla.
r, rr	a**r**a [à-rə], **r**iu [riu] se**rr**a [sè-rrə]	Se pronuncia igual que en castellano.
s, c, ss, ç, sc	**s**on [sòn], **c**ent [sén], ma**ss**a [mà-sə] can**ç**ó [cən-só] a**sc**ens [əs-sèns]	Todas estas combinaciones se pronuncian como la ese en castellano.
s, z	co**s**a [cò-zə], **z**ona [zó-nə]	¡Esto ya es diferente! Mira la explicación fuera de la tabla.
x, ix	**x**iprer [shi-pré], fa**ix**a [fà-shə]	¡Esto ya es diferente! Mira la explicación fuera de la tabla.
j, g	**g**el [jel], **j**oc [jòc]	¡Esto ya es diferente! Mira la explicación fuera de la tabla.

En la pista número 1 (primera, segunda y tercera parte), del audio que acompaña al libro *Catalán para Dummies* (la encontrarás en la página web `www.paradummies.es`) puedes oír todos los sonidos consonánticos del alfabeto catalán.

Las casillas que te he marcado como "¡Esto ya es diferente!" requieren una explicación más extensa, porque son sonidos que no existen en castellano:

- **[j, g]: g**el [jèl], **j**oc [jòc]. Debes pronunciarlo como la *j* de **Jack** o **John** en inglés o como **jouer** en francés.
- **[s, z]:** co**s**a [cò-zə], **z**ona [zó-nə]. Debes pronunciarla igual que la *z* de **zero** [ziərou] o la *s* de **Rosie** en inglés o la *s* de **rosée** en francés. Se trata de la famosa ese sonora, que se produce con vibración de las cuerdas vocales, a diferencia de la ese sorda (la ese castellana).
- **[x, ix]: x**iprer [shi-pré], fa**ix**a [fà-shə]. Debes pronunciar como la *sh* de **shadow** [shadou] en inglés o como la *ch* francesa de **chemin** [che-mèn].
- **[l]:** la ele catalana es muy diferente de la castellana, es un sonido más pleno, como si tuvieras la lengua hinchada. Para pronunciarla debes tocar un poco con la lengua plana la parte delantera del paladar, cerca de los dientes superiores. En cambio, en castellano, la lengua adopta una postura muy puntiaguda y toca el paladar en una posición más hacia dentro, lejos de los dientes superiores.

Siguiendo con las consonantes y con los sonidos que difieren con el castellano, ahora es el momento de fijarse en las parejas de consonantes que producen un solo sonido: los dígrafos.

Los dígrafos o letras compuestas

Los **dígrafos** son conjuntos de dos letras consonantes que representan uno o incluso varios sonidos (como por ejemplo *setmana* [səm-mà-nə], *ametlla* [ə-mèt-llə]). También se denominan **letras compuestas**. Algunos también existen en castellano, como *rr, ll* o *qu* y *gu*. Con estos no tendrás problema y con el resto notarás que pueden aprenderse con facilidad.

Tabla 1-6. Los dígrafos catalanes

Dígrafo	*Ejemplo*	*Sonido*
gu	**gu**illa [gui-llə]	Se pronuncia igual que en castellano.
ig	fa**ig** [fàch]	Se pronuncia como la *ch* castellana.
ix	ca**ix**a [cái-shə]	No existe en castellano. Se pronuncia como la sh de *shot* en inglés. Esta *i* es distintiva en los dialectos del catalán occidental.
l·l	nove**l·l**a	No existe en castellano. Suena como dos eles seguidas.
ll	ma**ll**a [mà-llə]	En principio, suena como la elle castellana, pero te lo matizo fuera del recuadro.
ny	ca**ny**a [cà-ñə], a**ny** [áñ]	Se pronuncia como la eñe castellana.
qu	**qu**ilo [qui-lu]	Se pronuncia igual que en castellano.
rr	ca**rr**o [cà-rru]	La erre múltiple se pronuncia igual que en castellano.
ss	mo**ss**o [mó-su]	Se pronuncia como una ese castellana.
tg	fe**tg**e [fét-jə]	No existe en castellano. Se pronuncia igual que *platja*, o como en inglés *witget*.
tl	a**tl**eta [al-lè-tə]	Es un sonido asimilado. Se pronuncia con dos eles seguidas: la *t* se asimila a la *l*.
tll	ame**tll**a [ə-mèt-llə]	Se pronuncia como una *d* seguida de una *ll*.
tm	se**tm**ana [səm-mà-nə]	Una nueva asimilación: se pronuncia con dos emes seguidas. La *t* se asimila a la *m*.
tn	co**tn**a [cón-nə]	Otra asimilación, que se pronuncia con dos enes seguidas.
tj	pla**tj**a [plàt-jə]	No existe en castellano. Es un sonido agrupado de una dental (*d*) y la *j* inglesa de *John*. Suena como *fetge*.
ts	po**ts**er [put-sé]	Hay que pronunciar un sonido agrupado de *ts*, como *la mosca tse-tse*.
tx	co**tx**e [có-chə]	Se pronuncia como la *ch* castellana.
tz	do**tz**e [dót-zə]	No existe en castellano. Como en el caso de *potser*, pero con ese sonora.

Observa como la *ny* equivale a la *ñ* en castellano. Y que la *tx* o la *ig* son la *ch*. ¡Muy fácil! El problema está en la elle, sea en posición inicial o medial o final, pues casi se encuentra en peligro de extinción en catalán. En castellano ocurre algo similar, pues el yeísmo está cada vez más extendido; y aunque es cierto que existen catalanes que ya no saben pronunciarla (dicen *paia* en lugar de *palla*), deberíamos hacer un esfuerzo por mantenerla. Además, en catalán hay muchísimas palabras que acaban en elle, y a menudo los castellanohablantes tienden a pronunciarla como una ele, lo cual es incorrecto:

- ✔ Martore**ll** (y no *Martorel*)
- ✔ Meritxe**ll** (y no *Meritxel*)
- ✔ vaixe**ll** (y no *vaixel*)
- ✔ coni**ll** (y no *conil*)

En el capítulo 4, en el apartado de las laterales *(l, l·l, ll)* te lo explico más ampliamente.

La sílaba, la unidad fonética básica

Una cuestión importante a la hora de escribir es conocer cómo se pueden dividir las palabras, lo que te permitirá, entre otras cosas, partirlas correctamente al final de una línea o decidir si necesitan una tilde. Para eso también existen normas, no lo puedes hacer de cualquier modo. Dividir las palabras en sus unidades fonéticas básicas también te ayudará a reconocer los diptongos, tan necesarios para la correcta pronunciación así como para la acentuación de las palabras.

Como ocurre en cualquier lengua, con cada emisión o golpe de voz pronunciamos una sílaba. Según el número de sílabas que las formen, las palabras pueden ser:

- ✔ **Monosílabas:** tienen una sola sílaba, por ejemplo, *jo*, *pa*, *meu*, *sí* o *vaig*.
- ✔ **Polisílabas:** compuestas por más de una sílaba, por ejemplo: *e-lla*, *or-to-gra-fi-a*, *nos-tra*, *a-pren-drem* o *an-ti-cons-ti-tu-ci-o-nal-ment* (que, con sus 22 letras, ¡pasa a ser una de las palabras más largas del catalán!).

Por lo general cada palabra tiene tantas sílabas como vocales:

- ✔ **or-di-na-dor** [ur-di-nə-dó]
- ✔ **es-ca-la** [əs-cà-lə]
- ✔ **Mont-ser-rat** [mun-sə-rràt]

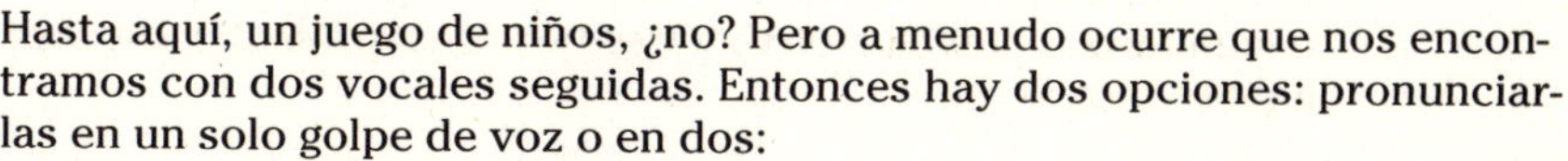

Hasta aquí, un juego de niños, ¿no? Pero a menudo ocurre que nos encontramos con dos vocales seguidas. Entonces hay dos opciones: pronunciarlas en un solo golpe de voz o en dos:

- ✔ **rei-na** [réi-nə]. Un solo golpe de voz en *rei-* une dos vocales.
- ✔ **ci-èn-ci-a** [si-èn-si-ə]. Dos golpes de voz separan las vocales *-i-è* e *-i-a*.

En el primer caso decimos que hay un **diptongo** y en el segundo, un **hiato**. En el diptongo pronunciamos las dos vocales en una misma sílaba, en el hiato se separan.

Sílaba tónica y sílaba átona

Aunque parezca un concepto muy simple, es importante que distingas con claridad entre la sílaba tónica, o fuerte, y la sílaba (o sílabas) átona, o débil. Este fenómeno ocurre en todas las lenguas, pero si diferencias claramente las unas de las otras, en catalán podrás clasificar con facilidad las palabras en agudas, llanas y esdrújulas (que se tratan en el capítulo 5) y te será mucho más fácil aprenderte las reglas de acentuación (que te explico en el mismo capítulo).

En las palabras polisílabas (si no recuerdas cuáles son, repasa el apartado anterior) siempre hay una sílaba más fuerte que las otras. Se trata de la **sílaba tónica**. Por ejemplo: en la palabra fi-**nes**-tra [fi-nés-trə] la sílaba fuerte o tónica es la segunda, y el resto son **átonas** o débiles, es decir, inacentuadas fónica y gráficamente.

Aunque seguramente habrás oído que no puede haber más que una sílaba tónica por palabra, en catalán algunas palabras compuestas pueden llegar a tener dos:

- ✔ **rà**pida**ment** [rà-pi-da-mén]
- ✔ **para**-**sol** [pà-rə-sòl]

Esto ocurre porque la primera palabra es un derivado de *ràpid-a*, a la cual se añade la terminación tónica *-ment*; y en el segundo caso, se trata de una palabra compuesta, donde cada vocablo tiene su sílaba tónica.

En catalán la mayoría de las palabras monosílabas son tónicas:

- ✔ gos [gós]
- ✔ mut [mút]
- ✔ món [món]

Sin embargo, también existen muchos monosílabos átonos, como los siguientes:

- ✔ Los artículos o pronombres: *el*, *la*, *els*...
- ✔ Los posesivos: *mon*, *ton*, *son*...
- ✔ Los pronombres débiles en todas sus formas: *em*, *li*, *ho*...
- ✔ El relativo *que*
- ✔ Las preposiciones *a*, *en*, *de*, *per*, *amb*
- ✔ Las conjunciones *i*, *o*, *si*, *que*

Debes tener cuidado en distinguir bien los monosílabos átonos y tónicos que suenan casi igual, pero que se diferencian por tener la misma vocal: uno tónica y el otro, átona. Aquí tienes unos ejemplos:

[èm, əm]

- ✔ **Hem** cantat una cançó [èm cən-tát ú-nə cən-só]
- ✔ **Em** dic Joan [əm dic ju-àn]
- ✔ Anem **amb** cotxe [ə-nèm əm co-chə]

[què, quə]

- ✔ **¿Què** vols per dinar? [què vols per di-ná]
- ✔ **¿Que** tens gana? [quə tens gà-nə]

Por cierto, ya te habrás dado cuenta de que he utilizado signos de interrogación de apertura en las frases en catalán. No, no es una falta de ortografía, es una opción totalmente correcta, como te explico en el capítulo 17.

Los diptongos catalanes

En los diptongos nos encontraremos siempre con dos vocales juntas que se pronuncian en un solo golpe de voz. Una de ellas debe ser siempre una *i* o una *u*, que son las vocales débiles.

Hay dos tipos de diptongos: los **decrecientes** y los **crecientes**. Empezamos descubriendo los **decrecientes**, muy fáciles de recordar si te fijas en la tabla 1-7.

Tabla 1-7. Diptongos decrecientes

ai	g**ai**-re [gài-rə]	**au**	**pau** [pàu]
ei	b**ei**-na [bèi-nə]	**eu**	**seu**-re [sèu-rə]
oi	b**oi**-ra [bòi-rə]	**iu**	**riu**-re [ríu-rə]
ui	c**ui**-na [cúi-nə]	**ou**	**tou** [tóu]
		uu	**duu** [du]

Como puedes ver, en estos diptongos la primera vocal funciona como tal, porque es fuerte, pero la segunda, la *i* o la *u*, al ser débil, actúa como una semivocal, por lo que el sonido *decrece*.

En cambio, los **diptongos crecientes** se producen en los siguientes casos:

- ✔ Cuando la *u* va precedida de las consonantes *g* o *q* y va seguida de vocal. Puedes ver ejemplos en la tabla 1-8.

Tabla 1-8. Diptongos crecientes

gua	ai-**gua** [ài-guə]	**qua**	**qua**-tre [quà-trə]
güe	ai-**gües** [ài-güəs]	**qüe**	**qüe**s-ti-ó [qüés-ti-ó]
güi	pin-**güí** [pin-güí]	**qüi**	obli**qüi**tat [u-bli-qüi-tat]
guo	ai-**guo**-ta [ài-guò-tə]	**quo**	**quo**-ti-di-à [quó-ti-di-à]

En estos ejemplos se dice que la *u*, que aquí suena fuerte y altiva, funciona como una semiconsonante. En cierto modo, su sonido recuerda un poco al de la *w* en inglés *(wait)*.

- ✔ Cuando la ***i*** precede una vocal a principio de palabra: io-gurt [iúgurr], hie-na [ié-nə].
- ✔ Cuando la ***i*** o la ***u*** se encuentran entre dos vocales: no-ia [nò-iə], di-uen [dí-uən].

Los triptongos

Más problemas (aunque fáciles) por resolver: hay palabras en las que se pronuncian tres vocales en una sola sílaba. Se trata de la combinación de un diptongo creciente y uno decreciente, y reciben el nombre de **triptongos**:

- ✔ cre-ueu [crə-uèu]
- ✔ guai-ta [guài-tə]
- ✔ o-uai-re [ò-uài-rə]; por cierto, esta es una de las raras palabras en las que encontrarás las cinco vocales.

No forman diptongo las combinaciones en que se pronuncian las vocales de forma aislada marcando con una diéresis (¨) la segunda vocal:

- ✔ ve-ï-na (bə-í-nə]
- ✔ a-gra-ït [ə-grə-ít]

Verás esto más claro cuando leas los capítulos 5 y 6 y conozcas las normas de acentuación y el uso de la diéresis.

Separación de palabras al final de renglón

Estoy seguro de que casi nunca te planteas cómo vas a separar las palabras al llegar al final de una línea en un escrito. Seguramente porque, como la mayoría de las personas, dejas esta labor en manos del infalible ordenador y en el modo automático de guiones de sus programas. Pero quizá no caes en la cuenta que la tarea de poner guiones no es igual en todas las lenguas, y si no se lo dices clarito, el ordenador no se entera de la lengua en que escribes (ni mucho menos te creas que el supuesto corrector del idioma te va a solucionar todos tus errores gramaticales u ortográficos). Si, además, escribes a mano, debes tener más en cuenta esta separación de sílabas que, por supuesto, sigue unas reglas. Por eso, las normas de buena escritura, que tanto nos gustan a todos, establecen cuándo tenemos que separar una palabra al llegar al final de una línea en un texto.

En general la división de sílabas es bastante intuitiva; y después de haberte aprendido los diptongos y triptongos del apartado anterior, ya tienes el 90 % de los casos resueltos. Pero por si te queda alguna duda de lo que se puede separar y lo que no, echa un vistazo a la tabla 1-9, en la que te resumo cómo hay que separar los dígrafos, esas parejas de letras que representan uno o varios sonidos.

Tabla 1-9. Separación correcta de los dígrafos

Se separan		*No se separan nunca*	
ix	cai-xa [cà-shə]	**gu**	gue-pard [guə-pàr]
l·l	pel-lí-cu-la [pəl-lí-cu-lə]	**qu**	qui-trà [qui-trà]
rr	ser-ra [sè-rrə]	**ll**	a-be-lla [ə-bè-llə]
sc	as-cen-sor [əs-sən-só]	**ny**	Ca-ta-lu-nya [cə-tə-lú-ñə]
ss	bos-sa [bó-sə]		
tg	met-ge [mé-chə]		
tj	plat-ja [plà- chə]		
tx	cot-xe [có-chə]		
tz	set-ze [sèt-zə]		
...	...		

Ten cuidado de no separar *ig, ix* y *tx* si representan el último sonido de la palabra: *pas-seig, di-buix, es-ca-betx...*

No debes olvidarte de separar todos los hiatos: *Ma-ri-**a**, a-v**i-a**t, v**i-o**-lí...* y de no separar los diptongos: ***fei**-na,* ***quo**-ta, se-**uen**...* En los nombres compuestos al final de renglón se separan los diferentes elementos: *ben-en-tès, in-hu-mà, sub-es-pè-ci-e, vos-al-tres...*

Cuando tengas que separar una palabra con *l·l* (ele geminada) al final de línea, como por ejemplo *pel·lícula*, el puntito de la ele se pierde, por lo que usamos simplemente un guion:

> Pa negre *és una de les millors pel-*
>
> *lícules catalanes dels darrers temps.*

Y recuerda que no debes dejar aislada una sola letra al final o principio de renglón. Tienes que escribir:

> *Una conferència*

Pero no escribas:

> *Una conferènci-*
>
> *a*

Hasta aquí hemos visto todo lo referente a las letras y los sonidos del catalán, analizando las unidades más básicas de las palabras. En el siguiente capítulo empezaremos a adentrarnos en las normas de escritura de las vocales y las consonantes. Desgraciadamente muy a menudo dudamos si la vocal neutra de una palabra se escribe con *a* o con *e* o si debemos escribir una *o* débil con *u*, y con frecuencia tampoco no nos acordamos si tal palabra o aquella otra se escriben con *b* o con *v*. Eso ocurre porque no tuvimos ocasión de aprender (o quizás se nos hayan olvidado) las normas ortográficas. Pero no te preocupes. Todo puede solucionarse con el sencillo ademán de pasar página y entrar de lleno en el capítulo siguiente.

Pequeña historia de las gramáticas catalanas

Podemos decir que desde la Edad Media hasta casi finales del siglo XIX, en Cataluña, la *gramática* se refería al estudio del latín, que era la lengua de las personas cultas, ya que su aplicación al catalán era poco más que rudimentaria. Algunas notas sobre cuestiones gramaticales se pueden encontrar en algún tratadillo de poética del siglo XVI y a lo sumo en alguna gramática de poca importancia en el siglo XVIII. El caso es que costó un gran esfuerzo, siglos, hasta que se consideraron cultas las lenguas *vulgares* como el castellano, el catalán o las demás lenguas románicas, ya que el latín había sido siempre la lengua de la cultura. Por eso las gramáticas llegaron tarde, pues no existía una preocupación por escribir unas normas para las lenguas del pueblo llano.

De entre las primeras gramáticas serias conocidas destacan la *Gramàtica i apología de la llengua catalana* (1815), de Josep Pau Ballot, y la *Gramática de la lengua mallorquina* (1835), de Joan Josep Amengual; aunque más interesante todavía fue la de Tomàs Forteza Cortés, que apareció en 1915. Pero la gran obra del lingüista Pompeu Fabra, considerado el *ordenador* (en el sentido de poner orden) de la lengua catalana, arrinconó sin duda a sus predecesores. Fabra no solo sentó las bases ortográficas del catalán sino también las gramaticales, planteando su fijación y reforma definitiva. Se pusieron normas al catalán moderno. He aquí su obra magna: *Gramàtica catalana* (1918).

Luego se multiplicaron las gramáticas, como las de Antoni M. Badia i Margarit, Jeroni Marvà, Josep Miracle, Miquel Arimany, Albert Jané, Josep Ruaix, Joaquim Rafel o Joan Martí (ya en la década de 1970). En el año 2002 apareció la *Gramàtica del Català Contemporani*, dirigida por Joan Solà, la más avanzada de todas, con el objetivo de ofrecer una descripción del catalán acorde con las necesidades actuales, tanto para profesores como para el público general.

Capítulo 2

Ortografía de la *a* y la *e*

En este capítulo

- La vocal neutra
- Cuándo escribir *a* y cuándo *e*
- La *a* y la *e* en diferentes tipos de palabras: sustantivos, adjetivos y verbos
- Palabras que generan dudas

¡Aaaaaaa! (...) ¿Un grito? ¿Un llanto? ¿Una admiración superlativa? ¿Quizá desconfianza, duda, esfuerzo, interrogación, placer, vacilación? Nada de eso, se trata de la primera letra del abecedario, la primera vocal, como ya puedes suponer... ¿o acaso no sabes ni la a? Bromas aparte, lo cierto es que para escribir bien en catalán es importante identificar correctamente las vocales y saber cuál va en cada palabra. En el caso de la *a* y la *e*, no vas a tener ninguna dificultad para articularlas, pero sí te vas a encontrar con algunos problemillas a la hora de escribir y, incluso más, de acentuar.

Muchas veces habrás dudado si escribir una *a* o una *e* para representar la famosa vocal neutra en el catalán oriental. Ciertamente es una gran duda, pero este capítulo, lleno de ejemplos y consejos útiles, te cuenta cómo resolver con eficacia esas enojosas vacilaciones de un modo claro y conciso.

La vocal neutra: ni a ni e

Ya sabes que en catalán existen ocho sonidos vocálicos posibles y que, en buena parte de Cataluña y de las Baleares —la zona dialectal del catalán oriental—, si se encuentran en una sílaba débil o átona, las vocales *a* y *e* se pronuncian con el mismo sonido, que se llama *vocal neutra*, porque no es ni una *a* ni una *e*, sino un sonido intermedio entre ambas. Así, tus parientes queridos, *el sogre* y *la sogra*, se pronuncian igual, pero se escriben con una *e* el primero porque es masculino y con una *a* el segundo porque es femenino.

Esto es relativamente fácil, pero las dudas surgen cuando hay que diferenciar dos palabras de idéntico sonido pero de significado distinto:

- **taulada** (derivado de *taula*, que se refiere al conjunto de personas que se sientan alrededor de una mesa).
- **teulada** (derivado de *teula*, que se refiere a la parte superior del edificio, cubierta por tejas).

Fíjate que la sílaba tónica de la palabra original t**a**ula / t**e**ula te muestra la vocal que debes elegir en la palabra derivada, que ahí estará en posición átona.

De todos modos, las siguientes reglas te ayudarán a saber cuando tienes que escribir una *a* o una *e*.

Los masculinos se escriben con -e y los femeninos con -a

Generalmente los sustantivos y adjetivos en singular se escriben con *-e* final si son masculinos y con *-a* final si son femeninos. Esta es la regla principal; así de sencillo. Observa los ejemplos siguientes:

- **Sustantivos,** como *l'hom**e***, *la don**a***, *l'alumn**e***, *l'alumn**a***, *la llibret**a***, *el llibre*.
- **Adjetivos,** como *un quadr**e** abstract**e***, *una pintura abstract**a***; *un home pobr**e***, *una terra pobr**a***.

Ten en cuenta que hay algunos nombres que en castellano son femeninos pero en catalán son masculinos y, por lo tanto, acaban en *-e*: *el compte*, *el deute*, *el pebre*. Y al revés, hay sustantivos que en castellano son masculinos y en catalán son femeninos: *una escalopa, una aroma.* Además, hay nombres que son femeninos en castellano pero puede parecer que son masculinos porque llevan el artículo en ese género (porque el nombre al que acompañan empieza por *a* tónica), pero que en catalán mantienen el artículo en el mismo género que el sustantivo: *una àncora.* A menudo confundimos en catalán el verdadero género de estos sustantivos.

Aunque hay algunas palabras que no siguen la regularidad principal, puesto que son vocablos invariables. Así que no te queda más remedio que aprender un montón de ejemplos... No obstante, no hay que preocuparse demasiado, ya que solo aprendiendo unas pocas terminaciones fijas *(-ma*, *-arca*, *-ista*, *-cida* y *-ta)* podrás descubrir y construir fácilmente un sinfín de palabras. Fíjate en la tabla 2-1.

Tabla 2-1. Algunos nombres masculinos que terminan en *-a*

-ma	*-arca*	*-ista*	*-cida*	*-ta*
clima	jerarca	artista	homicida	atleta
cisma	monarca	ciclista	insecticida	demòcrata
drama	patriarca	egoista	parricida	planeta
fantasma		dentista	suïcida	pirata
reuma				poeta

También acaban en *-a* las palabras siguientes, aunque todo indique que son masculinas o puedas deducirlo del contexto:

- ✔ *agrícola, califa, defensa, dia, espia, goril·la, guàrdia, indígena, ioga, mapa, nòmada, papa, parabrisa, paraigua, policia, titella...*

Siguiendo con las irregularidades, por supuesto también hay palabras femeninas que acaban en *-e*. Empezaremos con los adjetivos que acaban con las terminaciones fijas *-aire*, *-ble*, *-me*, *-ne*, *-oide*, *-re* y otras libres, tanto para el masculino como para el femenino. Están en la tabla 2-2:

Tabla 2-2. Adjetivos masculinos y femeninos que terminan en *-e*

-aire	*-ble*	*-me*	*-ne*	*-oide*	*-re*	*otros*
cantaire	amable	enorme	indemne	androide	alegre	bilingüe
boletaire	feble	unànime	insigne	tiroide	cèlebre	ferotge
xerraire	noble	uniforme	solemne		golafre	jove
	terrible					

Hay algunas excepciones, para variar. También se escriben con *-e* final los sustantivos femeninos siguientes:

- ✔ **Nombres comunes,** como *base, catàstrofe, classe, espècie, febre, fase, frase, higiene, imatge, llebre, mare, piràmide, sèrie, superfície, torre, verge...*
- ✔ **Nombres cultos o técnicos,** como *acne, barbàrie, calvície, cúspide, faringe, interfície, síndrome...*
- ✔ **Nombres de mujer,** como *Carme, Clotilde, Irene, Matilde, Penèlope...*

Está bastante extendida, sobre todo en el habla de Barcelona, la pronunciación estereotipada y errónea de algunas palabras con la misma vocal final que en castellano. En esas palabras la vocal final (*a/e*) es débil y, por lo tanto, debe pronunciarse como la vocal neutra en catalán oriental.

- ✔ *Pedralbes*, *Balmes*, *Blanes*, *classe*, *frase*, *Sòcrates*...

Por favor, no pronuncies /e/, sino /ə/... Bueno, si hablas el catalán de la zona occidental, olvida mi consejo.

Los plurales siempre acaban en -es

En catalán, a la hora de escribir el plural, tenemos una regla muy sencilla: todos los sustantivos y los adjetivos que acaban en vocal neutra *(a/e)* forman el plural con la terminación *-es* final:

- ✔ *la casa → les cas**es***
- ✔ *el dia→ els di**es***
- ✔ *l'home → els hom**es***
- ✔ *enorme → enorm**es***
- ✔ *país pobre → països pobr**es***

Esa norma sirve para la mayoría de palabras, aunque hay que tener en cuenta las palabras invariables, es decir, que forman el singular y el plural del mismo modo y, por lo tanto, acabarán también en *-es*:

- ✔ **Algunos nombres curiosos**, como *àlies*, *atles*, *càries*, *herpes*, *mecenes*, *messies*, *pàncrees*...
- ✔ **Algunas palabras compuestas**, como *comptagotes*, *obrellaunes*, *penja-robes*, *portamonedes*, *salvavides*, *trencaclosques*...
- ✔ **Algunos topónimos** (catalanes y extranjeros), como *Banyoles*, *Caldes*, *Empúries*, *Roses*...; *Amazones*, *Atenes*, *Brussel·les*, *Canàries*...
- ✔ **Los nombres propios**, como *Carles*, *Elies*, *Maties*, *Zacaries*...

No siempre todo es tan sencillo. A menudo ocurren cambios imprevistos. Por lo que debes tener en cuenta que la formación del plural de las palabras que acaban en vocal neutra puede acarrear algunos cambios ortográficos en la última consonante. Te los indico en la tabla 2-3:

Tabla 2-3. Alteraciones ortográficas en la formación del plural en -es

-ca	barca	**-ques**	barques
-ça	peça	**-ces**	peces
-ga	biga	**-gues**	bigues
-ja	taronja	**-ges**	taronges
-gua	llengua	**-gües**	llengües
-qua	obliqua	**-qües**	obliqües

¿Cuándo escribimos *a* / *e* en los verbos?

Dicen que primero fue el verbo, seguramente porque da la acción a nuestro modo de expresarnos, que es el lenguaje humano. Por tanto, para saber cómo escribir la vocal neutra en los verbos empezaremos por sus terminaciones, ya que pueden presentar dudas en el momento de escribir una *a* o una *e* en posición átona.

La norma dice que si acaban en vocal neutra hay que escribir una *a* si se trata de la última letra del verbo, pero una *e* cuando es la penúltima:

- ✔ **-a:** *salta, saltava...*
- ✔ **-e:** *saltes, saltaves...*

Todo lo fácil se acaba en dos líneas, por lo que ahora tienes que prestar atención a los siguientes casos, en los que la última letra del verbo resulta ser una *-e*:

- ✔ Las formas verbales *corre*, *obre*, *omple* de los verbos *córrer*, *obrir* y *omplir* (e incluso sus compuestos, como *concorre*, *ocorre*, *recorre*, *entreobre*, *reomple*).
- ✔ La forma *vine* del verbo *venir* cuando decimos, por ejemplo, el famoso eslogan barcelonés *¡Vine al mercat, reina!*
- ✔ Y además infinitivos de los verbos de la segunda conjugación que terminan en *–re*, como *admetre*, *beure*, *caure*, *coure*, *creure*, *interrompre*, *moldre*, *perdre*, *ploure*, *prendre*, *seure*, *vendre*... (encontrarás toda la información que necesites de los verbos en el capítulo 13.)

Una regla básica para saber qué grafía utilizamos *(a* o *e)* consiste en buscar una palabra más corta relacionada con la que tenga la vocal neutra, pero en la que la vocal dudosa se encuentre en posición tónica. Esta medida te servirá tanto para los sustantivos y los adjetivos como para los verbos. Observa estos ejemplos:

- ✔ Si decimos *Pau*, también escribiremos *Pauet*.
- ✔ Si decimos *peu*, también escribiremos *peuet*.
- ✔ Si decimos *pago*, también escribiremos *paguem*.
- ✔ Si decimos *pego*, también escribiremos *peguem*.

Queda claro que a pesar de su semejanza estas palabras no significan lo mismo:

- ✔ *Si a en Pauet li peguem al peuet li faran mal.*
- ✔ *Si no paguem en Pauet, no arribarà a final de mes.*

Dicho de otro modo: cuando tengas la duda de si escribir *a* o poner *e* en medio de un verbo, es necesario que busques la primera persona del presente de indicativo (la palabra más corta), porque te servirá de referencia:

- ✔ *afaitaràs* se escribe con *a* porque *jo afaito* también.
- ✔ *nedem* se escribe con *e* porqué *jo nedo* también.

Pero existen unos cuantos verbos que no siguen esa norma. Son casos especiales para que te entretengas un rato. Tienen dos formas para el infinitivo (una con *a* y otra con *e*): son los verbos *jeure* o *jaure*, *treure* o *traure*, *néixer* o *nàixer* (y sus derivados *ajeure*, *retreure*, *renéixer*), verbos con doble raíz. Al conjugarlos, debes escribir *a* cuando la vocal dudosa de la raíz sea átona; pero cuando sea tónica escríbela con *a* o con *e* según como lo pronuncies en tu dialecto :

- ✔ **-e, -a,** por ejemplo en *neixis*[néshis], *naixis* [nàshis].
- ✔ **-a,** por ejemplo en *naixent* [nəshén].

Unos verbos tan corrientes como *haver*, *fer*, *caure* y *saber* también tienen formas que se escriben con *a* y otras, con *e*. Las formas átonas se escriben con *a;* las tónicas, con *e*:

- ✔ **haver:** *hem, hagut...*
- ✔ **fer:** *fent, farà...*
- ✔ **caure:** *queia, caient...*
- ✔ **saber:** *sé, sabut...*

Hay que saber distinguir ciertos verbos que tienen significado distinto según la vocal *(a/e)* que lleven en la sílaba átona. No es lo mismo:

- ✔ **basar,** 'hacer descansar (una cosa) sobre otra'. *Van basar el temple sobre una roca.* También puede significar 'fundamentar'. *Basar-se en una teoria.*
- ✔ **besar,** 'dar un beso'.

La duda entre *a* y *e* en medio de las palabras

Hay un truco, del que ya te he hablado, muy fácil de aprender, que te indicará cuándo debes escribir *a* y cuándo va *e* en medio de cualquier palabra: toma como referencia otra palabra de la misma familia que tenga una *a* o una *e* en posición tónica y pon la misma letra que en esa palabra.

Sí, efectivamente, las palabras también se agrupan por familias. Por ello se dice que son palabras de una misma familia las que tienen una raíz común. Así por ejemplo, de la palabra *terra*, tenemos *terreny*, *terraire*, *terrassa*, *enterrar*... son palabras de la misma familia porque tienen en común la raíz *terr-*. La *e* fuerte de *terra* te indica la vocal que debes usar en el resto de palabras derivadas. Veamos más ejemplos:

- ✔ De **taula,** *t**a**uleta*, *t**a**ulada*, *t**a**ulell*, *ent**a**ular-se*...
- ✔ De **quaranta,** *qu**a**rantè*, *qu**a**r**a**ntejar*, *qu**a**r**a**ntenni*...

Más palabras que pueden ofrecer dudas

Después de tratar con las normas y sus excepciones, con ejemplos claves que pueden servir para la mayoría de las palabras, ahora ya sabes decidirte entre *a* y *e* en las representaciones de la vocal neutra en cualquier posición: a principio, a mitad o final de las palabras.

Pero existen casos que no tienen solución... al menos no con las normas anteriores. No es que sean palabras sin remedio, sino que tenemos que aprenderlas a base de leerlas y memorizarlas. Te cuento un secreto: puedes hacer comparaciones con otras lenguas derivadas del latín, como el castellano o el francés, porque la mayoría de las veces, coinciden.

Cuando en castellano decimos ***a**cl**a**rar* y en francés *cl**a**rifier*, en catalán coincidimos en la forma ***a**clarir*. O cuando decimos *r**e**sp**e**ctable*, en francés y *r**e**sp**e**table*, en castellano, en catalán tenemos *r**e**sp**e**ctable*. Hay, por tanto, coincidencia en las vocales *a* y *e*.

Sin embargo, en los casos que te muestro en las tablas 2-4 y 2-5 eso no se cumple. Ahí puedes ver palabras para las que el castellano y el catalán se han decantado por vocales diferentes. Por ejemplo, cuando en castellano decimos *añoranza* en catalán decimos *enyorança*. O bien, en palabras tomadas de otra lengua, como el inglés, para las que el castellano mantiene la voz inglesa, pero el catalán incorpora una vocal: *spot / espot*.

Tabla 2-4. Palabras que se escriben con *-e* en catalán (pero con *-a* en castellano)

albercoc	caneló	emparar	javelina	orgue	setí
alcàsser	cànem	enyorança	malenconia	polseguera	temptejar
ametista	disfressar	espàrrec	meravella	rave	tràfec
ànec	ebenista	estella	monestir	resplendor	treball
assemblea	efeminat	estendard	orfe	sergent	vernís
Nombres de lugares y propios					
Begur	Caterina	Empar	Figueró	Llàtzer	Terrassa
Berà		Empordà	Folgueroles		Xúquer
		Empúries	Gramenet		
Palabras compuestas y préstamos					
autoestop	escàner	espot	estand		
	eslògan	esquaix	estrès		
	esmòquing				

Hay palabras compuestas cuyo segundo elemento debes escribir con *e*:

- *barbaespès, guardaespatlles...*
- *antiesportiu, autoescola, contraespionatge, infraestructura, poliesportiu, semiesfèric, teleespectador* (¡ojo con esta palabra, que va con dos e seguiditas!)

Pero no ocurre lo mismo con algunas palabrejas compuestas a partir de vocablos griegos o latinos:

- *arteriosclerosi, telescopi...*

Tabla 2-5. Palabras que se escriben con *-a* en catalán (pero con *-e* en castellano)

afaitar	barnús	latrina	peixater	rancor	sanefa
ambaixador	davallar	maragda		raspall	sarbatana
arracada	davant	naixement			
assassí	davantal				
avaluació	davanter				
avantatge					
avaria					
Nombres de lugar					
Sardenya	Peralada				

Palabras que no significan lo mismo, aunque no te lo creas

Si escribes en tu blog el post "Avui he vist una nau especial" seguramente te referirás a una aeronave del espacio, pero lo cierto es que nadie que lea ese titular va a entenderlo así; a lo sumo pensará que la nave es *especial, peculiar.* Lo que tú querías decir es *espacial*, porque te refieres a una nave del espacio interestelar. Estos despistes suelen ser muy frecuentes en el catalán escrito, ya que la pronunciación de ambas palabras *(espacial / especial)* es idéntica en catalán oriental.

Tampoco se te ocurra escribir "He begut una ginebre excel·lent" porque, aparte de no acertar el género de la palabra, todo el mundo sabe que *un ginebre* es un pequeño arbolito de la familia de las cupresáceas y, por lo tanto, no se puede beber, acaso comer, si corre por el campo alguna cabra. Tú te refieres, por supuesto, a *una ginebra*, esta rica bebida espirituosa que se mezcla en los gin-tonics, aromatizada, eso sí, con el fruto del *ginebre*.

Por tanto, hay que distinguir un buen número de palabras que se escriben casi, casi igual, pero que se diferencian justamente por un cambio de *a/e* en la sílaba débil; además esa curiosa diferencia hace que el significado de las palabras cambie radicalmente. Te muestro las más importantes en la tabla 2-6.

Tabla 2-6. Palabras semejantes pero con significados distintos

acta	Documento formal. *Una acta de naixement. Prendre acta d'una reunió.*
acte	Hecho realizado por una persona. *Un acte heroic. Assistir a un acte.*
afecta	Del verbo *afectar. M'afecta molt que em treguin sang.*
afecte	Sentimiento. *Sent molt d'afecte per la seva germana.*
basa	Conjunto de cartas de una jugada. *Ha fet basa amb el cavall.*
base	Fundamento o apoyo, o parte fundamental de una cosa. *La base d'una estàtua. Les bases d'un tractat.*
bladar	Campo sembrado de trigo. *El bladar de can Trepat.*
bledar	Campo donde se han plantado acelgas. *Anar al bledar a collir bledes.*
cabra	Mamífero. *Un ramat de cabres.*
cabre	Del verbo *cabre* o *caber. No cabre una cosa al cap.*
cingla	Correa que sirve para asegurar la silla bajo el vientre del animal. *Estrènyer la cingla a un mul.*
cingle	Acantilado. *Els cingles de Tavertet.*
compta	Del verbo *comptar. Aquella casa compta vuit segles d'existència.*
compte	Acción de contar, cálculo. *Sortir bé un compte.*
conducta	Manera de comportarse. *Tenir una bona conducta.*
conducte	Que sirve para conducir un fluido. *El conducte subterrani del gas.*
cova	Cavidad subterránea. *La cova dels Muricecs.*
cove	Cesto grande. *El cove de la roba bruta.*
espacial	Relativo al espacio. *Un viatge espacial.*
especial	Singular o particular. *Un tipus especial.*
espècia	Condimento. *El clau d'olor és una espècia molt aromàtica.*
espècie	Imagen o idea de un objeto; unidad taxonómica fundamental de los seres vivos y base de su clasificación. *Les diverses espècies animals. Aquesta guitarra és una espècie d'instrument.*
ginebra	Licor. *Un còctel de ginebra.*
ginebre	Arbusto o árbol pequeño. *Han plantat un ginebre.*
lliura	Unidad de peso o monetaria. *Lliura esterlina.*
lliure	Que no es esclavo; suelto, no sujeto. *Un país lliure.*

(cont.)

Tabla 2-6. Palabras semejantes pero con significados distintos *(cont.)*

lliurament **lliurement**	Acción y efecto de entregar. *Esperaven el lliurament de la mercaderia.* Con libertad. *Decidir una cosa lliurement.*
marcat **mercat**	Que tiene una marca, una característica. *Un terme marcat.* Sitio público para vender y comprar. *El mercat de la Boqueria.*
moda **mode**	Uso, modo o costumbre. *Anar a la moda.* Manera de ser; forma verbal. *El mode de ser. El mode indicatiu.*
padró **pedró**	Lista de habitantes. *El padró municipal.* Columna. *Un pedró en memòria dels caiguts a la guerra.*
quadra **quadre**	Establo de caballos o mulos. *Els cavalls ja són a la quadra.* Pintura. *Un quadre de Salvador Dalí.*
regla **regle**	Norma. *Una regla de conducta.* Instrumento que sirve para trazar líneas. *Traçar línies rectes amb un regle.*
regna **regne**	Correa. *Pren la regna dreta del cavall.* Reino. *El regne de Neptú.*
ruda **rude**	Planta. *Una ruda de bosc.* Tosco, sin pulimento. *Una persona rude.*
sanador **senador**	Castrador. *El sanador ha castrat els bous.* Membre d'un senat. *Les eleccions per a senador es fan cada dos anys.*
templa **temple**	Cada una de las dos partes laterales de la cabeza. *La templa és la part del cap compresa entre el front, l'orella i la galta.* Edificio consagrado al culto. *El temple de la Sagrada Família.*
tracta **tracte**	Del verbo *tractar. El tracta de vostè.* Tratado, convenio. *Aquest és el nostre tracte.*

Tu peor enemigo: el corrector ortográfico y gramatical del ordenador

Cuántas veces has pensado que no necesitas aprender la ortografía y la gramática del catalán a rajatabla ya que el corrector lingüístico del ordenador te sacará de apuros y solucionará todas tus dudas a la hora de escribir. Me temo que lo has pensado demasiadas veces. Pero si confías ciegamente en el ordenador, aunque sea la más moderna de las computadoras del siglo XXI, no me queda más remedio que decirte la pura verdad: te has equivocado.

Cierto que es muy útil cuando tenemos activado el corrector del programa de escritura, y al escribir, por ejemplo, *poprorció* el programa señala una llamativa línea roja que nos dice que acabamos de cometer un error y con un simple clic nos mostrará la palabra correcta: *proporció*. Realmente eso es una ventaja, ¡el ordenador detecta, al menos, los errores tipográficos!, las letras que se nos descolocan al teclear cierta palabra. Sublime. Eso funciona bien. Aunque en catalán, como en cualquier lengua, existen millones de palabras que pueden organizarse en miles de millones de maneras, con lo cual, ya sea por probabilidades, no existe ningún programa informático con un diccionario tan vasto que detecte todos los errores léxicos o tipográficos. Eso es lo malo: toda palabra desconocida por el programa la señalará como error, aunque sea correcta. Y lo más enojoso es que a veces te corrige automáticamente palabras que tú ya escribes bien. ¡Vaya fastidio!

Luego están la ortografía y la gramática, que plantean verdaderos problemas a la hora de corregir. Cuando escribimos una expresión como *La ruta que va idear el pirineista francès George Veron*, el corrector se dispara automáticamente, porque no entiende la palabra *pirineista*, pero la oración es correcta. Tampoco se entera de los topónimos menores, por lo que le da igual que te vayas al tossal d'Engrilló, en el sur de Cataluña, que a la isla de Kahoolawe en Hawái: te marcará ambos nombres en rojo vivo. Ni mucho menos es capaz de distinguir casos con el acento diacrítico. Por ejemplo el corrector no me pone falta si escribo cualquiera de estas dos frases:

- ✔ El pastor va portar els bens a la granja.
- ✔ El pastor va portar els béns a la granja.

El corrector no subraya nada de nada. ¿Se ha vuelto loco? ¿Alguien le ha quitado las pilas, como al supercomputador HAL? ... *"Tengo miedo... Daisy, Daisy, give me your answer do!"*

En realidad las dos frases pueden ser correctas, pero es más propia la primera, porque se refiere al ganado.

En resumidas cuentas, tu ordenador sabe algo de gramática y de ortografía catalana, te puede ayudar de vez en cuando, pero no es un chico listo, tú tienes que saber el resto, y por eso estás leyendo este libro.

Una vez leída y aprendida la ortografía de la *a* y la *e*, junto con el fenómeno singular de la neutralización en la vocal neutra, es el momento de aproximarse a un caso parecido: la ortografía de la *o* y la *u*, vocales que también se neutralizan en una buena parte de los dialectos del catalán. Para descubrirlo deberás adéntrarte en el siguiente capítulo.

Completa los espacios libres con *a* o con *e* según convenga:

> Les cov....s i ....vencs sempr.... han d....spertat una fort.... atr....cció a tothom, tant excursionist....s com espeleòl....gs o amants del p....isatge; fins i tot els r....spectables dium....ngers. La caus.... podri.... tenir un origen metafísic. És cert que d....s d'antic hi ha h....gut sempr.... una tendènci.... a p....nsar que les cov....s són una port.... al més-enllà, un ....ccés a l'altr.... món, segur....ment per la sev.... ubicació sot.... terr....

F. Alexandri. *Excursions a l'interior de la terra.*

PARA QUE NO TE OLVIDES...

*La lista de palabras con **a**, **e** átonas que faltaban*

*Se escriben con **a***

arravatar, avaluar, banús, barbaresc, davall, encomanar, endavant, estamordir, majorana, ramat

*Se escriben con **e***

almogàver, berguedà, eben, enxaneta, ermini, espitllera, gelea, màrfega, orguener, punxegut, ràfega, resplendir, sèver, somentent, tàlem, tàvec

BARBARISMOS ESTELARES

adivinar → *endevinar*

ajedrés → *escacs*

Capítulo 3

Ortografía de la *o* y la *u*

En este capítulo

- La neutralización de las vocales *o* y *u* en /u /
- Cómo decidir si *o* o *u* sin equivocarse
- Palabras dudosas y otros casos... y muchísimos ejemplos

¡Uuuuuu! (...) ¡Qué espanto! ¿Será la sirena de un barco o un grito de reprobación? Pero no, escucha atentamente... quizá sea el aullido de un lobo feroz, de un chacal hambriento o de un ave nocturna de mal agüero que nada bueno traen... Tal vez el grito de un fantasma, de alguna ánima en pena vagando por un solitario cementerio o tal vez solo sea el silbido del viento gélido en una noche de brujas... Si he de decirte la verdad, se trata de todo simultáneamente, pues la *u* prolongada, terrorífica y rasgada es la onomatopeya que en catalán usamos para representar esos menesteres tan gráficos.

Pero además la letra *u* de nuestro abecedario tiene más importancia de la que aparenta, pues es el archifonema en que se convierte la *o* y la *u* cuando se neutralizan. Dicho de otro modo: a menudo tendrás la duda de escribir *o* o *u* en una posición de sílaba débil, ya que el catalán oriental funde ambos sonidos en una *uuuuu.*

La neutralización en u

Así pues, en el catalán oriental, las vocales *o* y *u* representan un caso parecido a la ya famosa vocal neutra /ə/, porque dejan de sonar distintas para pasar a pronunciarse únicamente como *u*, lo cual puede presentar dificultades ortográficas a la hora de escribir. Ya sabes que la *o* en posición débil o átona suena como *u* en una buena parte del dominio del catalán.

Puedes dudar si escribir *rosset* o *russet*, pero yo te digo que en este caso jamás vas a equivocarte. Depende de lo que quieras decir, ya que ambas palabras son correctas en catalán. Lo que ocurre es que *rosset* es el diminutivo de *ros* y *russet* deriva de *rus*. En el primer caso, la *o* de *rosset*, al encontrarse en posición átona se pronuncia *u*. Ya ves: o rubio o ruso, tú decides.

De todos modos, es evidente que la coincidencia en el sonido /u/ puede ocasionar algunos problemas ortográficos y dudas sobre qué vocal debes escribir según los casos. Pero esas dudas pueden resolverse fácilmente (bueno... quizá con un poquito de esfuerzo) si sigues las indicaciones que te daré en este capítulo; aunque me parece que ya deduces la norma general: la *o* de *ros* y la *u* de *rus*, que son vocales fuertes, te indican la pista con que debes escribir sus derivados.

Los masculinos singulares pueden acabar en o o en u

No es una adivinanza, no. Solo hay dos posibilidades y un número limitado de palabras. En catalán tenemos muchos sustantivos y adjetivos masculinos que acaban en *-o*:

- ✔ *alto, amo, burro, borratxo, caldo, carro, coco, duo, esbarjo, ferro, fondo, ganxo, gerro, guerxo, llenguado, llobarro, lloro, maco, melindro, mico, monjo, monyo, morro, mosso, musclo, pallasso, piano, saldo, suro, tebeo, toro, totxo, trasto, xuixo, xurro, zero, zoo...*

No escribas jamás las palabras siguientes con *-o* final, ni mucho menos las pronuncies con *-u* final. Por influencia del castellano estas palabras suelen pronunciarse mal, pero no deben llevar la *-o* propia de otros masculinos catalanes:

Catalán correcto	Catalán incorrecto
barat	*barato**
bomber	*bombero**
cangur	*canguro**
casc	*casco**
far	*faro**
indi	*indio**
rar	*raro**
regal	*regalo**

(cont.)

(cont.)

Catalán correcto	*Catalán incorrecto*
retrat	*retrato**
semàfor	*semàforo**
telèfon	*telèfono**
tub	*tubo**

En cambio hay algunos sustantivos y adjetivos que terminan en *-u*:

- *ambigu, ardu, assidu, ateneu, bungalou, cacau, camafeu, continu, correu, estiu, europeu, hipogeu, individu, ingenu, innocu, liceu, mutu, ritu, riu, superflu, tribu, trofeu, vidu...*

La mayoría de los masculinos plurales acaban en -os

Esta es una norma muy fácil de aprender, pero para ello hay que hacer una pequeña clasificación de las palabras según la terminación del singular.

En primer lugar nos encontramos con los sustantivos y adjetivos que acaban en *-s, -ç, -tx, -x, -ix*, que forman el plural añadiendo la terminación *-os*. Fíjate en la tabla 3-1.

Tabla 3-1. Masculinos plurales en *-os*

Terminación	*Singular*	*Plural*	*Terminación fija*
-s	cas	casos	**-os**
-ç	feliç	feliços	**-os**
-tx	cartutx	cartutxos	**-os**
-x	reflex	reflexos	**-os**
-ix	baix	baixos	**-os**

Por su parte, el plural de los sustantivos y adjetivos que acaban en *-sc, -st, -xt, -ig* se puede formar o bien con la terminación *-s*, o bien con *-os*. Se dice que podemos elegir entre las dos terminaciones según el gusto de cada cual, pero yo te recomiendo siempre la segunda: *-os*, ya que la *-s* se considera culta y de uso restringido a los *poetas*... según he oído. De nuevo, tú eliges, pues ambas terminaciones son correctísimas. Fíjate en los ejemplos de la tabla 3-2.

Tabla 3-2. Masculinos plurales en *-s* / *-os*

Terminación	*Singular*	*Plural*	*Terminación culta*	*Terminación popular*
-sc	disc	discs / discos	*-s*	*-os*
-st	gust	gusts / gustos	*-s*	*-os*
-xt	text	texts / textos	*-s*	*-os*
-ig	faig	faigs / fajos	*-s*	*-os*

Por cierto, si te llama la atención que la terminación *–ig* se convierta en *–j-*, te remito al capítulo 4, que dedico a la ortografía de las consonantes.

Ni singular ni plural: -us para las palabras invariables

Para divertirnos un poco más, te muestro a continuación una lista de nombres que siempre se escriben igual, tanto en singular como en plural. Se trata de palabras que denominamos *invariables*, ya que el singular y el plural son iguales. Todas acaban con la terminación fija *-us*. Por tanto, puedo decir:

- ✔ *He comprat un globus.*
- ✔ *Compraré tres globus.*

Pues tanto si compro uno como si compro cien la palabra se queda igual.

Ahí va una pequeña lista de palabras invariables que terminan en *-us*:

- ✔ *altocumulus, anus, cactus, cosinus, eucaliptus, fetus, ficus, focus, globus, humus, lapsus, lotus, nimbus, plus, porus, pus, rictus, sinus, tal·lus, tipus, virus...*

Ya ves que la mayoría de ellas son palabras de carácter científico, de campos como la botánica, la medicina, la meteorología, las matemáticas... Esto nos da una pista para aprenderlas con rapidez.

Mucha atención: resulta que acaban en *-os* las palabras *caos* y *termos*.

Ahora vamos a entrar en un aspecto más técnico de la ortografía. ¿Qué ocurre con los verbos? Pues que tienes que fijarte en que la terminación escrita de la primera persona del singular del presente de indicativo es *-o*:

- ✔ jo jug**o**, jo pass**o**, jo menj**o**, jo cab**o**, jo surt**o**...

en la variedad del catalán central; pero en valenciano, rosellonés, balear y alguerés existen desinencias dialectales propias, como se refleja en la tabla 3-3.

Tabla 3-3. Terminaciones verbales de la 1.ª persona del presente de indicativo en *-o* (y en *-e*, *-i*, *ø*)

Dialecto	*Terminación*	*Ejemplo 1*	*Ejemplo 2*	*Ejemplo 3*
Central	***-o***	Jo canto	Jo parlo	Jo penso
Valenciano	***-e***	Jo cante	Jo parle	Jo pense
Rosellonés	***-i***	Jo canti	Jo parli	Jo pensi
Balear	***ø***	Jo cant	Jo parl	Jo pens
Alguerés	***ø***	Jo cant	Jo parl	Jo pens

La o y la u en el interior de las palabras

Hasta ahora hemos visto las normas de escritura de la *o* y la *u* a final de palabra. Pero el problemilla también se da en medio de las palabras que llevan esas vocales. Existe una norma general para este caso que es de lo más simple posible: hay que buscar una palabra de la misma familia donde la *o* y la *u* se encuentren en posición tónica, es decir, fuerte.

De este modo sabemos que *forner* se escribe con *o* porque viene de *forn* (palabra originaria donde a la letra *o* le recae el acento fónico). Por lo tanto podemos establecer los siguientes ejemplos según esta norma:

- ✔ d**o**lcesa → d**o**lç
- ✔ p**u**nter → p**u**nt
- ✔ **u**llera → **u**ll

Ojo, eso no funciona con algunas palabras que son de la misma familia pero de raíz diferente. Estos son algunos ejemplos:

- *joc → joguet → joguina* se contraponen a *jugar, jugada* y *jugador*
- *moll → molla* se contrapone a *mullar* y *mullader*
- *pastor* se contrapone a *pasturar*
- *ploure → plovisquejar* se contraponen a *pluja* y *plugim*

Si se trata de un verbo, entonces te recomiendo que busques la primera persona del presente de indicativo para hallar la pista. Así, *posaria* se escribe con *o* porque viene de *jo poso*, donde la primera *o* (que es la que nos presenta la duda para el resto de conjugaciones) es una *o* tónica muy evidente. Con esta regla no te equivocarás en otros ejemplos:

- d**o**nar → jo d**o**no
- c**o**rria → jo c**o**rro
- d**u**guem → jo d**u**c
- m**u**ntar → jo m**u**nto

Existen unos pocos casos especiales de verbos que no siguen la norma general. Se trata de los verbos ***collir, cosir, escopir, sortir*** y ***tossir*** (sin olvidarse de sus derivados, como por ejemplo: *acollir, recollir, escollir, descosir, ressortir, sobresortir*... y los que puedas inventar). Estos verbos tienen la gracia de que cuando la vocal es fuerte se escriben con la vocal que se pronuncia, pero cuando es débil, se escriben con *o*. Veamos unos ejemplos:

- **Se escriben con *o*:** *c**o**llíem, c**o**siria, esc**o**piré, hem t**o**ssit*... porque es una VOCAL ÁTONA.
- **Se escriben con *u*:** *c**u**llo, c**u**ses, esc**u**p, t**u**s*... porque es una VOCAL TÓNICA.

Los verbos *poder* y *voler* se escriben con *o* en todas sus formas, excepto en los casos siguientes, que se escriben con *u*:

- La primera persona del singular del presente de indicativo: *jo puc, jo vull.*
- El presente de subjuntivo enterito:
  - *jo pugui, tu puguis, ell pugui, nosaltres puguem, vosaltres pugueu, ells puguin.*
  - *jo vulgui, tu vulguis, ell vulgui, nosaltres vulguem, vosaltres vulgueu, ells vulguin.*
- El imperativo enterito:

- *pugues, pugui, puguem, pugueu, puguin.*
- *vulgues, vulgui, vulguem, vulgueu, vulguin.*

Palabrejas curiosas que pueden presentar dudas ortográficas

En catalán hay algunas palabras cultas, denominadas *seudoderivados o falsos derivados*, que no se escriben como el resto de palabras de la misma familia porque no han seguido la misma evolución, sino que se han tomado directamente del latín. Así que lo mejor es que te presente las principales en la tabla 3-4; es bastante larga, pero te sirve para tenerlas a mano y leerlas de vez en cuando... o aprendértelas. Cuando tengas una duda te será más práctico recurrir a esta tabla que consultar el diccionario.

Tabla 3-4. Tabla de los seudoderivados catalanes en *u*

Palabra primitiva en o	*Derivado en o*	*Seudoderivado en u*
boca	boqueta	**bucal**
capítol	capitolet	**capitular**
cloure	cloenda	**exclusiu**
cònsol	consolat	**consular**
corb	corba	**curvatura**
córrer	concórrer	**concurrència**
doble	doblar	**duplicar**
dolç	endolcir	**dulcificar**
fondre	foneria	**fusió**
forc	forquilla	**bifurcació**
home	homenot	**humà**
jove	joventut	**juvenil**
moc	mocar	**mucosa**
món	rodamon	**mundial**
nodrir	nodriment	**nutrició**
os	ossos	**úrsids**
plom	plomada	**plumbi**
ploma	plomatge	**plumífer**

(cont.)

Tabla 3-4. Tabla de los seudoderivados catalanes en *u (cont.)*

Palabra primitiva en o	*Derivado en o*	*Seudoderivado en u*
el pols	polsera	**pulsació**
la pols	espolsar	**expulsar**
porgar	esporgar	**purgatori**
sorgir	ressorgir	**insurgent**
títol	subtítol	**titulació**
tos	tossir	**antitussigen**
volcà	volcànic	**vulcanisme**

A partir de las normas que has visto hasta ahora para la ortografía de la *o* y la *u* todo parece bastante claro. Pero siempre existen casos que no podemos solucionar mediante los procedimientos anteriores. Entonces no nos queda otra que recurrir a grandes remedios, como por ejemplo la comparación con otras lengua afines al catalán, es decir, aquellas que derivan del latín, como el castellano o el francés, tal como habías hecho para decidir si a una vocal neutra del habla le corresponde en la escritura una *a* o una *e*. Te sorprenderá descubrir que en muchas palabras, casi en la mayoría, hay una feliz coincidencia. Por ejemplo, cuando en castellano decimos *conocer*, en catalán también escribimos *conèixer* y en francés *connaître*, con *o* siempre.

Pero hay que tener en cuenta una serie de palabras distintas (que aunque te parezcan muchísimas, realmente son pocas), porque son ajenas a esta fórmula de la coincidencia en la comparación.

Seguro que exclamarás a menudo: "¡Cuántas excepciones! ¡Cuántas palabras por aprender!". En realidad se trata de una simplificación: imagínate si tuviéramos que inventar una regla para cada una de estas palabras que se apartan de la norma. ¡Tendríamos más normas en catalán que palabras en la Biblia! Por tanto, más sencillo que escribir veinticinco reglas nuevas es elaborar una lista de palabras que no podemos meter en un apartado concreto. De lo que se trata es de tener una normativa de poco volumen y de fácil manejo para tus consultas inmediatas.

Aun así, el juego de contrarios, para el caso que nos ocupa, también te puede ser muy útil para tener bien localizadas dichas palabras en esta misma página. Fíjate en la tabla 3-5.

Tabla 3-5. Palabras que difieren del castellano respecto a la *o* / *u*

Catalán con o	*Castellano con u*	*Catalán con u*	*Castellano con o*
aixovar	ajuar	**ateneu**	ateneo
assortiment	surtido	**bufetada**	bofetada
atordiment	aturdimiento	**butlletí**	boletín
atribolament	tribulación	**butxaca**	bolsillo
avorriment	aburrimiento	**correu**	correo
bordell	burdel	**desmuntar**	desmontar
botifarra	butifarra	**estiu**	estío
brúixola	brújula	**europeu**	europeo
calorós	caluroso	**fòrum**	foro
cartolina	cartulina	**liceu**	liceo
coberteria	cubertería	**muntanya**	montaña
cobrir	cubrir	**muntar**	montar
complir	cumplir	**ritu**	rito
croada	cruzada	**sèrum**	suero
descobriment	descubrimiento	**subornar**	sobornar
embotir	embutir	**sufocar**	sofocar
engolir	engullir	**supèrbia**	soberbia
escodrinyar	escudriñar	**suport**	soporte
escrúpol	escrúpulo	**tramuntana**	tramontana
esdrúixol	esdrújulo	**trofeu**	trofeo
estoig	estuche	**turment**	tormento
fonamental	fundamental	**vidu**	viudo
governamental	gubernamental		
hongarès	húngaro		
joglar	juglar		
monyó	muñón		
ordir	urdir		
pèndol	péndulo		
ploma	pluma		
podrir	pudrir		
polir	pulir		
retolador	rotulador		

(cont.)

Tabla 3-5. Palabras que difieren del castellano respecto a la *o*/*u* (*cont.*)

Catalán con o	*Castellano con u*
rigorós	riguroso
robí	rubí
rossinyol	ruiseñor
sofrir	sufrir
sorgir	surgir
sospirar	suspirar
sostreure	sustraer
tomba	tumba
tonyina	atún
torró	turrón
triomf	triunfo

También los nombres propios *Amadeu*, *Ladislau*, *Morfeu*, *Orfeu*, *Pompeu* y hasta el topónimo *Pirineu* se escriben con *u* en catalán.

Cuando la o y la u son conjunciones...

Primero: la conjunción *o* en catalán nunca lleva tilde, ni cuando va entre palabras ni cuando se encuentra entre cifras, como en castellano. Además, en el teclado de tu ordenador tienes que distinguir perfectamente el cero (0) de la *o*, pues de lo contrario alguien podría decirte que no sabes ni hacer la *o* con un canuto (que en catalán se dice: *no saber fer la* o *amb un got*) si escribes las oes como los ceros.

Por eso hay que escribir:

- ✔ *La temperatura d'avui a Brussel·les ha estat de 2 o 3 graus sota zero.*

Pero no se te ocurra escribir jamás:

- ✔ ** La temperatura d'avui a Brussel·les ha estat de 2 ò 3 graus sota zero.*

Segundo: en castellano se utiliza la conjunción *u* por *o*, con el fin de evitar el hiato ante palabras que empiezan por *o* o por *ho* (diez u once; belga u holandés). Pero en catalán, no. Por tanto debes escribir con firmeza y buena letra:

- ✔ *N'he comptat deu o onze.*
- ✔ *¿Era belga o holandès, aquell noi?*

Las mejores recreaciones del sonido con la *o* y la *u* en catalán

Quizá no te esperabas que la *o* y la *u* por sí solas pudieran valer más que mil palabras juntas. Pero lo cierto es que sí, y voy a demostrártelo. Solo con pronunciar el sonido de esas letras, con algún gesto y de un modo más o menos teatral, puedes decir un montón de cosas, si te adentras en el fabuloso mundo de las onomatopeyas y las palabras de creación expresiva.

o se utiliza para llamar la atención (también escrita *oh*): *¡O de la casa, taverner!*

oc es el gruñido de cuervos y ocas: *¡Oc, oc!, diuen les oques.*

oh sirve para expresar emociones según el tono o el modo con que vociferes: sorpresa, admiración, pena, alegría, rechazo, miedo, dolor...: *¡Oh, oh, oh! / ¡Oh, no! / ¡Oh, senyor!*

oi se usa para confirmar o para expresar dolor o sorpresa: *¿Oi que ho faràs?/ ¡Oi!, ¿tu per ací? / ¡Oi!, ¡Oi! Quin mal que em fas!*

oic es el gruñido del cerdo: *oic, oic, oic, fa el porquet.*

oix expresa lo mismo que *uix*, que da asco: *¡Oix! ¡Brut! ¿Què dius ara?*

ou es lo que le dirás a un perro o a un caballo para que se detenga: *¡Ou, ou! ¡Quiet aquí!*

ua sirve para animar a una persona o animal: *¡Ua, petit!*

uà, sin embargo es el llanto de un niño sin complejos: *¡Uaaaaaaaà! ¡Uaaaaaaaà!*

uaah es el sonido de un bostezo: *¡Uaaah!*

uag es lo que hace alguien al vomitar: *Uaaag.*

uè es el llanto de un bebé o también de un lindo gatito: *¡Uèèèè!*

uei sirve para llamar la atención o para manifestar contrariedad e indignación: *¡Uei tu! ¡Atura't siguis qui siguis!*

uep también sirve para llamar la atención: *¡Uep, uep, on aneu!*

uf indica opresión o agobio: *¡Uff! ¡Com crema!*

ugg es lo que hace alguien cuando se ahoga: *¡Uggg! ¡Que m'ofego!*

uh es un grito que expresa admiración, sorpresa, dolor, desagrado, miedo... pero también se usa para asustar a alguien: *¡Uhhhhh! ¿T'he espantat?*

ui se usa para expresar dolor, desagrado, miedo, admiración, sorpresa, alegría o para amenazar. También es el grito del dolor, el gemido: *¡Ui, ui, nena! ¡Quines maneres! / ¡Ui! ¡Quin mal!*

uix indica el asco y la repugnancia más absolutos: *¡Uix! ¡Quin fàstic!*

up sirve para animar a tirar hacia arriba, a subir algo de peso: *¡Uuuuup! ¡I amunt!*

uuh es un grito perfecto para abroncar a alguien que te incordia en exceso; pero también es el aullido de un lobo, un chacal o un perro, la voz del búho, y por encima de todo, el alarido de un fantasma y el silbido terrorífico del viento: *¡Uuuuuh! ¡Que calli! ¡Fora! / Uuuh– crida el llop / Uuuh, uuuh fa el mussol a la nit.*

uuu es el sonido de la sirena de un barco, la sirena de una fábrica: *¡Uuuuuu! ¡La sirena!*

Ahora ya conoces las vocales del catalán, el sistema vocálico y sus posibilidades (incluidos algunos ejemplos esenciales de los diferentes dialectos). En el siguiente capítulo vas a descubrir cómo escribir correctamente el resto de las letras del alfabeto: las consonantes. Esto es pan comido: aprenderse cuatro reglas y veinte excepciones y misión cumplida. ¿Acaso lo dudas? Pues despeja el suspense en el siguiente tema.

Añade, si es necesario, una *-o* en las palabras siguientes, aplicando las reglas de este capítulo (no te molestes en buscarlas en los ejemplos porque no vas a encontrarlas, usa tu infalible método científico-deductivo):

aut...	romesc...	conc...	xoriç...	nínx...l
c...lobra	gest...	Antoni...	Empar...	truc...

La lista de palabras con o, u *átonas que faltaban*	
Se escriben con o	*Se escriben con* u
assortir, atordir, atribolar, avorrir	cacau, cuirassa
descobrir, drogoaddicte, dofí	escullera
Empordà, escapolir-se, escoltar, escopir, escopinya	harmònium
fonament, furóncol	porus
Hongria	sinus, suportar
Joan	tipus, turmentar
llúpol	
mostela	
polsar	
rètol, Romania	
solcar	
tamboret, títol	
xoriguereso	

Incorrecto → *correcto*	
barato → *barat*	gorro → *gorra*
bombero → *bomber*	indio → *indi*
canguro → *cangur*	regalo → *regal*
casco → *casc*	retrato → *retrat*
faro → *far*	semàforo → *semàfor*
folleto → *fullet*	telèfono → *telèfon*
forro → *folre*	tubo → *tub*

Capítulo 4

Cómo escribir correctamente las consonantes

En este capítulo

- Ortografía de las consonantes y los dígrafos
- Consonantes sordas y sonoras
- Grupos consonánticos
- Pronunciaciones especiales

"**Consonante:** sonido en cuya pronunciación se interrumpe en algún punto del canal vocal el paso del aire espirado". Esto es lo que nos diría un diccionario normativo para definir una letra consonante. Es una realidad innegable. Pero aunque sea una información técnicamente precisa y muy interesante no nos sirve para nada... ¡Ejem! Quiero decir que esta definición perfectísima no nos dice cómo hemos de escribir las consonantes catalanas (ni ninguna otra) de acuerdo a las normas establecidas por los lingüistas y filólogos. Así que no me queda otro remedio que contarte, una por una (o al menos las que presentan dudas) dichas pautas, acompañadas, por supuesto, de un montón de ejemplos; el objetivo es que queden fijos en tu subconsciente. Mucho me temo que voy a escribir largo y tendido, así que ¡suerte y verdad!, como se dice en el juego.

Las letras b/v (y también la w)

El comienzo de este nuevo capítulo de la ortografía catalana se centrará en la segunda letra del abecedario, la *b*, y en sus homófonas, la *v* y la *w*, y en sus representaciones y sonidos ([b] y [w]). Lo primero que hay que saber antes de decidirte a escribir una *b* o una *v* es que hoy en día, en la mayoría de los dialectos catalanes, de modo análogo a como ocurre en castellano, la *be alta* y la *ve baixa* (no digas *uve*, por favor) se pronuncian exactamente igual, como una *b*, juntando los labios (por eso se llaman bilabiales). Solo en la Comunidad Valenciana, Mallorca y el Camp de Tarragona existe una pronunciación fricativa (que mejor te cuento otro día) de la *v*, que la diferencia de la de la *b*.

Por eso, con la pérdida general de distinción fonética, es aconsejable seguir unas reglas ortográficas para escribir bien las dos letras *b* y *v*.

El caso de la *ve doble (w)*, lo dejamos para los extranjerismos incorporados al catalán. Lo veremos más adelante.

Se escriben con b

Se escriben con *be alta (b)* toda clase de palabras: nombres comunes, nombres propios, verbos, adjetivos... Pero hay tres normas fundamentales. Va *b*:

- **Antes de *l* y *r***, como en *moble*, *arbre*, *oblidar*, *pobre*, *sembrar*... Excepción única: *Vladimir*.
- Cuando **alterna con una *p*** en la misma familia de palabras.

  llo**p**: *llo**b**a*, *llo**b**ató*...

  re**p**: *re**b**re*, *re**b**ut*...

  sa**p**: *sa**b**er*, *sa**b**ia*...
- **Después de *m***: *ambient*, *embadalir*, *embolicar*, *combatre*, *tomb*... Solo hay cuatro excepciones, que se escriben con *v*: *circumval·lació*, *tramvia*, *triumvir*, *duumvir* y sus derivados.

Se escriben con v

La letra *ve baixa (v)* también tiene tres normas muy claras. Se escribe *v*:

- **Después de *n***, como en *envernissar*, *canvi*, *inventar*, *envelat*...
- En las **terminaciones** del imperfecto de indicativo de los verbos de la primera conjugación ***-ava***, ***-aves***, ***-ava***, ***-àvem***, ***-àveu***, ***-aven***, por ejemplo, *rentava*, *rentaves*, *rentava*, *rentàvem*, *rentàveu*, *rentaven*.
- Cuando **alterna con una *u*** en la misma familia de palabras:

  be**u**re: *bevedor*, *bevíem*...

  ha**u**ré: *haver*, *havia*...

  ne**u**: *nevar*, *nevada*...

  vi**u**re: *vivia*, *viver*...

Los seudoderivados son un caso aparte

Ya has aprendido, en los ejemplos para otras grafías, que si bien las palabras de una misma familia se escriben con la misma letra, hay palabras cultas que derivan directamente del latín y no de una palabra catalana. Son los **seudoderivados** o **falsos derivados**, que nada tienen que ver con la palabra primitiva en catalán y sus derivados. En la tabla siguiente te indico los casos principales en que no coinciden, según las normas generales expuestas más arriba, de la *b* y la *v*.

Tabla 4-1. Escritura con *b* y con *v* de los seudoderivados

Primitivo	***Derivado***	***Seudoderivado***
avortar	avortament	a**b**orció
calb	calba	cal**v**ície
cervell	cervellet	cere**b**ral
corb	corbera	còr**v**ids
corb	corba	cur**v**atura
deure	devíem	dè**b**it
escriure	escrivà	escri**b**a
hivern	hivernacle	hi**b**ernar, hi**b**ernació
llavi	llavigròs	la**b**ial
lliure	lliurement	lli**b**ertat
moure	moviment	mò**b**il
núvol	ennuvolat	ne**b**ulositat
provar	provador	pro**b**able (que es posible; distinto a *provable*, que se puede probar)

Algunas palabras divergentes

A veces escribimos mal ciertas palabras porque nos basamos en los modelos de otras lenguas románicas que nos sirven de referencia. Este es el caso, por poner algún ejemplo, del francés *arriver*, que pasa en catalán a *arribar* (v > b). En nuestro caso particular de convivencia con el castellano, y si tenemos en cuenta su importante grado de difusión en Cataluña y en el resto de áreas de habla catalana, convendrá repasar un buen grupo de palabras que en catalán se escriben con *b* y en castellano con *v*, o al revés. Hay casos que pueden sorprenderte, como los nombres de persona o lugar *Esteban, Vizcaya* o *Saboya*; en catalán se escriben diferente: *Esteve, Biscaia, Savoia*.

¡Oh, cielos! Una nueva complicación... pero no te alarmes: con cuatro palabras que aprendas, ya estarás preparado para ir por el buen camino. Y si no te aprendes ni cuatro, siempre podrás consultar las listas siguientes (un vez impresas en el libro nunca se borran).

- En catalán **se escriben con *v***: *advocat, alcova, almívar, arravatar, arrova, avall, avet, avi, avorrir, bava, bevem, canviar, cascavell, cavall, civada, Còrdova, covard, devem, endívia, espavilar, envestir, escriviu, esvelt, Esteve, fava, gavardina, govern, gravar, l'Havana, haver, javelina, llavi, núvol, pavelló, provar, raval, rave, savi, saviesa, serva, taverna, travar, trèvol, vaixell, vedell, vernís, vogar, Vesuvi...*
- En catalán **se escriben con *b***: *abans, acabar, arribar, Àlaba, baf, baró, basc, beina, bena, berruga, berbena (planta), biga, Biscaia, bivac, bolcar, comboi, mòbil, oblidar, rebentar, rebolcar, riba, ribera, saba, sabó, Sèrbia, treballar, trobador, trobar...*

Las palabras *savi* y *saviesa* se escriben con *v*, pero en cambio van con *b* *saber* y *saberut*. ¡Y eso que *savi* proviene del latín SABIUS y *saber* de SAPERE!

Palabras que suenan igual pero tienen significado diferente

En catalán existen palabras *homófonas*, es decir, que suenan de igual modo que otras, pero que difieren de significado. En la tabla 4-2 puedes ver esas palabras, junto con algunas frases que te servirán de ejemplo y hará que entiendas bien la diferencia de significado. En la mayoría de los dialectos catalanes, se pronuncian de la misma forma, aunque expresen significados muy, pero que muy diferentes.

Tabla 4-2. Lista de homófonos con significado diferente

abís	Abismo. *Va caure en un abís infernal.*
avís	Noticia que se comunica a alguien. *Aviat rebràs un avís.*
baca	Portaequipaje. *Carregar-ho a la baca del cotxe.*
vaca	Hembra del toro. *Una vaca suïssa.*
baga	Parte umbría de una montaña. *Són a la baga* (o *obaga*) *del turó de l'Home.*
vaga	Interrupción del trabajo, huelga. *Farem una vaga indefinida.*
ball	Baile. *Avui hem après un ball nou: el bugui-bugui.*
vall	Llanura de tierra entre montes. *La vall d'Andorra.*

Tabla 4-2. Lista de homófonos con significado diferente *(cont.)*

bast	Mancat de finor, de delicadesa. *Un teixit bast.*
vast	De gran extensión. *Cèsar August va gobernar un vast imperi.*
bel	Balido, voz del carnero, la oveja y la cabra. *Tenir bel de xai i mossec de llop.*
vel	Tela que cubre algo. *La noia es cobria el cap amb un vel.*
bell	Hermoso. *Un bell paisatge.*
vell	Persona de edad. *És més vell que Matussalem.*
bena	Tira, generalmente de lienzo, para las heridas. *Posar-se una bena a la ferida.*
vena	Vaso sanguíneo. *La vena subclàvia.*
beure	Ingerir un líquido. *Beure un got de vi.*
veure	Percibir objetos por los ojos. *Els cecs no hi veuen.*
bogar	Estercolar. *Bogar la terra amb fems.*
vogar	Remar. *Vogar els rems.*
botar	Dar saltos. *Botar ben alt.*
votar	Dar el voto. *Demà anirem a votar.*
probable	Que todo indica que sucederá . *És probable que no vingui.*
provable	Que puede ser probado. *Un fet provable.*

Se escriben con w

La *w (ve doble)* en catalán solo se utiliza para las palabras que provienen de otras lenguas y conservan esa letra original. Según la lengua de origen, la *w* puede pronunciarse como /b/ o como /w/. La mayoría de los ejemplos proceden del inglés o del alemán:

- ✔ Del alemán, con pronunciación /b/: Wagner [bácner]
- ✔ Del inglés, con pronunciación /w/: whisky [uísqui]

Así pues, en catalán nos han quedado con *w* algunos nombres comunes relacionados con la ciencia y el deporte, así como ciertos topónimos y nombres propios extranjeros:

- ✔ *darwinisme, edelweiss, hawaià, kiwi, kuwaitià, wagnerià, waterpolo, watt, web, weber, western, whisky, windsurf, wolframi...*
- ✔ *Darwin, Hawaii, Kuwait, Newton, Wagner, Walter, Whashington, Windsor...*

La *w* se introdujo en Cataluña en el siglo IX y al principio se escribía con doble *uu* y, posteriormente, con dos *vv* yuxtapuestas antes de cruzarse en *w*. ¿Curioso, verdad?

No obstante, existen nombres que ya han catalanizado la representación de la *w* con un *v*, por ejemplo: *Valquíria, vamba, vàter, Venceslau...*

Observarás que la marca registrada de zapatillas deportivas *Wamba* ya se ha convertido en una palabra común incorporada en el diccionario catalán como génerico que designa un calzado deportivo. Asimismo ocurre con la palabra inglesa *water-closet*, referida al inodoro que, tanto en catalán como en castellano, se ha adaptado simplemente a *vàter* (en catalán) y *váter* (en castellano).

Las parejitas de oclusivas: p/b, t/d, c/g

La *b* y la *p* se pronuncian juntando los labios, por esos se llaman **bilabiales**. La única diferencia es que la *p* es sorda y la *b* sonora. Casi lo mismo puedo decirte de la *t* y la *d*, que son **dentales** porque para pronunciarlas tocamos con el ápice de la lengua los dientes superiores; pero la *t* es la sorda y la *d* la consonante sonora. Así mismo ocurre con las **velares** *c* y la *g* (pronunciada la primera /k/ y la segunda /g/) que se producen en el velo del paladar: la primera es sorda y la segunda sonora. (Sí, es cierto, la *g* en catalán tiene, además, otro sonido, del que nos ocuparemos más adelante en este mismo capítulo, por ejemplo el que oirás en la palabra *Girona*; al que ahora nos referimos es al de *gat* y *gos*). Todos estos pares son consonantes oclusivas; por tanto, se produce oclusión, es decir, que se articulan formando en algún punto del canal vocal un contacto que interrumpe la salida del aire.

Recuerda que las consonantes sordas se pronuncian sin vibración de las cuerdas vocales, al contario de las sonoras, que vibran claramente. Un viejo truco para saber si una consonante es un sonido sordo o sonoro consiste en tocarse con dos dedos la nuez del cuello en el momento de pronunciar, por ejemplo, zzzzzz o ssssss... o una *b* o una *t*... Observaremos que en el segundo caso no se produce nunca ningún cosquilleo, es decir, ninguna vibración.

Escribir estos grupos de consonantes *(p/b, t/d, c/g)* no supone problema alguno cuando están a principio de sílaba, puesto que su pronunciación nos indica qué letra debemos usar, pero cuando están a final de sílaba o preceden a una consonante sorda suenan igual:

- La *p* y la *b* suenan /p/: *sa**p**, clu**b**, dissa**b**te...*
- La *t* y la *d* suenan /t/: *pu**t**, càli**d**, a**d**quirir...*
- La *c* y la *g* suenan /k/: *sa**c**, càsti**g**, ma**g**...*

Por lo tanto, en esos casos que tiene la misma pronunciación pueden hacerte dudar si decidirte por una u otra consonante a la hora de escribir determinadas palabras. Por eso te presento estas **breves normas**:

- Al final de palabra después de vocal tónica o diptongo tónico **se escribe *p, t, c***, como *sap, llop, cap, humit, bit, salut, paret, abric, cec, foc...* Aunque algunos derivados cambian de letra, como *saber, llobató, humida, saludable, abrigar, fogata...*

Un grupo de bellas y enojosas excepciones a esta primera regla:

Se escriben **con *-b***: *adob, club, esnob, tub, baobab, Carib...*

Se escriben **con *-d***: *fluid, fred, sud, Alfred, Bagdad, Madrid, Sigfrid...*

Se escriben **con *-g***: *buldog, estrateg, mag, tuareg, Hug, espeleòleg, demagogog...*

- Después de vocal átona o consonante se escribe *p* o *b, t* o *d, c* o *g* según la letra de sus derivados:

  -b: *àrab, arabic*

  -d: *sord, sordesa*

  -g: *càstig, castigar*

  -p: *serp, serpejar*

  -t: *sort, sortosament*

  -c: *arc, arcada*

Aunque hay unas pocas palabras que no se pueden comprobar a través de sus derivados: *dividend, guepard, míting, púding, sumand...*

- Para terminar, nos quedan solo las palabras que, sin dudar, acaban **con *-c***: *ànec, aràbic, càrrec, espàrrec, fàstic, feréstec, mànec, préssec, tràfec, xàfec...* y eso a pesar de que sus derivados pueden cambiar a una *-g-*: *ànega, aràbiga, esparraguera, fastiguejar, feréstega, mànega, presseguer, atrafegar, xafogor...*
- También acaba **con *-c*** la primera persona del presente de indicativo de los verbos siguientes: *jo aprenc, comprenc, entenc, tinc, vinc...* aunque en el modo subjuntivo **llevan *-g-***: *aprengui, comprengui, entengui, tingui, vingui...*

No hay que olvidar que en catalán los gerundios siempre acaban en *-nt*: *atenent, bevent, cantant, dient...*

Se ha extendido en el habla popular o coloquial la mala pronunciación de algunas palabras, que en algunos barrios de Barcelona todavía persiste, consistente en añadir una *t* final o medial que no existe. Nos encontramos con un caso de **idiolecto**, es decir, rasgos propios de la expresión de un mismo individuo, por razón de haber aprendido el catalán de oírlo en la calle, por no haberlo aprendido en la escuela, etc., que podemos detectar asimismo en el habla *xava* de Barcelona (con clara influencia del castellano).

Por tanto, nunca digas: *col·lègit, àpit, prèmit, corretgir, gènit, passetjar...*

Di lo correcto: *col·legi, api, premi, corregir, geni, passejar...*

Como te he mostrado en apartados anteriores, a menudo mediante largas tablas, existen palabras homófonas, de igual pronunciación pero de significado distinto. En el caso de los pares de consonantes *p/b, t/d, c/g* hay unas pocas:

Tabla 4-3. Diferentes significados en palabras que llevan *p/b, t/d, c/g*

bòlit	Trozo de madera cilíndrico que se usa en algunos juegos de niños. *Jugar a bòlit.*
bòlid	Meteorito; automóvil. *Un bòlid ha passat prop de la Terra.*
cup	Recipiente de obra donde se pisa la uva. *Un cup de vi.*
cub	Hexaedro; tercera potencia. *El cub de 2 és 8.*
groc	De color semejante al del oro. *El fruit groc del llimoner.*
grog	Tipo de bebida espirituosa. *Un got de grog, la beguda dels pirates.*
quan	Adverbio de tiempo. *¿Quan vindreu?*
quant	Adverbio de cantidad. *¿Quants anys tens?*
tan	Denota equivalencia, igualdad. *És tan ric com tu.*
tant	En tal cantidad, en tal grado. *Ha corregut tant com tu.*

El xava

El **xava** es una modalidad de habla social propia de algunos barrios de la ciudad de Barcelona, claramente influenciada por el castellano. No hace falta que te diga que se trata de un modo incorrecto de hablar, y que no solo debes evitarlo, sino, incluso, corregirlo cuando lo oigas.

Algunos de sus rasgos son: la pérdida de sonoridad de las consonantes sonoras (/z/,/j/); la apertura hacia [a] de las vocales neutras; el cierre de las vocales *e* y *o* cuando deben ser abiertas; y la ausencia de los pronombres débiles *hi* y *en*.

Veamos algunos ejemplos:

- *mússica* en lugar de *música*.
- *fetxe* en lugar de *fetge*.
- *ara vaig* en lugar de *ara hi vaig*.

Para saber cuál de las dos letras de los pares *p/b, t/d* y *c/g* debes escribir en medio de las palabras, e incluso en la sílaba inicial, te irá bien recordar estos grupos de letras que jamás cambian (exceptuando en algún caso muy claro):

- **ab-**: abdicar, abdomen, abjecte... Excepción: *aptitud.*
- **cap-**: capdamunt, capficar, capgirar...
- **ob-**: objecte, obscur, obtenir... Excepción: *opció, òptica.*
- **sub-**: subcampió, subjecte, submarí...
- **ad-**: adjectiu, admetre, adverbi... Excepción: *atles, atlàntic, atleta, atmosfera.*
- **-bs-**: abscència, absis, substància... Excepción: *àpside, copsar, lapsus.*
- **-cs-**: facsímil, sacseig, fúcsia...
- **-ct-**: actor, districte, sector...
- **-gd-**: amigdalitis, magdalena, maragda... Excepción: *anècdota.*
- **-gm-**: augmentar, enigmàtic, fragment...
- **-gn-**: cognom, digne, sagnar... Excepción: *acne, aràcnid, tècnic.*
- **-pc-**: accepció, concepció, corrupció... Excepción: *obcecar.*
- **-pt-**: adoptar, escriptor, repte...

En catalán hay algunas pocas palabras que duplican la consonante cuando se escriben, lo cual condiciona también su doble pronunciación. Esta singularidad afecta solo a les letras *d, c* y *g*.

- *addenda, addicte, additiu, adduir...*
- *accent, accés, acció, fricció, objecció, succedani...*
- *suggerir, suggestió...*

Por tanto, tienes que pronunciar: *ad-den-da, ac-sén, suc-ge-rí...*

La k

En catalán la letra *k* (ca) solo vas a encontrarla en extranjerismos en los que todavía se conserva, al igual que en castellano. De todos modos, hay ya un buen número de esas palabras que se han catalanizado y cuya escritura se ha adaptado a nuestro alfabeto con las combinaciones *ca, co, cu, que, qui*. Su sonido es oclusivo, velar y sordo.

Empezaré elaborando una pequeña lista de palabras provenientes de otras lenguas que mantienen en catalán la grafía *k* original, tanto en nombres comunes como en nombres de lugar y de persona. Estoy seguro de que las reconocerás de inmediato, son estas:

- **Nombres comunes:** *eureka, folklore, judoka, kàiser, kamikaze, karate, kenyà, kiwi, kurd, kuwaitià, kirieleison, perestroika, tanka, viking, vodka, whisky...*
- **Nombres propios:** *Barakaldo, Dostoievski, Euskadi, Frankfurt, Kafka, Kant, Kenya, Kíev, Kurdistan, Kyoto, Pakistan, Parkinson, Shakespeare, Txaikovski...*

Te aconsejo que compares con el castellano u otras lenguas románicas esos nombres propios, ya que muchos **topónimos** (nombres de lugar) o **antropónimos** (nombres de persona) que aquí ves pueden tener una forma diferente no solo por la *k*, sino también por otras grafías. Por ejemplo las enciclopedias españolas suelen escribir *Dostoyevski* o *Dostoyevsky*.

Pero, en mi opinión, creo que hay palabras más interesantes que aprender, porque pueden resultar un poco extrañas a primera vista, acostumbrados a verlas con su letra *k* original; se trata de los extranjerismos que se han integrado totalmente hasta el punto de catalanizar su ortografía en *c* o *qu*. Es el caso de las siguientes:

- *aquelarre, biquini, búnquer, còctel, estoc, joquei, màrqueting, pàrquing, quimono, quiosc, rànquing, tiquet...*

Las palabras derivadas de ***quilo-*** (o ***-kilo***) admiten las dos formas: *quilòmetre* o *kilòmetre, quilogram* o *kilogram, quilolitre* o *kilolitre, quilovolt* o *kilovolt, quilowatt* o *kilowatt*, aunque sus abreviaturas se realizan siempre según el sistema internacional: *km, kg, kl...*

Esto es diferente: la ese sorda y la ese sonora

En comparación con el castellano, en catalán existe un sonido nuevo para ti: se trata de la **ese sonora**, que se produce mediante vibración de las cuerdas vocales. La **ese sorda** no tiene esa sonorización; es el mismo que pronuncias en castellano en las palabras *soso* o *tensión*. Por eso, lo primero que debes aprender es a pronunciar y a distinguir bien ambos sonidos. Para ello puedes basarte en los ejemplos que te mostré en el capítulo 1 de este libro. Pero para refrescar un poco la memoria te diré que la *s* es una consonante fricativa, es decir que cuando suena, el aire sale rozando; si además es sonora, entonces vibran las cuerdas vocales.

En catalán utilizamos las siguientes letras para representar el sonido **ese sorda: *s, ss, c, ç***. Para el sonido **ese sonora son estas: *s, z***. Fíjate en la tabla 4-4 e intenta pronunciar las palabras correctamente. Al mismo tiempo, la buena pronunciación te ayudará a escribir sin errores.

Tabla 4-4. Los sonidos sordo y sonoro de la ese en catalán

Ese sorda: s, ss, c, ç	*Ese sonora: s, z*
sivella	rosa
pas	cervesa
mosso	zebra
ceba	senzill
braç	els astres
els sastres	

Lo primero que podemos observar en la tabla es que:

- ✔ La *s* puede representar tanto un sonido sordo como sonoro.
- ✔ Si una *s* sola va entre vocales siempre será sonora; en cualquier otra posición será sorda.
- ✔ Que en los enlaces con otras palabras también pueden darse fenómenos de sonorización o ensordecimiento: *els **s**astres* no es lo mismo que *els **a**stres*. Eso quiere decir que la *-s* al final de una palabra puede hacerse sonora si se pronuncia a continuación otra palabra que comienza con vocal. Si has estudiado francés, seguramente te habrán explicado este mismo fenómeno fonético al hablarte de *les liaisons*.

Esto es más importante de lo que parece. Si no pronuncias bien los sintagmas *els sastres/els astres*, es decir, si no distingues la diferencia entre los sonidos ese sorda y ese sonora, me temo que se lo estarás poniendo un poco difícil a un oyente catalán, pues no es lo mismo un *sastre*, la persona que hace vestidos, que un cuerpo celestial como el *astre*; ni es lo mismo *els avis* que *els* savis, como comprenderás. No me atrevo a contarte lo que les ocurrió a los trabajadores de una empresa catalana que reivindicaban mantener sus sueldos a pesar de la crisis, mediante un eslogan que, si se pronunciaba una ese sonora en lugar de sorda, daba mucho de qué hablar: *¡Que no ens toquin els sous!* ¿Lo pillas?

La ese sorda: s, ss, c, ç

Empecemos por lo que te será más conocido, ya que la ese sorda es como cualquier ese castellana. En catalán ese sonido puede representarse con cuatro letras: *s, ss, s, c* y *ç*.

Mientras que la *s* puede representar tanto el sonido sordo como el sonoro, según la posición que ocupe, como pronto verás, el grupo *ss* representa siempre el sonido sordo.

Por tanto, para representar correctamente la ese sorda, debes seguir las siguientes orientaciones:

Al principio de una palabra se escribe:

- ✔ ***s***, delante de cualquier vocal, como en *sabata*, *sec*, *sideral*, *sofà*, *suar...*
- ✔ ***c***, solo delante de *e*, *i*, como en *cedre*, *centella*, *cianur*, *cigonya...*

¿Alguien puede decirme por qué *sec* y *sideral* se escriben con *s* y no con *c*? ¿O por qué *cedre* i *cianur* van con *c* y no con *s*? Según lo que acabo de explicarte, bien podrían intercambiarse estas letras y no ocurriría nada. El caso es que no estamos estrictamente en una lección de normas para representar la ese sorda y la ese sonora, sino que se trata, más bien, de orientaciones. La explicación se encuentra en la aburrida etimología, por lo que no hay más remedio que aprenderse palabras y más palabras. Un consejo: el diccionario y la lectura asidua en catalán te ayudarán a fijar la ortografía, pues siempre te surgirán nuevas dudas sobre la representación de la ese sorda y la ese sonora.

Entre vocales se escribe:

- ✔ **ss**, delante de cualquier vocal, como en *tassa*, *gossos*...
- ✔ **c**, solo delante de *e*, *i*, como en *mecenes*, *nacionalitat*...
- ✔ **ç**, solo delante de *a*, *o*, *u*, como en *plaça*, *lliçó*, *traçut*...

Entre vocal y consonante, o **entre consonante y vocal**, se escribe:

- ✔ **s**, delante de cualquier vocal, como en *àspid*, *dansa*, *pistó*...
- ✔ **c**, solo delante de *e*, *i*, como en *encendre*, *endolcir*...
- ✔ **ç**, solo delante de *a*, *o*, *u*, como en *alçacoll*, *cançó*, *forçut*...

Ya sabes, por tanto, que no es posible escribir ninguna palabra con *ss* entre consonante y vocal... Bueno... esto no es del todo cierto. Si en realidad quieres impresionar a tus colegas, existen algunos casos:

- ✔ Para realizar el plural de *qualsevol*, *qualsevulla*; así tendrás *dos terminals qualssevol*, *qualssevulla*.
- ✔ En algunos nombres compuestos, como en *transsexual*, *transsiberià*, *transsubstancial*... (En realidad se trata de unir el prefijo *trans-* a una palabra que empieza con *s*; de ahí que se junten y se mantengan las dos eses.)

Al final de una palabra se escribe:

- ✔ **s**, como en *gos*, *pas*, *tros*...
- ✔ **ç**: *falç*, *feliç*, *dolç*, *lluç*...

Hay algunas estrategias para saber cuándo escribir *s*, *ss*, *c* o *ç* para representar el sonido sordo:

- Nunca escribas ç al principio de una palabra (salvo cierto arcaísmo que ya no se utiliza y que más vale no aprender).
- Hay muchas palabras castellanas que se escriben con *z* o *con c* y que en catalán se escriben con ç. Son ejemplos: *cançó (canción), força (fuerza), llaç (lazo), maça (maza), plaça (plaza)...*

Más cosas que tienes que saber sobre la ese sorda

Recuerda siempre que la **terminación *-essa*** de muchas palabras catalanas tiene que ser sorda, aunque no es poco frecuente que se pronuncie incorrectamente con el sonido de la ese sonora. Lo mismo ocurre con otros sufijos, como ***-gressió***, ***-missió***, y ***-pressor***, entre otros. He aquí algunos ejemplos:

- **-essa**, como en *abadessa, alcaldessa, baronessa, comtessa, metgessa...*
- **-gressió, -gressor**, como en *agressió, agressor...*
- **-missió, -missor**, como en *comissió, emissor...*
- **-pressió, -pressor**, como en *expressió, compressor...*

Pero también estas palabras, un tanto especiales, por cierto, **se escriben con *ss***: ***as-*** *(assolellat),* ***dis-*** *(dissident),* ***pres-*** *(pressentir),* ***pros-*** *(prosseguir),* ***res-*** *(resseguir).*

Hay palabras, con ciertos prefijos, que no se escriben con *ss*, como debieran, aunque la ese vaya entre vocales y sea, por tanto, sorda:

- Después de los prefijos **a-**, **ante-**, **anti-**, **bi-**, **contra-**, **entre-**, **hendeca-**, **hipo-**, **mono-**, **para-**, **poli-**, **pre-**, **sobre-**, **supra-**, **tele-**, **tri-**, **tetra-**, **ultra-**, **uni-**, como en *asimetria, antesala, antisocial, antisèptic, bisexual, contrasegell, entresuar, hendecasíl·lab, hiposulfurós, ,monosíl·lab, parasexualitat, polisíl·lab, presocràtic, sobresalt, suprasensible, telesella, trisèpal, tetrasíl·lab, ultrasò, unisexual...*
- En las **palabras compuestas** como en *anarcosindicalista, fotosíntesi, homosexual, psicosomàtic, sacrosant, vivisecció...*
- En los **compuestos por guion,** como en *para-sol, penya-segat, bocasec...*

A continuación te presento en la tabla 4-5 una lista de palabras que en catalán llevan *s* o *ss* (que representan el sonido de la ese sorda), y que en castellano se escriben o bien con *z* o bien con *c*.

Tabla 4-5. Catalán con *s* o con *ss*. Pronunciación sorda

Catalán con s		***Catalán con ss***	
Topónimos	*Palabras comunes*	*Topónimos*	*Palabras comunes*
Almansor	arròs	Albarrassí	alcàsser
Cadis	asteca	Eivissa	arrebossar
Còrsega	calabós	Saragossa	arrissar
Mequinensa	capatàs	Suïssa	assot
Montsó	cartipàs		carrossa
Sardenya	corser		cassola
Vinaròs	dansar		disfressar
	esbós		drassana
	gaspatxo		embarassar
	llapis		hissar
	matràs		massapà
	mesclar		massís
	mesquí		mordassa
	quars		mosso
	sabata		mostassa
	safata		pòlissa
	sòcol		polissó
	sucre		tassa
	tapís		tossut
	vernís		
	xerès		

Ten en cuenta que se escriben con *ç* los derivados que acaban en ***-ança, -ença***: *assegurança, esperança, naixença, temença*; pero no son derivados: *dansa, pansa* o *defensa*.

También existen muchos topónimos de Cataluña que se escriben con *ç*: *Argençola, Caçà, Flaçà, Llançà, Maçanet, Ronçana, Vinçà...*

La ese sonora: s, z

El sonido sonoro de la ese no existe en castellano, aunque sí en otras lenguas, como el francés, el italiano o el inglés. Al pronunciar la ese como sonora vibran la cuerdas vocales, que notarás con un cosquilleo notable en la nuez. Ese sonido puede representarse con las letras *s* y *z*, según las siguientes orientaciones:

- ✔ Se escribe ***z* a principio de palabra**, como en *zebra*, *zona*, *zum-zum*...
- ✔ **Entre vocales se escribe *s***, como *casa*, *malesa*, *nosa*...; pero se escribe *z* en una serie de palabras de origen griego, como *amazona*, *bizantí*, *ozó*, *topazi*, *trapezi*..., y en los nombres compuestos por ***esquizo-*** *(esquizofrènia)*, ***piezo-*** *(piezòmetre)*, ***rizo-*** *(rizotònic)*, ***-zoic***, ***-zou***, ***-zoide*** *(paleozoic*, *protozou*, *espermatozoide)*.
- ✔ **Entre consonante y vocal** se escribe siempre ***z***, como *alzina*, *esmorzar*, *pinzell*, *atzavara*, *onze*, *horitzó*... Son excepciones los compuestos por ***-fons***, ***-dins*** y ***-trans***: *enfonsar*, *endinsar*, *trànsit*...

¿*Amazona* es una palabra de origen griego?

No lo dudes. Como te acabo de comentar, a propósito de algunas palabras de origen griego que se escriben excepcionalmente con *z* para representar el sonido ese sonora, quizá pensabas que *amazona* era una palabra brasileña, por el río *Amazonas*. Nada más lejos de la realidad. Aquí está la prueba: las amazonas eran mujeres guerreras, en la mitología griega, que destacaban, entre otras cosas, porque cabalgaban con suma habilidad.

Otra prueba más convincente: la palabra *amazona* proviene del latín *amazon*, prestado del griego *mazós*, que significa 'mama', pero con el prefijo *a* que denota ausencia, ya que estas míticas guerreras se amputaban el pecho derecho para poder disparar mejor con el arco. Como puedes ver, era mujeres muy viriles, y no admitían hombres entre ellas, excepto un día al año con el fin de asegurar la perpetuación de su estirpe.

Vivían en Asia Menor, bajo el mandato de su reina, Hipólita. Según dicen los mitos, las amazonas lucharon con héroes como Aquiles o Teseo.

Presta atención a una serie de palabras que suelen pronunciarse con ese sorda en lugar de la ese sonora correcta, incluso por catalanoparlantes:

- *Àsia, Camarasa, Freser.*
- *Casilda, Cèsar, Eusebi, Tomasa, Susanna.*

Por influencia del castellano a menudo se suelen pronunciar algunas palabras que en castellano acaban en ese, pero en catalán no. No hay que decir *una anàlisis*, sino *una anàlisi*. Las siguientes palabras se rigen por la misma norma:

- *Apocalipsi, crisi, diòcesi, dosi, hipòtesi, metamorfosi, oasi, parèntesi, pròtesi, tesi...*

Siempre se pronuncia la ese como sonora en la **terminación -esa**, que no debes confundir con *-essa*, ya que esta se escribe con una sola *s*, en las palabras siguientes: *altesa, duresa, embriaguesa, feblesa, lleugeresa, pobresa, princesa, tendresa, timidesa, tristesa...* Fíjate que el sufijo *-esa* (a excepción de *princesa*) te indica siempre cualidades morales o físicas, y en cambio *-essa* te indicaba títulos nobiliarios y oficios, como *jutgessa, duquessa...*

Lo más fuerte del alfabeto: los sonidos de la g, la j y la x y de los dígrafos ix, ig, y tx

Lo primero que hay que distinguir en estos grupos consonánticos es su sonoridad, para tener muy claro que la diferencia de pronunciación (sorda o sonora) distinguirá palabras por su significado. Por ejemplo, si buscas en el diccionario palabras casi idénticas, que solo se diferencien por la sonoridad (que además implica un cambio ortográfico), puedes obtener pares de palabras como:

- *xec / gec*
- *xoc / joc*
- *metxa / metge*

en los que la primera palabra de cada par tiene un sonido sordo (representado por *x, tx*), y la segunda posee un sonido sonoro (representado por *g, j, tg*). Esa única diferencia hace posible que sean palabras con significados diferentes:

- [sh]: *Un xec al portador. Un xoc de trens.*
- [j]: *Duia un gec blau marí. El joc de l'oca.*

- [tx]: *Encendre la metxa.*
- [dj]: *El metge de capçalera.*

Embarbussaments, un juego de ingenio

Un poco de diversión nunca va mal. Los *embarbussaments*, o trabalenguas, son palabras o frases difíciles de pronunciar que suelen proponerse como juego para hacer que alguien se equivoque. Pero también son locuciones que te serán muy útiles para mejorar tu pronunciación en catalán.

A ver si eres capaz de pronunciar bien estos famosos trabalenguas catalanes que tienen mucha relación con los asuntos que estamos tratando en este capítulo:

- *Setze jutges d'un jutjat mengen fetge d'un penjat, i el penjat era un bon metge, que per heretge havien condemnat.*
- *De genollons collia codonys; de genollades, codonyades, i amb els dits, codonys collits.*
- *Una gallina xica, pica, camatorta i ballarica va tenir sis polls xics, pics, camatorts i ballarics. Si la gallina no hagués estat xica, pica, camatorta i ballarica, els sis polls no haguessin estat xics, pics, camatorts i ballarics.*
- *En Pinxo li va dir a en Panxo: "¿Vols que et punxi amb un punxó?". I en Panxo va dir-li a en Pinxo: "¡Punxa'm, però a la panxa no!".*

¿Verdad que es más difícil de lo que parece? Sobre todo si intentas decirlo rápido.

La x y sus tres pronunciaciones

El sonido en catalán de la *x* es palatal fricativo, es decir, el aire pasa rozando el paladar y la lengua, y además es sordo, pues no produce ninguna vibración en la cuerdas vocales cuando se emite. Esto ocurre cuando la *x* se pronuncia como *xeix*, es decir, como la *sh* de **shadow** (shadou) en inglés o como la *ch* francesa de **chemin**. Porque lo curioso de esta letra es que puede representar tres sonidos distintos, de los cuales el tercero es sonoro:

- [sh], como en *Xavier*, *panxa*, *pixar*, *eixelebrat*...
- [ks], como en *taxi* (tacsi), *excursió* (ecscursió)...
- [gz], como en *examen* (egzamen), *exèrcit* (egzèrcit)...

Con la pronunciación **como [sh]**, la letra *x* puede aparecer en los casos siguientes:

- Al principio de una palabra, como en *xacal*, *xef*, *xisclar*, *xocolata*...
- Después de consonante, como en *arxiu*, *bolxevic*, *gronxar*, *panxa*...
- Después de *i*, como en *clixé*, *guix*, *bixest*...
- Despues de *u* semivocal (diptongo), como en *disbauxa*, *rauxa*, *xauxa*...

Se escribe ***ix*** después de las vocales.

- **a**: *caixa*, *calaix*, *vaixell*...
- **e**: *créixer*, *peix*, *reixa*...
- **o**: *coixí*, *boix*, *moixama*...
- **u**: *bruixa*, *cuixa*, *fluix*...

Ten en cuenta que la pronunciación de *-ix-* en estos casos es siempre [sh]; por tanto, la *i* nunca sonará en catalán oriental, pero sí es distintiva de las variantes occidentales.

Como te he dicho al principio, la letra *x* también puede representar un sonido compuesto en algunas palabras, que puede ser:

- Sonido sonoro **[gz]**, en palabras que comienzan con *ex-* seguido de vocal o *h*, como en *exemple*, *exercici*, *exèrcit*, *exhaurir*, *exhibició*...
- Sonido sordo **[ks]**, en el resto de las situaciones, como en *luxe*, *taxi*, *òxid*; *índex*, *esfinx*, *prefix*; *excel·lent*, *excloure*, *marxisme*...

Hay que tener presentes una serie de palabras en las que, por influencia del castellano, la *s* suele pronunciarse [ks], cuando en realidad se escriben y suenan con una simple *s*: *esplanada, espoliar, espolsar, esporgar, esprémer, estendre, estranger, estrany*...

La g y la j

La *g* y la *j* suenan igual cuando representan el sonido palatal fricativo sonoro, cuya pronunciación te he explicado en el capítulo 1 (si te interesa el sonido velar oclusivo de la *g* de *gat* y *gos*, vuelve unas páginas atrás en este mismo capítulo y consulta el apartado "Las parejitas de oclusivas p/b, t/d, c/g").

Se trata de un sonido que se produce con la lengua en contacto con el paladar, pero sin obstrucción del aire. Al ser fricativo, ya puedes suponer que el aire pasa con rozamiento entre ambos órganos. Las cuerdas vocales vibran, por eso se dice que es un sonido sonoro. ¿Cuándo, pues, hay que escribir *g* o *j*? A continuación te lo explico.

Se escribe g:

- Delante de las vocales ***e, i***, como en *gebre*, *ragen*, *setge*, *gibrella*, *ginesta*, *règim*...

Se escribe j:

- Delante de ***a, o, u***, como en *rajar*, *platja*, *joguina*, *jove*, *jubilat*, *ajudant*...
- En palabras que contienen los grupos ***-jecc* y *-ject***, como en *injecció*, *objecció*, *subjecte*...
- En todos los tiempos del **verbo *jeure***, como en *jec*, *jeus*, *jeu*... *jauré*, *jauràs*, *jaurà*...
- En las **palabras** *jeep*, *jerarquia*, *jeroglífic*, *jersei*, *jesuïta*, *jet*, *majestat*...
- En los **nombres hebreos**, como *Jehovà*, *Jeremies*, *Jericó*, *Jeroni*, *Jerusalem*, *Jesús*...

Los dígrafos ig / tx

El sonido africado sordo puede representarse con las grafías *ig, tx* o incluso con la *g* (en posición final junto con la vocal *i*: *desig*). Le llamamos africado porque se articula con una oclusión y una fricación formadas rápida y sucesivamente, como *ocho*.

Este sonido se escribe con ***tx***:

- Al inicio, en medio o al final de una palabra, como en *txec*, *batxillerat*, *matx*...
- En los derivados de una palabra terminada en ***-tx***, como en *cartutxera* (*cartutx*), *capritxós* (*capritx*), *despatxar* (*despatx*), *escabetxar* (*escabetx*), *esquitxar* (*esquitx*)...

Al final de una palabra se puede escribir ***-ig*** cuando sus derivados se forman con *j*/*g* o con *tj*/*tg*.

- **-aig**: *raig* (*ragés*, *rajolí*)
- **-eig**: *passeig* (*passejar*, *passegés*)
- **-oig**: *boig* (*boja*, *bogeria*)

- ✔ **-uig**: *puig* (*pujol*, *pugés*)
- ✔ **-ig**: *mig* (*mitjó*, *mitger*)

La m, la n y la ny

Las letras *m* y *n* no presentan demasiados problemas de ortografía. Se trata de **consonantes nasales**, en cuya pronunciación, a diferencia del resto de los sonidos consonánticos, la corriente de aire espirada sale total o parcialmente por la nariz. Por su parte, el dígrafo *ny*, que equivale a la letra *ñ* en castellano, tiene un sonido nasal palatal.

Se escribe m:

- ✔ **Delante de *b, p, m***, como en *embenar*, *ombrel·la*, *timbaler*; *camp*, *empaitar*, *tempesta*; *emmagatzemar*, *immadur*, *gemma*... Como excepciones te encontrarás con los compuestos: *benparlat*, *enmig*, *tanmateix*...
- ✔ **Delante de *f*** (generalmente, aunque no siempre), como en *amfibi*, *amfiteatre*, *àmfora*, *circumferència*, *èmfasi*, *Memfis*, *nimfa*, *pamflet*, *samfaina*, *simfonia*, *triomf*, *xamfrà*... Un pequeño truco, para que no te olvides: los compuestos por ***amfi-*** y ***circum-*** se escriben siempre com *m*. Las excepciones son: *fanfarró*, *confessar*, *confegir*, *enfadar*, *enfilar*, *inflar*, *infern*... Truco: observa que se escribe *n* delante de *f* en todas las palabras que empiezan con los prefijos *con-*, *en-* y *in-*.

Se escribe n:

- ✔ **Delante de *v***, como en *canvi*, *convalidar*, *invadir*, *invent*, *envàs*, *enveja*... Pero hay que tener en cuenta las siguientes palabras compuestas porque son excepciones: *circumval·lació*, *decemvir*, *tramvia*, *triumvir*.
- ✔ **Delante de *n* se escribe *m* o *n*** según lo que pronuncies, como en *alumne*, *columna*, *ennassat*, *innegable*, *solemne*, *somni*... ¡Más fácil, imposible!

Un fenómeno curioso que no podemos pasar por alto es el caso de la **duplicación** de las consonantes *m* y *n* en muchas otras palabras.

- ✔ **Se escriben con *mm***: *emmagatzemar*, *emmalaltir*, *emmanillar*, *emmarcar*, *emmetzinar*, *immadur*, *immaterial*, *immersió*, *immediat*, *immens*, *gamma*, *summa*, *súmmum*... y los nombres propios: *Emma*, *Imma* y *Gemma*.

- **Se escriben con *nn***: *annals, annexionar, biennal, connatural, connectar, decenni, enneasíl·lab, innocent, mil·lenni, perenne, tennis*... Y los nombres de persona: *Anna, Anníbal* y *Susanna*.

La duplicación de la *m* o la *n* puede dar lugar a palabras diferentes de las que se forman sin duplicar esas letras. Voy a mostrarte un par de ejemplos:

- No es lo mismo *annals* (relación de acontecimientos anuales) que *anal* (relativo al ano).
- No es lo mismo *summa* (recopilación de todas las partes de una ciencia) que *suma* (agregado de muchas cosas).

¡Cuidado con el grupo *mp*! En el momento de pronunciar una palabra que contenga este grupo de letras, debes tener en cuenta que la *p* es **muda**, es decir, no representa ningún fonema y, por lo tanto, no suena: *camp* [cam], *comptar* [cumtà], *excempció* [exemsió], *redempció* [redemsió], *símptoma* [símtuma], *assumpte* [assumte], *presumpte* [presumte], *temptar* [temtà], *temps* [tems]...

El dígrafo ny

No hay nada más expresivo en catalán que el sonido nasal palatal del dígrafo *ny*. Se utiliza, junto con otras palabras más serias, para un montón de **onomatopeyas** graciosísimas, es decir que imitan o recrean sonidos de la naturaleza o de ruidos conocidos. ¿Sabes qué quiere decir *fer nyam-nyam*? ¿O quizá conoces qué sonidos representan estas palabras tan corrientes en el lenguaje coloquial: *nyeu-nyeu, nyic-nyic, nyigo-nyigo, nyigui-nyogui*? Pensarás que me he vuelto loco, pero créeme si te digo que estas expresiones son muy corrientes en catalán. A ver si con algunos ejemplos logro convencerte y adivinas su significado y el ruido que representan:

- *Nen, corre, vine, que faràs **nyam-nyam**, a veure si fas bondat i t'ho menges tot.*
- *Amb la seva veu de **nyeu-nyeu** li va dir: "Tonet, maco, ¿ja ho sap la teva dona que festeges amb una altra?".*
- *De cop i volta va sentir el **nyic-nyic** inquietant d'un corc.*
- *De petits cantàvem: "**Nyigo-nyigo-nyigo**, calces de paper, totes les musiques van pel meu carrer".*
- *Aquesta prestatgeria que t'has comprat és de **nyigui-nyogui**: no durarà gens.*

Estoy seguro de que has entendido bien estas expresiones que, además, puedes encontrar en cualquier diccionario de catalán, pues los diccionarios generales también incluyen las onomatopeyas, su definición y ejemplos.

Ahora bien, lo que pretendo es que aprendas la ortografía de la *ny*. Por lo tanto, tienes que saber que se escribe *ny*, aparte de dichas onomatopeyas:

- ✔ En palabras tan comunes como *any, anyell, bonyegut, bunyol, castanya, company, companyia, disseny, nyu, refranyer...*
- ✔ Y en los nombres de lugar catalanes (¡o catalanizados!) y en apellidos, como *Arenys, Avinyó, Banyoles, la Cerdanya, la Corunya...*; *Canyelles, Pinyol, Sunyer, Vinyes...* Pero atención con *Peníscola* o *cap Canaveral*, que van con *n*.

Y eso es todo lo referente a la *ny*. A continuación corresponde hablar especialmente de la segunda letra que lleva este dígrafo, es decir, de la *y*; pero eso requiere un nuevo apartado.

La i griega (y)

Aunque la *i* griega es una letra del alfabeto catalán, y acabas de verla en el dígrafo *ny*, de manera aislada solo aparece en cuatro palabras. Sí, sí, digo bien: solo en cuatro palabras, que són *yeadonià, yperita, ypresià* y *yuppie*. Como ves nombres rarísimos, del ámbito de la ciencia, o bien al anglicismo que representa a los famosos *yuppies*, esos jóvenes profesionales urbanos, ejecutivos o empresarios, emprendedores y ambiciosos, ricachos que tanto abundan en nuestra sociedad occidental.

Pero lo cierto es que la *i* griega fue muy corriente en catalán antiguo. Así lo atestigua, por ejemplo, la primera edición de este poema de Jacint Verdaguer (1845-1902), "Los vigatans", anterior a las normas de Pompeu Fabra. Observa:

Torna-te'n ja a Barcelona,
*jama**y** n'haguesses vingut;*
mes digues a qui t'envia
*lo que ara et diré nu **y** cru*

Esto da a entender que la *y*, en el catalán del siglo XIX se usaba tanto para palabras que acaban en *i (jamay)*, como para la conjunción *i (nu y cru)*. Por eso, la *y* todavía se encuentra hoy día en algunos apellidos catalanes antiguos, como *Aymerich*, *Ruyra*, *Soley*... Aunque lo más corriente es usarla en palabras de otras lenguas que en catalán conservan la letra original: *whisky, Nova York*...

No te sirvas del castellano para saber qué palabras deberías escribir con *i* griega, ya que en catalán algunas ya se han sustituido por *i* latina: *hoquei, ianqui, iarda, Iemen, ien, iode, ioga, iogurt, iot*...

Entre laterales anda el juego: l, l·l, ll

Le ha llegado el turno a los sonidos laterales y su ortografía, es decir, aquellos sonidos en cuya pronunciación la lengua impide que el aire espirado salga por el centro de la boca, por lo que se abre paso por los lados. Me estoy refiriendo a la *l* y la *ll*, y, por extensión, a la ele geminada: *l·l*, que es la que genera más dudas a la hora de escribir.

Ni qué decir tiene que hay muchas, muchas palabras que se escriben solo con *l* y sería de una gran obviedad exponerlas en este libro; aunque sabios hay que escriben mal palabras que van con *l·l* y no con *l*, o viceversa. Por eso, comenzaremos con la *l·l* y la *ll*, y sabrás que el resto van con *l* simple.

Cuándo se escribe l·l

Se trata del sonido de la ele repetido. Por tanto debes pronunciar dos eles seguidas, pero si no te sale, lo más práctico es que pronuncies una sola y listos. No cabe duda de que también se admite esta pronunciación.

Actualmente la pronunciación de la ele geminada se ha suavizado mucho, por lo que te recomiendo que no te pases en su pronunciación si no quieres parecer un poco ridículo. Si no sabes pronunciarla, no te preocupes: *No problem*. Pronuncia una sola ele, pero no alargues esa doble ele de modo cursi. No digas jamás: *pellll-lllí-cu-la*. Di simplemente: *pel-lí-cu-la* o bien *pe-lí-cu-la*.

Si por el contrario eres un purista, y quieres pronunciar la *l·l* a la perfección, no me queda más remedio que decirte que lo fastidioso del caso es que se conserva en una lista bastante larga de palabras. Muchas provienen del latín y pertenecen al vocabulario culto. Aunque no existen unas reglas demasiado claras para su ortografía, voy a indicarte algunas pistas que te serán de gran ayuda:

Se escriben con *l·l* las palabras que empiezan de la siguiente manera:

- ✔ **al·l-**, como *Al·là, al·legar, al·legoria, al·leluia, al·lèrgia, al·licient, al·lucinar, al·ludir...*
- ✔ **col·l-**, como *col·laborar, col·lapse, col·lateral, col·lecció, col·lectiu, col·lega, col·legi, col·lisió, col·locar, col·loqui...*
- ✔ **gal·l-**, como *gal·lès, Gàl·lies...*
- ✔ **il·l-**, como *il·legal, il·legible, il·legítim, il·lès, il·limitat, il·lògic, il·luminar, il·lusió, il·lustre...*
- ✔ **mil·l-**, como *mil·lenari, mil·lenni, mil·lèsim, mil·ligram, mil·límetre...* Excepto: *miler* i *milió*.
- ✔ **sil·l-**, como *síl·laba, sil·logisme...*

Se escriben con *l·l* las palabras que acaban en:

- ✔ **-el·la**, como *aquarel·la, caravel·la, cel·la, damisel·la, franel·la, Marcel·la, mortadel·la, novel·la, ombrel·la, parcel·la, passarel·la, varicel·la...*
- ✔ **-il·la** , como *Camil·la, clorofil·la, goril·la, pupil·la, til·la, vil·la* ('torre'; pero no *vila* 'poble')...
- ✔ **-il·lar** , como *cavil·lar, destil·lar, oscil·lar, vacil·lar...*

Se escriben con *l·l* palabras emparentadas con palabras que llevan *ll*:

- ✔ *ampul·lós (ampo**ll**a), axil·la (aixe**ll**a), capil·lar (cabe**ll**), coral·lí (cora**ll**), cristal·lí (crista**ll**), fal·lible (fa**ll**ar), metàl·lic (meta**ll**), pel·lícula (pe**ll**)...*

Se escriben con *l·l* otras palabras (¡en realidad muchas!) que no se pueden meter en las listas anteriores:

- ✔ *anul·lar, Apol·lo, Aquil·les, bèl·lic, Brussel·les, cal·ligrafia, cèl·lula, circumval·lació, constel·lació, el·lipsi, excel·lent, hel·lenisme, idil·li, instal·lar, intel·ligent, libèl·lula, medul·la, mol·lusc, pàl·lid, paral·lel, pol·lució, putxinel·li, rebel·lia, sol·licitar, violoncel·lista, xarel·lo...* y un sinfín que ya irás aprendiendo poco a poco.

También hay un gran número de palabras que se escriben solo con *l*, pero no con *l·l*, contrariamente a lo que se suele creer e, incluso, escribir. Una vez oí a un *lletraferit* que decía con toda seguridad que la palabra *cel·lebrar* se escribía con *l·l*, porque se trataba de una palabra muy catalana y altisonante. Lo decía ceremoniosamente y con gran autoridad, como si fuera un filólogo ilustre, cuando en realidad era un verdadero grillo, pues todo hijo de vecina sabe que en catalán *celebrar* se escribe con *l* (y no te cuento ya lo del pobre diablo que decía *lliteratura, milló* y *llunar*). Fíjate en las siguientes palabras con el fin de escribirlas y pronunciarlas correctamente:

- *alegria, alumini, celebrar, còlera, elaborar, elocució, solució...; literatura, lunar, milió...*

Creo que también es necesario tener en cuenta algunos pares de palabras cuya pronunciación se parece mucho, pero que se diferencian, precisamente, por tener *l* o *l·l*:

- *al·ludir* significa 'hacer alusión' y *eludir* quiere decir 'evitar'.
- *anul·lar* significa 'dar por nulo' y *anular* quiere decir 'dedo anular'.

Si quieres ser una persona de buena letra y cultivada en la escritura, que no se te ocurra jamás escribir la ele geminada con guion *(l-l)*, ni mucho menos con punto seguido en la línea *(l.l)*. Tiene que ser un punto de geminación o elevado *(l·l)*, que encontrarás en la tecla del número 3 del teclado de tu ordenador.

Ortografía de la ll

La elle *(ll)*, el sonido lateral palatal, en catalán debe de pronunciarse siempre a pesar de que actualmente se ha extendido mucho el **yeísmo**. Se trata de un fenómeno propio del catalán oriental, también presente en las Islas Baleares y en las comarcas nororientales y centrales de Cataluña, que consiste en pronunciar *i* en lugar de *ll*: *ui, ceia, paia* en vez de *ull, cella, palla*. Pero mira lo fácil que es pronunciar una *ll*: solo tienes que poner toda la lengua tocando el paladar, sin tensarla, blanda y plana, sobre todo que la parte central de la lengua sea la que toque el paladar, y luego pronunciar: *llaaa, llooo...* Inclusive cuando se encuentra al final de una palabra: *all, ull, Sabadell, Martorell...*

Hay que tener en cuenta, además, que también se escribe *ll* en palabras que a menudo suelen escribirse (o incluso pronunciarse) mal, ya sea porque son extranjerismos o por influencia de la misma palabra en castellano. Por ejemplo:

- *allegreto, allegro* (se escriben con *ll*, pero en estos casos se pronuncia con una sola ele, ya que son palabras italianas).
- *assolellat, cella, llegenda, llicència, llicenciat, motxilla, pallasso, porcellana, rellotge, ullal, vull, xandall...* (todas deben pronunciarse con *ll*).

Cuántas veces habré oído decir *assoleiat, legenda, licència, paiasso, porcelana, relotge, uial, vui,* etc. Me parece que demasiadas, sobre todo en catalanes de toda la vida, en quienes ha arraigado el yeísmo o la interferencia del castellano. En cambio, me sorprende observar cómo personas que aprenden catalán por primera vez, ya sean españoles o de otras nacionalidades, pronuncian bien estas palabras. ¡Fantástico!

La h ni suena, ni truena

¡Qué bien! Esto es estupendo: la **hac** *(h)* no se pronuncia en catalán, lo cual es una agradable comodidad. Hay que exceptuar, no obstante, algunos extranjerismos u onomatopeyas, como por ejemplo: *hawaià, hardware, ha ha ha...*donde hay que pronunciar la *h* aspirada, como tú sabes hacerlo. Pero no en algunas palabras tomadas de otras lenguas como *handbol* o *hoquei*, deportes en que se recomienda pronunciarlos a la catalana, es decir, sin hacer la aspiración de la *h*. De hecho, se trata de una letra que solo se conserva por razones de etimología, es decir, por el origen de las palabras, y en la mayoría de los casos coincide con otras lenguas románicas, aunque no con todas. Por tanto, a continuación te muestro unas listas para que te orientes en su escritura.

La *h* puede estar en posición:

- ✔ **Inicial**, como en *harmonia*, *harpia*, *hissar*, *hivern*, *hivernacle*, *hostatge...*
- ✔ **Intercalada**, como en *adherir*, *ahir*, *aleshores*, *alhora*, *anhel*, *anihilar*, *aprehensió*, *bohemi*, *cohibir*, *enhorabona*, *exhaurir*, *exhaust*, *exhibir*, *exhortar*, *exhumar*, *filharmònic*, *inhabilitar*, *inherent*, *menhir*, *prohibició*, *subhasta*, *tothom*, *tothora*, *transhumància*, *vehicle...* Y las interjecciones *ah*, *oh*, *eh*, *ehem...*

Se escriben sin *h* (algunas difieren del castellano):

- ✔ *abillament*, *arpa*, *avui*, *benaurat*, *cacauet*, *coet*, *exuberant*, *malaurat*, *orfe*, *orxata*, *os*, *ostatge*, *ou...* Y los nombres propios *Elisabet*, *Ester*, *Judit*, *Maó*, *Montblanc*, *Montjuïc*, *Munic*, *Zuric...*

Atención con algunas palabras de estas listas porque no coinciden siempre con el castellano: *subasta /subhasta...* O bien el caso de *ostatge / hostatge*, que son palabras con significados distintos: un *ostatge* es una persona secuestrada y un *hostatge* es un lugar para hospedarse.

Erre que erre: r, rr

Para concluir este largo capítulo, finalmente ha llegado el momento de presentarte las consonantes vibrantes, la *r* simple y la *r* múltiple. Aquí sí hay coincidencia con el castellano (aunque la múltiple se llama doble). Incluso en su pronunciación: al pronunciarlas haces vibrar la punta de la lengua; en el primer caso es una *ere* y en el segundo una *erre*. Fíjate, por ejemplo, en la diferencia con la erre francesa, cuya singular pronunciación se produce por vibración de la úvula o campanilla. Así distinguimos la *rrrrrrrrrr* de la *grgrgrgrgr*.

En catalán, al igual que en castellano, distinguimos dos sonidos para la letra *r:*

- ✔ *r* simple, como en *cara*, *mare*, *pera*...
- ✔ *r* múltiple, como en *rata*, *carro*, *honra*, *mar*...

y además puedes encontrarlos en cualquier posición (entre vocales, entre consonante y vocal, al principio o final de palabra). Ten en cuenta que en catalán, cuando se pronuncia la *r* final de una palabra (que no es siempre), suena múltiple y bien fuerte: *amor (amorr), mar (marr)*...

La r múltiple o erre

El problema está siempre en la *r* múltiple porque puede escribirse con una o con dos erres *(r/rr)*. La ortografía nos dice que el sonido de *r* múltiple se escribe:

Con *r:*

- ✔ A principio de palabra, como en *rar*, *roig*, *rave*...
- ✔ Entre consonante y vocal: *folre*, *conreu*, *honradesa*...
- ✔ Después de ciertos prefijos y formas prefijadas (que puedes ver en la tabla 4-6):

Tabla 4-6. Prefijos tras los cuales se escribe *r* y suena *rr*

Prefijo	*Ejemplo*	*Prefijo*	*Ejemplo*
anti-	antireglamentari	*poli-*	poliribosoma
auto-	autoretrat	*post-*	postromàntic
bi-	birectangle	*pre-*	prerafaelita
contra-	contrareforma	*pseudo-*	pseudoràbia
estereo-	estereoradiant	*quimio-*	quimioreceptor
extra-	extraregional	*radio-*	radioreceptor
foto-	fotoreceptor	*semi-*	semiremolc
greco-	grecoromà	*sobre-*	sobrereserva
infra-	infraroig	*supra-*	suprarenal
micro-	microruptor	*tele-*	teleradiografia
mono-	monorim	*termo-*	termoretracció
multi-	multiracial	*tri-*	trireactor
neo-	neorealisme	*ultra-*	ultraroig
orto-	*ortoròmbic*	*vice-*	*vicerector*

Pero en la nueva *Ortografía del catalán*, algunas palabras compuestas o formadas por un prefijo pasan a doblar la *r*, como *arrítmia*, *cefalorraquidi*, *corregnant*, *erradicar* o *ornitorrinc*.

Hay que tener en cuenta que algunas palabras compuestas se escriben con *rr* porque se han formado más o menos recientemente, como *corresponsal*, *correspondre*, *prerrogativa*, *birrem*, *trirrem*. Además en catalán hay palabras en las que el sonido de la erre múltiple va precedido de guion; entonces se escribe una sola *r*: *barba-roig*, *mata-rates*, *Mont-roig*, *Mont-rebei*, *penja-robes*... (En el capítulo 6, donde se explican las reglas del guion; puedes verlo con más detalle.)

Con *rr*:

- ✔ Entre vocales, como en *arracada*, *carro*, *esborrany*, *ferrer*, *espàrrec*, *sorra*...

La r simple o ere

El sonido de la erre simple se escribe siempre con una sola *r* en cualquier caso: *cara*, *flora*, *pare*, *suro*; *arbre*, *cirurgia*, *orquestra*, *prendre*, *xarampió*.

Te habrás fijado en que hay una *r* simple en la primera sílaba del sustantivo *arbre* y del verbo *prendre* (y derivados *aprendre, comprendre...*) que no debes pronunciar, si no decir simplemente *à-bre, pèn-dre...* No te pases de purista pronunciando *àr-bre, prèn-dre*: ¡suena un poco forzado!

La r final

Para acabar con la ortografía de la erre, es necesario conocer cuándo se debe escribir al final de una palabra y cómo debe pronunciarse. Lo primero que hay que saber es que en muchas palabras la *r* final no se pronuncia (es **muda**, no suena) en gran parte del dominio lingüístico, lo cual puede dar lugar a dudas de carácter ortográfico. Para resolverlas, solo tienes que saber que, aunque no lo oigas, se escribe *r* final en los siguientes casos:

- ✔ En los **infinitivos** que acaban en ***-ar, -er, -ir***, como *cantar, córrer, patir...*
- ✔ En el ***passat perifràstic***, como *va cantar, va voler, va dormir...*
- ✔ En palabras que terminan con los **sufijos** ***-ar, -er, -or, -dor***, como *campanar, fuster, claror, penjador...*
- ✔ En palabras que tienen **derivados** en los que se pronuncia la *r* (aunque no se haga en la palabra primitiva), como en *cla**r** (claredat), po**r** (poruga), segu**r** (seguretat)...*

Resumiendo, lo que tienes que pronunciar es: *cantá, va durmí, fusté, clá...* Pero al mismo tiempo debes tener en cuenta que, por ejemplo, en valenciano esa *r* final que sí suena claramente: *canta**r***, *dormi**r***, *cla**r**...*

En el siguiente capítulo podrás aprender las reglas de la acentuación, uno de los temas más importantes de la ortografía, el hecho de poner acento gráfico a las palabras que lo requieren, que es, por otra parte, diferente en cada lengua. Pero además, convendrá que veas otros signos y relieves relacionados: la diéresis, el guion y el apóstrofo.

Como ya te sabes las normas ortográficas de cabo a rabo, ahora puedes rellenar con facilidad (¿o no?) los espacios vacíos del texto siguiente con las letras que faltan:

En la fèrtil, rica i delito...a illa d'Anglaterra habita...a un ca...aller valentí...im, noble de llinat...e i molt més de virtuts, el qual per la seva gran sa...iesa i alt engi... ha...ia servit per molt temps l'art de ca...alleria amb grandí...ima ...onor, la fama del qual en el món molt tri...mfava, anomenat el co...te Guillem de Varoic. Aquest era un ca...aller fortí...im que en la seva ...iril j...ventut ha...ia e...perimentada molt la seva noble persona en l'e...ercici de les armes, seguin... gue...es així en mar com en terra, i ha...ia portades moltes batalles a la fi. Aquest s'ha...ia tro...at en set batalles ca...pals on hi ha...ia rei o fill de rei, i de deu mil combatents ensús, i era entrat en cinc lli...es de camp clos, u per u, i de tots ha...ia o...tingut victòria glorio...a.

Joanot Martorell, *Tirant lo Blanc*

NO COMETAS ERRORES CON LAS CONSONANTES	
Incorrecto → *Correcto*	
àpit → *api*	kimono → *quimono*
baronesa → *baronessa*	màrketing → *màrqueting*
cel·lebrar → *celebrar*	metamorfosis (singular) → *metamorfosi*
cocktail → *còctel*	mússica → *música*
col·lègit → *col·legi*	oasis (singular) → *oasi*
comisió → *comissió*	pàrking → *pàrquing*
corretgir → *corregir*	passetjar → *passejar*
dança → *dansa*	prèmit → *premi*
fetxe → *fetge*	sol·lució → *solució*
Fresser → *Freser*	tesis (singular) → *tesi*
gènit → *geni*	tiket → *tiquet*
Ibiça → *Eivissa*	Zaragoza → *Saragossa*

Parte II

La acentuación de las palabras y otros fenómenos interesantes

En esta parte...

"Ponga un acento en su vida" podría ser el lema de esta segunda parte de *Ortografía y gramática catalanas para Dummies*. Es decir, traducido a nuestro caso: "Ponle una tilde a tu ortografía" y, además, utiliza con eficiencia los signos de la diéresis, el apóstrofo y el guion. En realidad estos signos te permitirán evitar graves errores lingüísticos y conducir tu habla a una entonación perfecta. También te ayudarán a separar bien las palabras, si hace falta con guion, o bien a reducirlas con el apóstrofo. En resumidas cuentas, se trata de signos ortográficos que te ayudarán a escribir y pronunciar como es debido el catalán. No esperes a que sea el ordenador o, en el peor de los casos, tu profesor, quienes te pongan *muy mal* en tus escritos... ¡solo por un acento! Para esta parte, quizá te diera, con mucho acierto, don Quijote de la Mancha, el ilustre Caballero de la Triste Figura, la siguiente recomendación: "Despierta, amigo lector, pues hora es de salir otra vez a deshacer agravios, enderezar entuertos, enmendar sinrazones y mejorar abusos... ¡de tu ortografía!".

Capítulo 5

La acentuación gráfica

En este capítulo

- Las normas de acentuación
- Acentos abiertos y acentos cerrados
- Palabras agudas, llanas y esdrújulas
- Casos especiales de acentuación

No te lo voy a ocultar: la acentuación es uno de los inconvenientes más latosos y aburridos que tienen las lenguas que la usan, porque exige que te aprendas de memoria, y casi de corrido, una serie de normas y excepciones. Por eso, muchas veces te habrás preguntado: ¿por qué tengo que poner acentos si la palabra ya se entiende igualmente? ¿No es verdad que en inglés o en euskera no se usan tildes y todo es mucho más sencillo? Es cierto. Tienes razón. Verdad innegable. Aunque esto puede funcionar bien para el inglés o el euskera, porque seguramente son lenguas que poseen una norma más o menos estándar a la hora de poner el énfasis en la sílaba concreta de una palabra. Pero no ocurre así en otras lenguas, especialmente en las lenguas románicas, como es el caso del catalán, como pronto te demostraré.

Por ejemplo, en catalán, muy a menudo la presencia de un acento o su ausencia hace que cambie radicalmente el significado de una palabra. Así, no es lo mismo *un be* (un cordero) que *un bé* (un bien, un patrimonio). Además, las tildes también te ayudan a saber cuál es la sílaba tónica —según las normas establecidas que enseguida te contaré—, lo cual contribuye a que puedas pronunciar bien en caso de duda.

Pero el catalán tiene, a diferencia del castellano, una nueva complicación: hay acentos graves o abiertos (`) y acentos agudos o cerrados (´), que son importantes para diferenciar la *e* y la *o* abierta de la cerrada. Cuando encuentres una tilde abierta sobre una de estas dos letras, sabrás que se trata de una de esas vocales que suenan diferente al castellano. ¡No me negarás que eso es una ventaja!

¡Ah!, casi se me olvida: También está el curioso y peliagudo tema de la diéresis (¨), otro signo gráfico, representado por dos puntitos encima de las vocales *i* y *u*, que suple a los acentos, pero que te explicaré detalladamente en el capítulo 6.

En fin, como puedes ver, un montón de conceptos nuevos. Pero no te quejes, porque todavía podría ser peor, pues si en lugar de aprender la ortografía catalana *para dummies*, estuvieras aprendiendo la francesa, el caso de la acentuación sería mucho más espinoso, pues los acentos de esa lengua se duplican, triplican y complican. ¡Imagínate tener que poner tres acentos en una misma palabra *(référé)* o usar el acento circunflejo *(rêve)*! En comparación, estudiar catalán es un alivio, pues solo puede haber una tilde en cada palabra; y siempre sobre una vocal. Aun así, no quiero engañarte, para escribir catalán correctamente debes aprenderte bien las normas de acentuación y hacerte a la idea de que esta lengua milenaria tiene muchos, muchos acentos...

Las normas de acentuación del catalán

Lo primero que hay que saber es que un **acento gráfico** es una tilde, es decir, una rayita oblicua, que en la ortografía catalana se puede escribir bajando de derecha a izquierda o viceversa. Así que hay **acentos agudos** (´), también denominados *cerrados*, y **acentos graves** (`), también denominados *abiertos*. Se usan para indicar, cuando es necesario, cuál es la sílaba tónica, es decir, aquella en la que recae la mayor fuerza espiratoria.

La tilde (o acento) aguda o cerrada es la misma que se pone en castellano y se usa solo en las vocales *i*, *u* y *e* cerradas, y *o* cerrada: *austríac*, *oportú*, *faré*, *canó*. En cambio la tilde grave o abierta se coloca solamente en la *a*, la *e* abierta y la *o* abierta: *àbac*, *experiència*, *escòria*.

En segundo lugar, lo que tienes que tener muy claro, a la hora de acentuar o no, es la clasificación de las palabras según la posición que ocupa la sílaba tónica. Como ya habrás adivinado, es, básicamente, la misma que en castellano. Así pues las palabras se clasifican en *agudes*, *planes* y *esdrúixoles*:

- ✔ **Agudas.** La fuerza del acento fonético recae en la última sílaba, como pasa en *cam-**brer***, *cor-**dó*** y *fran-**cès***.
- ✔ **Llanas.** La fuerza del acento fonético recae en la penúltima sílaba, como pasa en *an-**tí**-dot* y *fi-**nes**-tra*.
- ✔ **Esdrújulas.** La fuerza del acento fonético recae en la antepenúltima sílaba, como pasa en *co-**mè**-di-a* y ***mà**-qui-na*.

Te habrás dado cuenta de que hay palabras agudas y llanas que llevan tilde y otras que no la llevan; en cambio, las esdrújulas la llevan siempre. Para saber cuándo hay que acentuar en general, tienes que aprenderte las normas de acentuación que a continuación te presento, que resulta que son de lo más simple de este idioma.

Acentuar palabras agudas

Se acentúan todas las palabras agudas que acaban en alguna de las 12 terminaciones de la tabla 5-1, es decir, en vocal, vocal seguida de *s* y *-en*, *-in*:

Tabla 5-1. Terminaciones de las palabras agudas que llevan tilde

Vocal	*Ejemplo*	*Vocal + s*	*Ejemplo*	*Terminación*	*Ejemplo*
a	*marrà*	**as**	*capatàs*	**en**	*entén*
e	*desè*	**es**	*xinès*	**in**	*Berlín*
i	*camí*	**is**	*movedís*		
o	*camió*	**os**	*agradós*		
u	*oportú*	**us**	*barnús*		

Si la *i* o la *u* de estas terminaciones es la segunda vocal de un diptongo decreciente; entonces se escriben sin acento: *desmai*, *esglai*, *remeis*; *enrenou*, *fariseus*, *parleu...*

Ten muy presente que nunca debes acentuar las palabras agudas terminadas en ***-an***, ***-on*** y ***-un***: *Ferran*, *respon*, *algun...*

Los monosílabos por norma general no llevan nunca tilde. Por tanto, tienes que escribir: *bla*, *bo*, *bus*, *cru*, *gos*, *pa*, *pis*, *ros*, *sa*, *vi...* No pongas tilde en ninguna de ellas, aunque sean palabras agudas y acaben en vocal o vocal seguida de *s*. Las excepciones a esta norma son las tildes diacríticas, que te explico más adelante en este capítulo.

Acentuar palabras llanas

Se acentúan todas las palabras llanas que no acaban en ninguna de las 12 terminaciones que te acabo de indicar para las palabras agudas. Estos serían algunos ejemplos:

- ✔ *àcar, acadèmic, ballàveu, dèbil, eclèctic, exàmens, geòleg, telèfon...*

La acentuación de algunas palabras puede generarte dudas si contienen un diptongo decreciente en la sílaba tónica, como es el caso de *farmacèutic* o *terapeuta*. Primero tienes que decidir si con arreglo a las normas de acentuación, la sílaba tónica debe llevar tilde. Si es así, tienes que ponerla sobre la primera vocal: *far-ma-cèu-tic*; sin embargo, *te-ra-peu-ta* no lleva acento porque es llana terminada en vocal.

No tienes que acentuar nunca, por muy común que sea, las palabras llanas que acaban en ***-en***, como *examen* o *fenomen*, ya que esa terminación se acentúa en las agudas, pero no en las llanas; pero sí sus plurales, que ya difieren: *exàmens* y *fenòmens*; acaban en *-ns*, que no es ninguna de las terminaciones de la tabla 5-1. En cambio, sí llevan acento las palabras llanas terminadas en ***-an*** y ***-on***, como *plàtan, cànon...*

Acentuar palabras esdrújulas

Las palabras esdrújulas se acentúan todas. Veamos algunos ejemplos:

- ✔ *àrea, bústia, brúixola, càtode, ciència, dòmino, ènema, ètica, família, història, matemàtiques, pèrdua, quilòmetre, república, tótora...*

Te habrás fijado que en los ejemplos precedentes las palabras *bústia, ciència, família, història* y *pèrdua* son esdrújulas y, por tanto, se escriben con acento siempre. Si te sorprende, recuerda que la penúltima vocal *(i, u)* no forma diptongo con la vocal siguiente, sino hiato. Sin embargo, si la *u* va precedida de *g* o *q*, como en *llengua* o *pasqua*, entonces sí hay diptongo y no tienes que poner tilde. Puedes repasar todo lo referente a diptongos e hiatos en el capítulo 1.

Las palabras *bústia, ciència, història*, entre otras esdrújulas, se pronuncian incorrectamente a menudo porque no se entiende bien su separación por sílabas. No puedes decir *his-tò-ria*, sino que debes pronunciar *his-tò-ri-a*. (Si te es más fácil, imagina cómo lo pronunciarías si hubiera una *h* intercalada entre la *i* y la *a*.)

Los acentos con más bemoles

Una vez vistas y aprendidas las normas de acentuación, breves y sencillas, estarás de acuerdo conmigo en que son muy fáciles de memorizar. Los obstáculos llegan con algunos casos especiales de acentuación, con palabras también *especiales*, porque tienen que adaptarse como las demás a las normas establecidas. Me refiero, por ejemplo, a los adverbios acabados en *-ment*, a las palabras compuestas unidas con un guion, a las palabras con tilde diacrítica, a las tildes abiertas y cerradas, a los monosílabos, a la acentuación de las mayúsculas, a la adaptación de los extranjerismos... y paro el carro, porque no quiero aterrorizarte sin necesidad, pues todo, bien explicado y sin prisas, puede comprenderse fácilmente.

Los adverbios terminados en -ment también pueden acentuarse

Los adverbios que terminan en *-ment* conservan la tilde de la palabra originaria (la forma del femenino de un adjetivo), si es que la llevaba:

- difícil → difícilment
- extraordinària → extraordinàriament
- fàcil → fàcilment
- ràpida → ràpidament

En cambio: *bojament (>boja)*, *clarament (>clara)* etc., no se escriben con acento porque tampoco lo lleva el adjetivo de origen.

El acento en las palabras compuestas

En las palabras compuestas que llevan guion (cuyo uso te explico con detalle en el capítulo 6) solo se acentúan las palabras que ya llevaban tilde en su forma aislada (muy poquitas):

- *mà-llarg, pèl-llarg, sud-africà...*, ya que se forman con *mà*, *pèl* y *africà*, respectivamente.

En cambio, en las palabras compuestas formadas a la manera culta por yuxtaposición de dos adjetivos (que además se escriben sin guion), aunque haya dos sílabas tónicas, el primer adjetivo pierde el acento gráfico y se acentúa solo el segundo; eso siempre que lo exijan las normas de acentuación:

- ✔ *audiovisual, fisicoquímic, grecoromà, historicoartístic, labiodental, socioeconòmic...*

En *fisicoquímic*, el segundo elemento es una palabra llana no acabada en terminación de acentuación aguda; por lo tanto lleva tilde. En *grecoromà* el segundo término es una palabra aguda acabada en vocal y lleva el acento principal del vocablo compuesto. En cambio, en *audiovisual* se pierde la tilde de *àudio* por ser el primer elemento del compuesto, que, como te he dicho, es secundario.

Qué son las tildes diacríticas

Además de marcar gráficamente la sílaba tónica, la tilde también se aplica a un corto número de monosílabos frecuentes en catalán que, de acuerdo con las normas generales de acentuación –que puedes ver al principio de este capítulo–, no deberían acentuarse. Este acento o tilde se denomina *diacrítico*, lo que significa que es distintivo, puesto que sirve para establecer una distinción entre estas palabras y otras que tienen la misma forma pero un significado diferente, con lo cual podrían llegar a confundirse si se encontraran en un mismo enunciado. Pero de estas palabras solo se acentúan las que son tónicas y, entre las tónicas, en general las que tienen la vocal acentuada cerrada (en el caso de **sòl/sol**, se acentúa la palabra menos frecuente).

En la tabla 5-2 puedes ver los únicos 15 casos de palabras con tildes diacríticas del catalán actual, junto con ejemplos para poner en contexto cada término; de este modo te darás cuenta de la diferencia de significado.

Tabla 5-2. Las tildes diacríticas en catalán

<table>
<tr><th colspan="2">Con tilde</th><th colspan="2">Sin tilde</th></tr>
<tr><td rowspan="2">**bé**</td><td>Nombre masculino (pl. ***béns***), ‘bien’: *Voler el bé de tothom. Els béns immobles.*</td><td rowspan="2">**be**</td><td>Nombre masculino (pl. ***bens***), ‘cordero’: *Per dinar, be a la brasa. Un ramat de bens*</td></tr>
<tr><td>Adverbio, conjunción, interjección ‘bien’: *Ho ha fet bé. Bé, bé!*</td><td>Nombre femenino (pl. ***bes***), ‘letra be’: *Bou s’escriu amb be.*</td></tr>
<tr><td rowspan="3">**déu**</td><td rowspan="3">Nombre masculino (pl. ***déus***), ‘dios’: *Neptú és el déu del mar.*</td><td rowspan="3">**deu**</td><td>Nombre femenino (pl. ***deus***), ‘fuente’: *Una deu termal.*</td></tr>
<tr><td>Numeral cardinal (pl. ***deus***) y nombre femenino plural: *Ha tret un deu en llengua. Han sortit dos deus i un as. Les deu del matí.*</td></tr>
<tr><td>Formas del verbo *deure* ‘deber’: *Em deu diners. Em deus vint euros.*</td></tr>
<tr><td rowspan="2">**és**</td><td>Verbo ser: *El meu avi és metge de capçalera.*</td><td rowspan="2">**es**</td><td>Pronombre átono: *Es va sentir un soroll.*</td></tr>
<tr><td></td><td>Plural de *e*, nombre femenino, ‘la letra e’: *Fa unes es molt elegants.*</td></tr>
<tr><td>**mà**</td><td>Nombre femenino (pl. ***mans***), ‘mano’: *La mà esquerra.*</td><td>**ma**</td><td>Posesivo átono, ‘mi’: *¿Has vist ma mare?*</td></tr>
<tr><td rowspan="3">**més**</td><td rowspan="3">Adverbio, cuantitativo, ‘más’: *N’hi ha més. És més pobre que jo.*</td><td rowspan="3">**mes**</td><td>Nombre masculino (pl. ***mesos***), ‘mes, parte del año’: *El mes de març.*</td></tr>
<tr><td>Conjunción ‘mas, pero’: *Va dir que ho faria, mes no ho farà.*</td></tr>
<tr><td>Plural del posesivo *ma*, ‘mis’: *Mes ties.*</td></tr>
<tr><td>**món**</td><td>Nombre masculino (pero pl. ***mons***, sin acento), ‘mundo’: *La creació del món. Mons imaginaris.*</td><td>**mon**</td><td>Posesivo (pl. ***mos***), ‘mi’: *Mon pare.*</td></tr>
<tr><td>**pèl**</td><td>Nombre masculino (pl. ***pèls***) ‘pelo’: *Un pèl de conill. No té pèls a la llengua.*</td><td>**pel**</td><td>Contracción (pl. ***pels***) de *per* + *el*: *Passa pel pont. Van pels carrers.*</td></tr>
</table>

què	Relativo, interrogativo y exclamativo: *¿Què vols? Mira què passa. ¿Què has dit?*	**que**	Relativo, conjunción y cuantitativo: *La camisa que portes. Em sembla que plou. Que maco!*
	Nombre masculino (pl. ***quès***) 'quid de una cosa': *Ja em diràs el què. Vull saber tots els quès d'aquest assumpte.*		
sé	Verbo *saber. No ho sé.*	**se**	Pronombre átono: *La música no se sent.*
sí	Adverbio de afirmación: *Digues: sí o no.*	**si**	Pronombre reflexivo o recíporco: *Para de si mateix.*
	Nombre masculino (pl. ***sís***), 'afirmación': *Va respondre amb un sí. S'aprova la proposta per vint sís contra dos nos.*		Conjunción: *Si plou, no surtis.*
			Nombre masculino (pl. ***sis***), 'nota musical': *Un quintet en si menor.*
			Nombre masculino (pl. ***sins***), 'interior': *El si maxil·lar. Els sins nasals.*
sòl	Nombre masculino (pl. ***sòls***), 'suelo': *Un sòl fértil. Sòls sorrencs.*	**sol**	Nombre masculino (pl. ***sols***), 'astro, sol; nota musical': *Fa sol, no està núvol. Clau de sol. Una galaxia amb bilions de sols.*
són	Verbo *ser. Són amics meus.*	**son**	Nombre masculino (pl. ***sons***), 'acto de dormir': *Agafar el son.*
			Nombre femenino (pl. ***sons***), 'ganas de dormir': *Tinc molta son.*
			Posesivo átono (pl. ***sos***), 'su': *Son pare.*
té	Verbo *tenir*, 'tener': Aquesta *noia té 28 anys.*	**te**	Pronombre átono: *Te la portaré.*
			Nombre masculino (pl. ***tes***), 'té, infusión': *¿Et ve de gust un te? Uns tes molt gustosos.*
			Nombre femenino (pl. ***tes***), 'la letra te': *En aquesta paraula falta una te. Aquest cognom s'escriu amb dues tes seguides.*
ús	Nombre masculino (pl. ***usos***), 'uso': *Fer ús de la seva raó.*	**us**	Pronombre átono, 'os': *Us estimo molt.*
			Plural de *u*, 'de la letra *u*': *Unes enes que semblen us.*
vós	Pronombre tónico antiguo, 'vos, usted': *Ho faré tal com vós m'ho heu dit.*	**vos**	Pronombre átono, 'os': *Renteu-vos les mans abans de dinar.*

No debes usar tilde diacrítica en los compuestos y derivados de las palabras que acabas de ver en la tabla 5-2: *adeu, marededeu, semideu, rodamon, a contrapel, entresol, subsol...* Pero para fastidiar, aunque sea solo un poquito, la norma nos dice que sí se aplica en palabras compuestas que se escriben con guion, como por ejemplo *pèl-roig* 'pelirrojo'.

Las voces de los animales en catalán

A propósito de los diacríticos y de los monosílabos se me ocurre un juego relacionado. ¿Sabes que un perro ladra haciendo *bub-bub* si es catalán, pero dice *guau, guau* si habla en castellano? Por su parte, un gato del Empordà grita *mèu* y otro de Majadahonda maúlla *miau*? Eso no es ninguna tontería. Solo hace falta que ojees varios cómics en catalán y en castellano para percatarte de esta perruna y tal vez felina evidencia. Y es que las voces de los animales, que naturalmente también se escriben con palabras (a veces repetitivas), es uno de los fenómenos más curiosos y divertidos de las lenguas, relacionadas con la maravillosa materia de las onomatopeyas. Cada lengua tiene sus palabras para identificar el grito de los animales, lo que produce y origina palabras diferentes en todos los idiomas, que son de un gran interés filológico, que ahora no viene al caso dilucidar (dejamos esta labor para los especialistas). Pero sí es importante conocer cómo se escriben en catalán esos alaridos, lamentos y quejidos que emiten los animales. En la siguiente lista te los presento para que los aprendas... y, si te apetece, para que los rujas:

Animal	*Onomatopeya*	*Nombre de la voz*	*Verbo*
abella	zum-zum	zumzeig, bonior	zumzejar, bonir
ànec, oca	nyec-neyc	nyec	–
ase	ihà, ihà	bram	bramar
be (xai, ovella), cabra	be, be	bel	belar
bou, vaca	mmm	bràmul, bruel, mugit	bramular, bruelar, mugir
cavall	hii	aïnada, eguí, renill	aïnar, eguinar, renillar
colom	parru-pa-parrup	parrup	parrupar
gallina	cloc-cloc	cloqueig, escataineig	cloquejar, escatainar
gall	quic quiri quiic	cant, quiquiriquic	cantar
gat	mèu, marrameu	miol, mèu, marrameu	miolar
gos	bub-bub	clapit, grinyol, nyec, nyic, udol, lladruc, bordada	grinyolar, lladruquejar, udolar, bordar, lladrar

(cont.)

Las voces de los animales en catalán *(cont.)*

Animal	*Onomatopeya*	*Nombre de la voz*	*Verbo*
gos	bub-bub	clapit, grinyol, nyec, nyic, udol, lladruc, bordada	grinyolar, lladruquejar, udolar, bordar, lladrar
granota, gripau	rac-rac	rauc	raucar
grill	gri-gri, ric-ric	ric-ric	–
lleó	graa	rugit	rugir
llop	auu	ganyol, udol	udolar
mussol	uuu, uuh	esgarip, xut	esgaripar
ocell	piu-piu, xiu-xiu, tit	piulet, refilet, xeric, xerroteig	piular, refilar, xerrotejar
os	brrr	esbramec	esbramegar
porc	güec, güec	esgüell, gruny, güell	esgüellar, grunyir, güellar
rata	crii	esgüell, güell	esgüellar, güellar
serp	sss	xiulet	xiular

La duda de poner acento abierto o cerrado

Como ya te he comentado al principio del capítulo, el acento gráfico, o tilde, es la rayita que se pone encima de las vocales. Si baja de izquierda a derecha, tienes un acento abierto, o grave, (`), que no existe en castellano. El otro es el que ya conoces bien, el cerrado, o agudo, (´). El dilema está en saber cuándo hay que poner uno u otro en determinadas vocales. Fíjate en las siguientes generalidades:

- Se pone **siempre** acento **abierto** sobre la vocal ***a***: *català*, *demà*, *màquina*...
- Se pone **siempre** acento **cerrado** sobre la ***i*** y la ***u***: *ací*, *tísic*, *perímetre*; *abús*, *dúctil*, *oportú*...
- Se pone acento **cerrado o abierto** sobre la ***e*** y la ***o*** según el grado de apertura al pronunciar esas vocales.

En el tercer caso la duda viene determinada porque el grado de apertura de esas vocales es distinto en los diferentes dialectos del catalán. Por ejemplo en la zona del catalán occidental se pronuncian palabras que llevan *e* cerrada cuando en la zona del catalán oriental resulta que son abiertas. Los hablantes del rosellonés no distinguen las dos realizaciones posibles de la *e* y pronuncian un sonido intermedio. Todas estas pronunciaciones son normales, particulares, correctas y respetables. El caso es que en esta obra me voy a centrar en las posibilidades más extensas y estándares, es decir, las que corresponden al **catalán central**, aun sabiendo que estoy cometiendo un verdadero sacrilegio, que espero sabrás perdonarme, querido lector, y que sabré subsanar regalándote, de vez en cuando, ejemplos de otras variedades dialectales.

La acentuación de la e

Para distinguir la *e* abierta de la *e* cerrada y poder acentuarlas correctamente, te sugiero que sigas las estrategias que te indicaré, pues son casi infalibles. (Puedes profundizar en la fonética del catalán en el capítulo 1.) Lo primero que hay que tener claro es que en la mayoría de **las palabras agudas, llanas y esdrújulas** la ***e*** es **abierta**, por lo que si debe llevar tilde, será grave o abierta:

- *alè, anglès, bèl·lic, cafè, ciència, comprèn, conèixer, perquè, rèptil, setè...*

Es una norma general que, como te he dicho, y vuelvo a insistir, sirve para la mayoría de las palabras aunque, como casi todas las reglas tienen algún pero, aquí hay que acordarse de los casos que constituyen **excepciones**; es decir, las **palabras agudas** en las que la ***e* es cerrada.** Son las siguientes:

- Las lindas palabras *abecé, abonaré, amén, clixé, demés, després, consomé, només, pagaré, peroné, puré, revés, ximpanzé...*
- Los nombres y los adjetivos que forman el plural en ***-essos***, como *accés (accessos), congrés (congressos), excés (excessos), exprés (expressos), ingrés (ingressos), procés (processos), progrés (progressos)...* Salvo las honrosas excepciones de *espès (espessos), interès (interessos)* y *xerès (xeressos).*
- Los compuestos de ***bé***, como *també, gairebé, malbé...*
- Las formas verbales, como *escriuré; obtingué; naixés...*
- Las formas de los verbos compuestos de ***tenir*** y ***venir***, como *conté, manté, mantén, sosté; convé, esdevé, prevén, prové...*
- Las formas del verbo ***encendre*** y de los verbos que acaban en ***-tendre***, como *encén, entén, estén, pretén...*

Atención porque no es lo mismo ***després***, cuando es un adverbio, que ***desprès***, cuando es el participio del verbo *despendre*. Se trata de dos palabras que se confunden fácilmente e inducen a equívocos, que podríamos calificar de *graciosos*. Te lo demuestro con dos ejemplos:

- ✔ *Primer anirem al pub i, després, ¿on anirem?*
- ✔ *Aquesta dona és molt generosa: s'ha desprès de tot el que tenia al moneder.*

En cuanto a las **palabras llanas y esdrújulas**, también tienen sus excepciones; es decir, las **palabras** en las que la ***e* es cerrada.** Son las siguientes:

- ✔ Los infinitivos, como *créixer, esprémer, ésser, néixer, prémer...*
- ✔ Las formas del verbo ***ésser***, como *érem, éreu.*
- ✔ Las terminaciones verbales, como *diguérem, diguéreu; digués, diguéssim, diguéssiu...; cantés, cantéssim, cantéssiu...*
- ✔ Y un grupito de palabras sueltas y nombres propios; por ejemplo, *cérvol, església, feréstec, préstec, préssec...; Éssera, Dénia...*

La acentuación de la o

De modo semejante a la *e*, empezaremos por lo más evidente: en la mayoría de **las palabras agudas** que cuyo acento gráfico recae sobre una ***o*,** esta es **cerrada**:

- ✔ *botó, cançó, cotó, canyó, carbó, expressió, nació, marató, petó, racó, sabó, tifó, velló...*

Pero como siempre ocurre, para que todo sea más entretenido, hay un conjunto menor de palabras que constituyen **excepciones** y, por tanto, deberás acentuar con tilde grave o abierta. Son las siguientes:

- ✔ Palabras como *això, allò, arròs, capgròs, de debò, espòs, però, repòs, ressò, talòs, terròs...*
- ✔ Los compuestos del verbo ***cloure***, como por ejemplo, *conclòs, enclòs, exclòs, inclòs, reclòs.*
- ✔ Algunos nombres propios, como *Ambròs, Besòs, Tredòs...*

En cambio, en la mayoría de las palabras **llanas y esdrújulas** es todo lo contrario: la ***o*** que lleva la tilde es **abierta**, como lo demuestran las palabras siguientes:

- Llanas, como *bòlid, còdol, dipòsit, mòdul, pròxim, sòlid, xilògraf...*
- Esdrújulas, como *bòfia, còpia, colònia, glòria, memòria, quilòmetre, robòtica...*

Y para seguir con este juego, las **excepciones** a esa regla son las siguientes palabras que se acentúan y en las que la tilde recae sobre una *o* cerrada:

- El verbo ***córrer*** y sus compuestos; por ejemplo, *escórrer, incórrer, ocórrer, socórrer, transcórrer...*
- Las forma del verbo ***ésser***; por ejemplo, *fóra, fórem, fóreu, fóssim, fóssiu...*
- Algunos nombres comunes; por ejemplo, *estómac, fórmula, góndola, pólvora, tómbola, ...*
- Y también algunos nombres propios; por ejemplo, *Gósol, Sóller...*

Como te explicaba en el capítulo 3, la letra *o* nunca lleva acento si se escribe entre cifras. Queda, por tanto:

- *Un nen de 9 o 10 anys.*
- *Ha estat a Viena 3 o 4 vegades.*

Acabas de ver las normas que recogen cuándo el acento sobre la *e* y la *o* es abierto y cuándo es cerrado. Confío que a partir de ahora ya no te quepa ninguna duda, aunque... En mi larga experiencia como profesor me he encontrado muchas veces, en los exámenes de mis alumnos, que sabían perfectamente qué es y qué os debían llevar tilde, pero ponían acentos equilibristas, es decir, verticales. Eso significaba un cero redondo para mí, puesto que demostraban que sabían acentuar en la sílaba correcta, pero no sabían si la vocal era abierta o cerrada porque no se habían estudiado bien la lección correspondiente. No es una cuestión de ser un profe duro, pero es que en este caso no hay excusas que valgan, como puedes comprender. Las normas son las normas. Esa es la regla del juego.

Diferencias de acento entre los dialectos catalanes

Te habrás dado cuenta a lo largo de estos capítulos, y aun de los venideros, que hablo a veces de los dialectos o diferentes variedades del catalán, que se hablan en distintas zonas (como ya te indiqué en el capítulo 1). Pero justo en este capítulo, que versa sobre la acentuación, las variantes dialectales pueden generar muchas dudas relacionadas con la distinción entre vocales cerradas y abiertas, e, incluso, acerca de la vocal neutra (que por cierto en balear es tónica, una verdadera rareza y una de las pronunciaciones más curiosas y comentadas del catalán hablado). Por eso, creo que es conveniente darte más información sobre las principales diferencias entre las dos grandes zonas dialectales... pero si crees que te será una complicación descomunal, no lo leas. Por si te pica la curiosidad, te brindo de todos modos esta información.

Catalán oriental	***Catalán occidental***
Neutralización de *a* y *e* átonas en vocal neutra [ə]: *pare* [pá-r**ə**].	Distinción de *a* y *e* átonas: *pare [pá-**re**]*.
Neutralización de *o* y *u* átonas en [u]: *posar [pu-sá]*.	Distinción de *o* y *u* átonas: *posar [po-sá, po- sár]*.
La *e* cerrada del latín vulgar pasa a *e* abierta: CEPA > *ceba* (como *pet* en inglés).	La *e* cerrada del latín vulgar se mantiene: CEPA > *ceba* (la misma *e* del castellano).
Antiguos plurales con terminaciones que incluyen *n* (en latín, *homines*) pierden esa consonante: ***homes***.	Antiguos plurales con terminaciones que incluyen *n* (en latín, *homines*) mantienen esa consonante: ***hòmens***.

Lo último sobre el acento y punto final

Para terminar este capítulo de la acentuación gráfica quiero hacer hincapié en tres situaciones que no todas las ortografías reflejan o en las que, quizá, no se detienen mucho. Me refiero a casos especiales o equívocos de la acentuación. Por ejemplo, algunas palabras se pronuncian mal más a menudo de lo que cabe esperar y, en consecuencia, también se acentúan mal; ese mal hábito hay que corregirlo lo más pronto posible. Como guinda del pastel añadiré un par de cosas sobre la acentuación de extranjerismos y de las letras mayúsculas.

Sílabas tónicas que no te esperabas

No hace falta que te recuerde a estas alturas que la vocal de la sílaba tónica o fuerte es la que debe llevar el acento gráfico si las reglas así lo requieren (repasa el capítulo 1). Por tanto, las palabras se pueden clasificar en polisílabas (que pueden ser agudas, llanas y esdrújulas), monosílabas (que pueden ser átonas o tónicas) y compuestas (con dos acentos fónicos o con uno solo); mira algunos ejemplos de esta última categoría:

- ✔ Palabras compuestas con doble acentuación: *altaveu*, *agredolç*, *contraindicació*, *expresident*, *fisicoquímic*, *poca-solta*...
- ✔ Palabras compuestas con un solo acento: *anormal*, *confrare*, *potser*, *tothom*...

Para acabar de completar lo que sabes de acentos, en la tabla 5-3 tienes palabras que a veces no se pronuncian bien en catalán, por interferencia del castellano (u otras lenguas, como el inglés, en los extranjerismos) y, en consecuencia, se acentúan mal.

Tabla 5-3. Correcta pronunciación y acentuación de palabras catalanas

Son agudas	*Son llanas*	*Son esdrújulas*
alfi**l**	Arqui**me**des	**À**tila
el Tib**et**	amo**ní**ac	au**rè**ola
els Carp**ats**	atmos**fe**ra	**Dà**mocles
flu**or**	aus**trí**ac	di**òp**tria
futb**ol**	Es**pàr**tac	**èc**zema
hanb**ol**	Eu**fra**tes	el**èc**trode
her**oi**	leu**cò**cit	Eti**ò**pia
hoqu**ei**	magne**tò**fon	Hi**mà**laia
ib**er**	me**dul**·la	olim**pí**ada
inter**val**	**mís**sil	pneu**mò**nia
Mu**nic**	mo**nò**lit	po**lí**edre
obo**è**	o**mò**plat	**Sà**hara
oce**à**	poli**cí**ac	**Tà**rraco
Rai**mon**	**rèp**til	**Tò**quio
tim**pà**	ter**mòs**tat	

(cont.)

Tabla 5-3. Correcta pronunciación y acentuación de palabras catalanas *(cont.)*

Son agudas	*Son llanas*	*Son esdrújulas*
xas**sís**	**tèx**til	
xo**fer**	torti**co**li	
ze**nit**		

También hay verbos que se pronuncian mal con cierta frecuencia debido a las influencias de otras lenguas vecinas. Nunca digas: *jo estúdio, jo còpio, tu cànvies, ell pronúncia*, etc. Fíjate en la pronunciación correcta de estas formas verbales de infinitivos que acaban en ***-iar*** (como estudiar...): *jo, estud**i**o, jo cop**i**o, tu canv**i**es, ell pronunc**i**a*... ¡y sin poner tildes!

Adaptación de extranjerismos

Alguna vez te habrás preguntado cuándo hay que acentuar los extranjerismos incorporados al catalán. Lo primero que debo decirte es que existen dos tipos de extranjerismos: el primero es el de los que se han adaptado al sistema ortográfico catalán, como *currículum*, *escàner* o *vídeo*, entre otros muchos; el segundo es el de los que conservan su forma original, como *drugstore*, *drive*, *staff*, etc.

Como puedes ver en los ejemplos que te he puesto de extranjerismos adaptados, esas palabras se acentúan según las normas de acentuación del catalán. A veces, no es muy evidente cuál es la sílaba tónica, por lo que tienes que conocer la lengua de origen. Así, en catalán se escribe *pàrquing* o *màrqueting* porque provienen del inglés *parking*, *marketing*. Por cierto, si tienes dudas de inglés, no te olvides de consultar *Inglés para Dummies*.

Muchos latinismos también se han adaptado, como es el caso de *currículum*, que has visto entre los ejemplos, y hay bastantes más: *aquàrium*, etc., que llevan los acentos catalanes correspondientes. En cambio no suelen adaptarse las locuciones latinas, que en catalán se escriben en latín puro y duro: *in memoriam*, *carpe diem*, *corpore insepulto*...

Acentuación de las mayúsculas

Solo me queda por decirte, por si no lo sabías, que en catalán, como en castellano, también se acentúan las letras mayúsculas, siguiendo, claro está, las reglas ortográficas: *EN CATALÀ TAMBÉ ES POSA ACCENT A LES MAJÚSCULES.* De no hacerlo, incluso se podrían cometer errores de pronunciación. Fíjate en esta esquela publicada en un periódico cualquiera:

> **XAVIER ROMA I COLL**
> A.C.S
>
> Ha mort a Parets del Vallès el dia 14 d'octubre de 2013 a l'edat de 72 anys. Els seus afligits esposa i fills us preguen un record per la seva ànima. L'enterrament es farà demà dilluns, a 2/4 de 8 del vespre, a l'església de la vila.

El caso es que este pobre señor no se llamaba *ROMA*, es decir en su forma llana ***Roma***, que sería correcto sin acento, si no que el difunto en realidad se llamaba *Rom**à***, un nombre agudo y con acento preclaro, por lo que en la esquela se debería haber escrito *ROMÀ*.

En fin, el muerto al hoyo y el vivo al bollo, que lío y bollo todavía te queda por aprender, sobre todo en otros casos relacionados o emparentados con las tildes, ya que aún me quedan por presentarte nuevos y sorprendentes signos gráficos, como la diéresis, los guiones y los apóstrofos, así como otras curiosidades relativas a la pronunciación de las palabras. Todo esto y más te lo reservo para el próximo capítulo. ¡Valor!

Este breve texto de una conocida novela del escritor de Mequinenza, Jesús Moncada ha perdido los acentos. ¿Serías tan amable de volver a colocarlos según las normas de acentuación del catalán?

> Anys despres, quan la malesa encetada aquell dia del 1970 era memoria llunyana, temps amortallat amb teranyines de boira, una cronica anonima va aplegar un feix de testimonis colpidors sobre l'esdeveniment. El primer des del punt de vista cronologic, tot i que no resultava el mes patetic, recollia l'aturada del rellotge del campanar esdevinguda la vigilia enmig d'un capvespre tempestuos que pintava el cel de la vila amb carmins violacis, ors mortoins i bromalles negres.
>
> Jesús Moncada, *Camí de sirga*

NO ACENTÚES MÁS DE LO DEBIDO		
Palabras agudas	*Palabras llanas*	*Palabras esdrújulas*
ampit	acne	aurèola
cautxú	aeròstat	diàclasi
centigram	alvèol	díode
ciclop	amoníac	diòptria
criquet	atmosfera	èczema
comitè	austríac	elèctrode
elit	cardíac	gàmeta
fluor	centilitre	màrqueting
futbol	conclave	període
iber	èster	rubèola
oboè	guru	vàlua
poliglot	libido	
radar	medul·la	
taigà	mimesi	
xandall	monòlit	
zenit	rèptil	
	tèxtil	
	torticoli	

Capítulo 6

Signos sorprendentes: la diéresis, el guion y el apóstrofo

En este capítulo

- Cuándo va diéresis
- El guion para separar palabras
- El apóstrofo en catalán
- Fenómenos de contacto entre palabras

Hay muchas lenguas que utilizan la diéresis sin ningún problema. En castellano la usas frecuentemente casi sin darte cuenta, en palabras como *vergüenza* o *argüir*, para indicar que esa *u* debe pronunciarse. Además de ese uso, podemos decir que en catalán se utiliza como una licencia poética: para separar dos vocales que normalmente formarían diptongo; esa función ya da a entender el origen etimológico de la propia palabra, pues en griego, *diaíresis* significa 'división'. Pero no voy a hablarte de poesía, sino de ortografía, y de utilizar la diéresis para lo que sirve en catalán: para señalar que debes pronunciar o acentuar el sonido que te marca. Aunque sirve para más funciones que en castellano, no creas que es menos fácil de entender.

Del segundo personaje de este acto, el guion, ya sabes que es un signo ortográfico que se pone al final del renglón cuando hay una palabra que no cabe completa en él. Pero aquí voy a hablar del guion cuando sirve para unir las dos partes de algunas palabras compuestas o formadas con afijos. En esos casos, que afectan de lleno a la ortografía, en catalán habían sido siempre un verdadero embrollo porque requería aprenderse un montón de casos. Pero el Institut d'Estudis Catalans (si quieres saber más de esta importante institución, lee el recuadro gris que le dedico en este mismo capítulo) modificó recientemente los criterios para el uso del guion en las palabras compuestas o con prefijación, y así redujo el problema con bastante acierto, como te explicaré en las siguientes páginas.

Y dedicaré las últimas páginas de este capítulo al apóstrofo ('), el signo ortográfico que consiste en una coma volada o elevada, utilizado en muchas lenguas que se escriben con alfabeto latino y que en catalán sirve para señalar la supresión de algunas letras. En este sentido no lo conoces en castellano, aunque era normal en castellano medieval, como testimonia este pasaje del *Cantar de mio Cid*:

> Oídme toda la cort e pésevos de mio mal,
>
> Los infantes de Carrión, que **m'desondraron** tan mal.

Cantares aparte, ni que sean los del ruiseñor, que todo pasa y todo queda... pero lo nuestro es conocer la ortografía y la gramática del catalán, propósito y objeto de este libro.

El Institut d'Estudis Catalans

El Institut d'Estudis Catalans (conocido por las siglas IEC) es una institución académica fundada en Barcelona en 1907 por el político Enric Prat de la Riba, dedicada a la divulgación e investigación científica superior, fundamentalmente de todo aquello que se refiera a la cultura de los Países Catalanes. Está estructurado en secciones temáticas: Historia y Arqueología, Biología, Ciencias y Tecnología, Filología, Filosofía y Ciencias Sociales. Un buen reflejo de su actividad es la publicación de libros, monografías y revistas promovidos por las secciones y sus 28 sociedades filiales que forman parte integrante de la estructura académica.

Por lo que se refiere a la lengua catalana, al cabo de poco tiempo de la creación del IEC, la **Secció Filològica** estableció unas normas ortográficas bajo la dirección de Pompeu Fabra. Desde entonces, esa sección desempeña la función de academia de la lengua catalana, que se extiende a todo el dominio lingüístico del catalán, por lo que la normativización se acepta en Cataluña, el Rosellón, las Islas Baleares y Andorra (un país en que el catalán es la única lengua oficial). En la Comunidad Valenciana se rigen por la Acadèmia Valenciana de la Llengua.

Para estar al día de su trabajo, puedes consultar el sitio web del Institut d'Estudis Catalans: `http://www.iec.cat`; pero la obra que debes consultar siempre de esta institución, disponible en abierto online, es la segunda edición del *Diccionari de llengua catalana*, conocido como DIEC 2: `http://dlc.iec.cat/index.html`

Con diéresis, sin diéresis

La diéresis (*dièresi* en catalán, con acento abierto en la *e*) es un signo gráfico, representado por dos puntitos (¨), que en ciertos casos se escriben sobre la *i* o sobre la *u* para indicar que hay que pronunciarlas o que no forman diptongo. Pero no siempre es necesaria, ya que a veces puedes ahorrarte ese signo. No son excepciones propiamente dichas, sino palabras que no requieren diéresis —por diferentes razones que ya te explicaré—, o bien porque puedes poner un acento en su lugar. Vamos a ver todos estos casos, empezando por las palabras que siempre llevan diéresis.

Se escribe **diéresis** en las siguientes situaciones:

- **En los grupos *gue, gui, que* y *qui***, cuando necesites indicar que hay que pronunciar la *u*, por ejemplo en palabras como *aigües*, *pingüí*, *qüestió*, *adeqüi*, etc. Fíjate que, en cambio, en las palabras *caguera*, *antiguitat*, *querella*, *equitació*, entre muchas otras, la *u* no se pronuncia y, por lo tanto, no necesitas ningún signo especial.
- Cuando **la *i* y la *u* no forman diptongo** con la vocal anterior o con la siguiente y, por tanto, los dos sonidos se pronuncian en sílabas diferentes; eso es lo que ocurre en *estudiï (es-tu-di-ï)*, *cocaïna (co-ca-ï-na)*, *diürètic (di-ü-rè-tic)*, *obstruïa (obs-tru-ï-a)*, *peüc (pe-üc)*, *raïm (ra-ïm)*, *somiïn (so-mi-ïn)*... Si eso ocurre con dos *i* juntas, la que lleva la diéresis es siempre la segunda: *estudiï (es-tu-di-ï), xiïta (xi-ï-ta)*... ¡no te despistes! Y presta mucha atención: No debes poner diéresis cuando la *i* y la *u* forman realmente parte de un diptongo; por eso no la llevan *esglai (es-glai)*, *fruit (fruit)*, *noies (no-ies)*...
- Los **cultismos derivados mediante sufijos *-tat*, *-itzar*** y similares se escriben con diéresis, aunque sus primitivos lleven diptongo. Por ejemplo *heroic* se escribe sin diéresis porque forma diptongo (*he-roic*); pero su derivado no: *heroïcitat* (*he-ro-ï-ci-tat*); hay muchos ejemplos: *continuïtat* (*continu*), *arcaïtzant* (*arcaic*). Y también los hay con otros sufijos en la palabra derivada; por ejemplo, *fluïdesa* (*fluid*).

Se escriben **sin diéresis** los siguientes casos:

- Cuando se puede poner **acento gráfico**, según las normas de acentuación, en la letra que sería la vocal débil de un diptongo. Es decir, el acento prevalece siempre sobre la diéresis. Por ejemplo, *agraíem* puede llevar acento ya que es una palabra llana no acabada en terminación de aguda: *a-gra-í-em*. Otras palabras en las que ocurre lo mismo son *agraís*, *excloíeu*, *Lluís*, *país*, *suís*, *veí*... Sin embargo, *Lluïsa* o *suïssa*, femenino de *Lluís* y *suís*, respectivamente, no pueden acentuarse pues son palabras llanas terminadas en vocal.

- En las **terminaciones latinas *-us*, *-um***, como ocurre en *Màrius (Mà-ri-us)*, *Sírius (Sí-ri-us)*, *harmònium (har-mò-ni-um)*, *mèdium (mè-di-um)*...
- En los **compuestos con los prefijos *anti-*, *auto-*, *co-*, *contra-*, *re-*, *semi-*** y similares, como *antiinflamatori*, *coincidència*, *contraindicació*, *reunificació*, *reincidir*, *semiindiferència*... Estos otros ejemplos estarían formados por palabras compuestas pero con otros prefijos: *gastrointestinal*, *intrauterí*, *neoimpressionista*, *poliuretà*... No se considera un compuesto la palabra *reüll* y sus derivados, que sí van con diéresis.
- En los **sufijos *-isme, -ista***: *ateisme (a-te-is-me)*, *egoista (e-go-is-ta)*... Pero llevan diéresis *proïsme* y *lluïsme* porque sus terminaciones no son sufijos, sino que forman parte de la raíz de la palabra.
- En las formas de **infinitivo**, **gerundio**, **futuro** y **condicional** de los **verbos** que terminan **en *-ir***: *agrair (a-gra-ir)*, *conduint (con-du-int)*, *obeiré (o-be-i-ré)*, *traduiria (tra-du-i-ri-a)*...

Ten en cuenta que una palabra que lleve diéresis puede llevar, además, acento, si las normas de acentuación lo exigen. Por ejemplo, *qüestió* lleva diéresis para pronunciar la *u* del grupo *que* (que normalmente es mudo), pero además es una palabra aguda terminada en vocal y debe llevar acento. Y lo mismo ocurre con *pingüí*.

Pese a que las reglas que te acabo de presentar sobre la diéresis en catalán son más claras que el agua, puede suceder que dudes si debes ponerla o no porque no tengas clara la pronunciación correcta de una palabra. Por eso, en la tabla 6-1 he recogido casos que pueden serte útiles. Intenta recordarlos.

Tabla 6-1. Ejemplos para recordar de palabras con diéresis y sin ella

Presente de indicativo	*Presente de subjuntivo*	*Imperfecto de indicativo*	*Infinitivos*	*Palabras ejemplares*
traeixo	esquiï	maleïa	aïllar	apaïsat
traeixes	esquiïs	maleïes	amoïnar	assiduïtat
traeix	esquiï	maleïa	arcaïtzar	atribuïble
traïm	esquiem	maleíem	arruïnar	cloïssa
traïu	esquieu	maleíeu	suïcidar	continuïtat
traeixen	esquiïn	maleïen	argüir	creïble
				cruïlla
condueixo	estudiï	desoïa		diürn

(cont.)

Tabla 6-1. Ejemplos para recordar de palabras con diéresis y sin ella *(cont.)*

Presente de indicativo	*Presente de subjuntivo*	*Imperfecto de indicativo*	*Infinitivos*	*Palabras ejemplares*
condueixes	estudiïs	desoïes		ensaïmada
condueix	estudiï	desoïa		fortuït
conduïm	estudiem	desoíem		geniüt
conduïu	estudieu	desoíeu		heroïna
condueixen	estudiïn	desoïen		intuïció
				jesuïta
	suï			llaüt
	suïs			nerviüt
	suï			proteïna
	suem			ruïna
	sueu			suïcida
	suïn			taüt
				transeünt
				veïnat
				xiïta

Cuidado con la palabra *país* y sus derivados. Si empezamos con el plural ya aparece la diéresis: *països*, por ser llana imposible de acentuar según las normas. Pero el resto de los derivados no la llevan: *paisà, paisatge, paisatgisme, paisatgístic...* (excepto *apaïsat*). También hay que tener en cuenta que hay algunas palabras idénticas entre sí con la única diferencia de la diéresis, lo cual conduce a palabras distintas con pronunciaciones diferentes. No es lo mismo *beneit (be-neit)* que *beneït (be-ne-ït)*. A ver si con un par de ejemplos te lo aclaro:

- ✔ *Aquest noi és beneit del cabàs: és completament ximple.*
- ✔ *Beneït pel Sant Pare.*

Beneït i *beneïda* pueden ser nombres, masculino y femenino, respectivamente, que designan personas muy buenas. Además como participios del verbo *beneir*, se aplican a alguien o algo que ha sido bendecido; aunque esta palabra tiene una segunda acepción como adjetivo y con el significado de 'medio idiota'. Por otro lado, *beneit* o *beneita* significa, en primer lugar, que alguien no tiene el cerebro suficientemente desarrollado, que está loco o es tonto. Lo que ocurre es que *beneit* o *beneita* también son las formas antiguas del participio pasado de *beneir*, usado en fórmulas estereotipadas o en plegarias: *Beneita sou vós entre totes les dones* o *Pa beneit i aigua beneita*.

El guion en las palabras compuestas y derivadas

En catalán se llama *guionet* porque es un guion corto y se usa en la escritura de algunas palabras formadas por composición o por afijación. Siempre habían existido dudas sobre su utilización y a menudo los criterios han sido poco claros, ya que en palabras como *arxi-milionari* o *arxifonema*, *sots-inspector* o *subinspector*, entre otras, había vacilaciones sobre si usarlo o no.

Durante mucho tiempo las gramáticas escolares se hacían un verdadero lío o casi pasaban por alto esta lección. Esto era contradictorio, pero como te he comentado en la introducción de este capítulo, la Sección Filológica del Institut d'Estudis Catalans decidió regular en su reciente *Ortografia* el uso del guion de acuerdo con unas normas más claras y fáciles de aplicar. En la tabla 6-2 te presento la norma general para vocablos compuestos y derivados:

Tabla 6-2. Norma general: se escriben juntos (sin guion y sin espacios)

Compuestos	a correcuita, a matadegolla, agredolç, allioli, bocamoll, centpeus, compravenda, curtcircuit, franctirador, gentilhome, guardaespatlles, marcapassos, muntacàrregues, nouvingut, nomoblidis, parallamps, teleespectador, terratinent, trencaclosques, vistiplau; Aiguafreda, Castellbò, Portbou…
Derivados por prefijos	anticomunista, arximilionari, coautora, contrasentit, exministre, extracomunitari, infraroig, postelectoral, preromànic, preinscripció, proamericà, subaquàtic, subdirector, ultradreta, vicesecretària; Antiatles, Cisjordània, Prepirineus, Transcaucàsia…

Por lo tanto, según esta norma, deducimos que la inmensa mayoría de palabras compuestas o palabras derivadas por cualquier prefijo se escriben siempre con sus componentes aglutinados. Por otro lado, hay que tener en cuenta que en catalán las palabras compuestas pueden ser de tres tipos:

1) compuestos catalanes en general, como *bocamoll*, *celobert* o *pocavergonya*;
2) compuestos cultos, con formas prefijadas (acabadas en *o-* o *i-*), como *audiovisual*, *grecoromà*, *politicosocial*, *fisicoquímic*, *homosexual*, *socioeconòmic*, *curvilini* o *planisferi*, y
3) préstamos adaptados al catalán, como *discjòquei*, *gintònic*, *vademècum* o *Escaladei*; o no adaptados, pero que se escriben juntos en la lengua de origen, como *cowboy*, *leitmotiv* o *mezzosoprano*.

No obstante, a pesar de la norma general, existen algunos casos, como por ejemplo *penya-segat*, *nord-est*, *trenta-dos*, *foie-gras*, entre otros, que se escriben con guion. Veámoslo con más detalle.

Palabras compuestas: casos con guion

Se utiliza el guion para separar los componentes que forman una sola palabra en los siguientes casos:

- ✓ En los **números cardinales y ordinales** compuestos, entre decena y unidad, y entre unidad y las palabras *cent*, *centes* (o *centè*, *centena*), como *ciquanta-dos*, *vint-i-tres*, *quaranta-tresè*, *sis-cents*, *nou-centes*, *tres-centè*... O sea que si tienes en un banco suizo miles o millones de euros, no los escribas jamás con guion (ni mucho menos los cuentes, es una pérdida de tiempo): *cent cinquanta mil euros*, *dotze milions d'euros*.
- ✓ En los compuestos en que el primer elemento es un **punto cardinal**, como *est-europeu*, *nord-americà*, *sud-est*, *Sud-àfrica*...
- ✓ En los compuestos **repetitivos**, como *bitllo-bitllo*, *fru-fru*, *nyigo-nyigo*, *pica-pica*, *ping-pong*, *tic-tac*, *txa-txa-txa*, *xano-xano*, *xim-xim*, *zig-zag*... En cambio, se escriben juntas las palabras de creación onomatopéyica que imitan, por ejemplo, la voz de un animal, como *cucut*, *quiquiriquic*...
- ✓ En los compuestos en que **el primer componente** (o, eventualmente, el segundo) **acaba en vocal y el segundo** (o, eventualmente, el tercero) **comienza con *r*, *s*** o ***x***, como *barba-**r**oig*, *Barba-**r**ossa*, *bleda-**r**ave*, *busca-**r**aons*, *cama-**r**oja*, *cara-**r**ugat*, *cerca-**r**enous*, *compta-**r**evolucions*, *de soca-**r**el*, *guarda-**r**oba*, *penja-**r**obes*, *poca-**r**oba*, *Vall-de-**r**oures*, *Vila-**r**eal*; *adeu-**s**iau*, *aigua-**s**al*, *barba-**s**errat*, *cama-**s**ec*, *cul-de-**s**ac*, *entra-i-**s**urt*, *esclata-**s**ang*, *espanta-**s**ogres*, *gira-**s**ol*, *penya-**s**egat*, *pica-**s**oques*, *poca-**s**olta*, *Palau-**s**olità*, *Vila-**s**eca*; *cala-**x**arxes*, *cara-**x**uclat*, *escura-**x**emeneies*, *para-**x**ocs*, *Torre-**x**iva*...

- ✓ En los compuestos que, si se escribieran unidos, **su lectura sería difícil**, como *abans-d'ahir*, *alt-alemany*, *baix-empordanès*, *blanc-i-blau*, *cinc-en-rama*, *Font-romeu*, *Mont-roig*, *pit-roig*, *plats-i-olles*...
- ✓ En compuestos que son **préstamos no adaptados al catalán**, si en la lengua de origen ya llevan guion o bien se escriben con los elementos separados, como *art-decó*, *au-pair*, *best-seller*, *bloody-mary*, *chill-out*, *dalai-lama*, *déjà-vu*, *foie-gras*, *hat-trick*, *jet-lag*, *music-hall*, *rhythm-and-blues*, *rock-and-roll*, *walkie-talkie*... Pero se escriben sin guion expresiones latinas como *alter ego*, *delirium tremens*, *honoris causa*, *statu quo*, *stricto sensu*...
- ✓ En los compuestos en que el **elemento de la izquierda lleva acento gráfico**, como *ciència-ficció*, *déu-n'hi-do*, el *més-enllà* (el mundo de ultratumba), *mà-llarg*, *pèl-blanc*... pero se escriben juntitos compuestos antiguos, como *adesiara* o *usdefruit*.
- ✓ En los términos **compuestos de especialidad** en que alguno de sus elementos es un símbolo, ya sea una letra o una cifra, como *àcid d-lisèrgic*, *e-mail*, *goma-2*, *omega-3*, *pH-metre*...
- ✓ En compuestos de **nombres propios**, como *Josep-Lluís*, *Maria-Antònia*, *Salvat-Papasseit*, *Catalunya-Aragó*, *Castella-la Manxa*, *llei de Boyle-Mariotte*...
- ✓ En compuestos en que **uno de los componentes ya lleva guion**: *rumb est-nord-est*, *tractat anglo-nord-americà*.
- ✓ En las **relaciones sintácticas** del tipo *el diccionari castellà-català*, *el pont aeri Madrid-Barcelona*, *la relació causa-efecte*, *míssil terra-aire*...

Palabras derivadas por prefijos: casos con guion

Tienes que escribir un guion en los casos siguientes:

- ✓ En los **conjuntos lexicalizados** formados por un nombre o un adjetivo **precedidos de no**, como *pacte de no-agressió*, *el no-alineament*, *el principi de no-intervenció*, *el no-res*, *la no-violència*, *literatura de no-ficció*, *els no-creients*, *art no-figuratiu*...
- ✓ Cuando el prefijo va **delante de mayúsculas, cifras, símbolos, comillas o palabras en cursiva**, como *anti-OTAN*, *anti-Trump*, *ex-Iugoslàvia*, *ex-URSS*, *post-Maastricht*, *un pseudo-Dalí*, *Pseudo-Dionís*, *expedició trans-Himalàia*, *pel·lícula súper-8*...
- ✓ Cuando el prefijo **precede una locución, un sintagma lexicalizado o una palabra que ya lleva guion**, como *anti-cascos blaus*, *anti-tos ferina*, *anti-nord-americana*, *ex-directora general*, *ex-Unió soviètica*, *ex-vice-primer ministre*, *vice-primer ministre*, *manifestació pro-dret a vaga*, *pseudo-ciència-ficció*...

Consideraciones finales

Ya para terminar, solo quiero escribir algunas líneas más sobre la ortografía de todo este grupo de vocablos e incluso de los segmentos que forman locuciones o sintagmas.

- ✓ A veces escribir ambos elementos juntos puede originar combinaciones inusuales, con duplicidad de letras, como *contraatac*, *sangglaçar*, *antiincendis*, *radiooeint* o *sotssecretari*. ¡No pasa nada! ¡Es una maravilla!
- ✓ Las palabras resultantes de la aglutinación siguen las reglas generales de acentuación, como *contrapès*, *superfí*, *ultrasò*, a pesar de que *pes*, *fi* y *so* se escriben sin tilde como corresponde; incluso se escribe *politicoeconòmic*, aunque la palabra *polític* lleve tilde. Pero esta norma no se aplica en caso de que sea necesario escribir un guion, como *barba-ros*, *fru-fru* o *vint-i-u*.
- ✓ Nunca escribas diéresis al principio del segundo elemento, como *antiincendis*, *contraindicar* o *pintaungles*.
- ✓ Las letras *r* y *s* en el inicio del radical no suelen cambiarse por *rr* y *ss*, como *contrareforma*, *vicerector*, *cromosoma* o *dinosaure*, excepto los que ya tienen una tradición consolidada, como *prerrogativa*, *virrei* o *pressupost*.
- ✓ Las palabras compuestas y prefijadas nunca pierden la *e* inicial del segundo componente cuando va seguida de *s* + consonante, como *alaestès*, *autoestop*, *barbaespès*, *contraespionatge*, *guardaespatlles*, *infraestructura*, *poliesportiu*, *preescolar* o *teleespectador*.

¿Pero qué ocurre al escribir **palabras compuestas que forman un sintagma**?, es decir un grupo de palabras dentro de una oración. Lo más habitual es que en los tratados de gramática no se hable de esos casos; por eso debes tomar buena nota de lo que te explicaré a continuación.

Es obvio que tienes que escribir separados los elementos de los sintagmas siguientes: *pet de monja* (no se trata de una santa ventosidad, sino de una especie de galleta), *cafè concert, camió cisterna*, *vaixell escola,* entre otros muchos. En eso no hay ningún problema, pero cuando tengas que formar el plural se presentaran situaciones diferentes según cuál sea la relación entre los elementos. El factor clave es si el segundo elemento se considera subordinado al primero o no; por ejemplo en *camions cisterna, ciutats dormitori, mobles bar* y otros, se pluraliza el primer elemento, porque el segundo está subordinado; pero en *alcaldes presidents, comtes reis, faldilles pantalons*, por ejemplo, se pluralizan ambos, pues están coordinados (y no uno subordinado al otro). Quien pueda entender, que entienda... pero al menos hay una cosa clara como el agua: ¡todos se escriben sin guion!

Las palabras compuestas más urbanas

No cabe duda, como te acabo de señalar, que las palabras compuestas que forman un sintagma debes escribirlas separadas y sin guion. Te muestro a continuación un grupo de estos sintagmas relacionados con la ciudad, como el ejemplo que acabas de ver en *ciutat dormitori* (o *ciutats dormitori* en plural, donde el segundo elemento está subordinado al primero). Al final de la descripción de cada grupo sintagmático te indico sus posibilidades en plural.

- ✔ **ciutat de vacances** Se llama así a la población que aloja un buen número de residentes temporales en período de vacaciones, por sus atractivos naturales o por sus instalaciones turísticas. [*pl. ciutats de vacances*]
- ✔ **ciutat dormitori** Ciudad donde predomina la función residencial. [*pl. ciutats dormitori*]
- ✔ **ciutat estat** Ciudad cuya independencia de gobierno la hace asimilable a un pequeño estado. Los ejemplos más conocidos son las antiguas polis griegas (Atenas y Esparta), algunas pequeñas ciudades italianas del Renacimiento o, actualmente, algunos cantones suizos. [*pl. ciutats estats*]
- ✔ **ciutat industrial** Ciudad originada para la industria, núcleo industrial. [*pl. ciutats industrials*]
- ✔ **ciutat jardí** Zona urbana de casas unifamilares aisladas, rodeadas de jardín. [*pl. ciutats jardí*]
- ✔ **ciutat oberta** Calificación que se da en tiempo de guerra a aquellas ciudades que no constituyen objetivos militares o que están sin defensas. [*pl. ciutats obertes*]
- ✔ **ciutat sanitària** Conjunto urbano formado por un gran hospital y otras dependencias anejas. [*pl. ciutats sanitàries*]
- ✔ **ciutat santa** Ciudad venerada por los fieles de una religión, como Jerusalem por los judíos, cristianos y musulmanes; o bien Roma, para los católicos. [*pl. ciutats santes*]
- ✔ **ciutat satèl·lit** Se trata de una ciudad de segundo orden supeditada a la gestión económica o financiera de una gran ciudad, aunque con una población permanente. Por ejemplo la primera ciudad satélite que se creó fue Vällingby, en Estocolmo. [*pl. ciutats satèl·lits*]
- ✔ **ciutat universitària** Conjunto de edificios situados en un terreno acotado, destinados a la enseñanza superior, propia de las universidades. [*pl. ciutats universitàries*]
- ✔ **la ciutat d'en Nyoca** Modo despectivo de designar una población, especialmente Barcelona. Eso tiene su explicación histórica en 1821, cuando hubo en Barcelona una epidemia de la fiebre amarilla, y pasó a denominarse *la ciutat d'en Nyoca* al conjunto de barracones construidos por los pobres en la vertiente de la montaña de Montjuïc. [*pl. les ciutats d'en Nyoca*]

El apóstrofo

El apóstrofo es un signo gráfico consistente en una coma volada ('), que sirve para señalar la supresión de algunas letras. ¿Que cuándo se utiliza en catalán? Pues cuando los artículos determinados singulares —*el* y *la*— y la preposición *de* se encuentran palabras que comienzan por vocal o *h* muda, así como al añadir algunos pronombres débiles al verbo (como te explicaré en capítulo 21). Veamos ahora los casos esenciales:

el + **avi** = l'avi

la + **àvia** = l'àvia

la + **ungla** = l'ungla

el + **home** = l'home

la + **herba** = l'herba

de + **ara** = d'ara

de + **home** = d'home

de Anoia = d'Anoia

Ojo con la siguiente excepción: delante de palabras femeninas que empiecen por *i* o por *u* átonas (aunque vayan precedidas de *h*), el artículo *la* no se sustituye por el apóstrofo: *la humanitat, la història, la universitat*... Pero: *l'altra, l'illa, l'única*... Son excepción a esta regla dos palabras que empiezan por vocal tónica: *la una* (cuando se trata de la hora) y *la ira (La ira l'encegava).*

Observa que *la introduïen* o *la humiliaven* no llevan apóstrofo porque, en esos dos ejemplos, *la* es pronombre y sustituye a una cosa o persona que ha sido introducida o humillada.

El apóstrofo en siglas, acrónimos y números

Las siglas y los acrónimos (siglas pronunciadas como una palabra ordinaria) llevan apóstrofo siguiendo la regla general: *l'IVA, l'ONU, l'ONCE, l'URSS, l'UVI, d'IVA,* etc., pero *la UEFA* y *la UNESCO,* ya que empiezan por *u* átona, y, por tanto, se escriben como *la universitat.*

Si la lectura de la sigla o del acrónimo se realiza letra por letra, la fuerza del acento recae siempre en la última letra, por lo que se pone apóstrofo o no según la regla general: *l'IPC, la UGT, la IBM.* Si empieza por consonante no lleva apóstrofo: *la CNT*, pero si el nombre de la primera consonante empieza por una vocal, entonces hay que ponerlo. Por ejemplo en *NBA*, la primera consonante es una ***e**na*, por tanto escribes *l'NBA*. Y lo mismo ocurre en los ejemplos siguientes: *l'FBI (**e**fa, be, i), d'FM (**e**fa, ema).*

Los artículos *el* y *la*, y la preposición *de* se cambian en apóstrofo también delante de los números si, escritos en letras, empiezan por vocal:

- ✔ *l'11 de setembre (**o**nze), l'1 de gener (**u**), l'11 etapa de la Volta Ciclista (**o**nzena), un import d'1.000.000 d'euros (**u**n).*
- ✔ Incluso si se trata de números romanos: *l'XI Congrés Internacional d'Arqueologia (**o**nzè).*

Sin apóstrofo... pero...

Hay unos cuantos casos en los que no se pone apóstrofo según indica la norma, pero resulta que la norma no es tan tajante. Vamos a verlos.

a) Cuando te encuentres con **palabras extranjeras** que empiecen por ***s* líquida**, es decir una *s* que en catalán se pronuncia casi como si se le añadiera una vocal y puede formar sílaba. Por ejemplo, en una palabra como *streptease*, en realidad sueles decir *es-trip-tis*. En estos casos solo el artículo *el* puede llevar apóstrofo, pero no el artículo *la* ni la preposición *de*. Esto ya me parece un poco molesto, pues ¡podrían ir con apóstrofo o todos los casos o ninguno! En fin, lo verás claro con los ejemplos siguientes:

- ✔ *l'streptease, l'statu quo...* Pero, *una novel·la de Stendhal, l'illa de Skye, la Scala de Milà...*

Lo que ocurre es que en catalán muchas palabras extranjeras que empieza por *s* líquida (no necesariamente etimológica) ya se han catalanizado con una *e* inicial y llevan el apóstrofo correspondiente. Por ejemplo: *l'estand, l'estrès, l'estàndard, l'esquaix, l'esport, l'esmòquing, l'estoc...*

b) Ante palabras que empiezan por ***h* aspirada**, es decir esa *h* que se pronuncia como la *h* alemana o como una *j* castellana suave (como la *j* que dice un andaluz en *jazmín* o en *mujer*), no se pone apóstrofo: *el hawaià, el hobby, el hall, la hippie...* Aun así, hay palabras que antes se pronunciaban con *h* aspirada pero ahora tienen una pronunciación adaptada al catalán y, por tanto, deben llevar apóstrofo: *l'handicap, un partit d'handbol.*

c) No hay que poner apóstrofo en casos de posible **ambigüedad** en la pronunciación. No es lo mismo *la asimetria* que *la simetria*; si pones apóstrofo en el primer caso (lo cual sería correcto según las normas), obtienes *l'asimetria*, que se confunde en pronunciación con el segundo ejemplo. Lo mismo ocurre con *anormal* o *normal*. Atención con esos casos.

d) Tampoco se pone apóstrofo antes los **nombres de las letras**: *la efa, la ela, la ema...* incluso si solo escribes la grafía de la letra: *la f, la l, la m...*

e) No va apóstrofo delante de *i* **inicial que forme sílaba** con otra vocal: *de iode, el iogurt, de ioga...*

Quizás en alguna ocasión te encuentres en la necesidad de citar títulos de obras literarias, de entidades, instituciones o empresas sin saber si hay que poner apóstrofo. El caso es que cuando el artículo *el* pertenece al título e inmediatamente antes va la preposición *de*, entre ambos va un apóstrofo pero no se hace la contracción (para conocer mejor el fenómeno de las contracciones consulta el capítulo 9):

- ✔ Incorrecto: **Maquiavel és l'autor del* Príncep.
- ✔ Correcto: *Maquiavel és l'autor d'*El príncep.

Por tanto, escribirás también:

- ✔ *Un periodista d'*El Punt.
- ✔ *Les rebaixes d'estiu d'El Corte Inglés.*
- ✔ *Una obra d'Els Joglars.*

En el mismo caso tampoco se contraen las preposiciones *a* y *per*:

- ✔ *Un article per a* El Punt.
- ✔ *He anat a El Corte Inglés.*
- ✔ *Ha guanyat un Oscar per* El senyor dels anells.

g) En algunos **topónimos catalanes** las preposiciones *a*, *de* y *per* se contraen con el artículo *el* inicial:

- ✔ *del Papiol* (de + el Papiol), *al Poble-sec* (a + el Poble-sec), *pel Vallès* (per + el Vallès).

Pero si el topónimo no es catalán (o no se ha adaptado), entonces no tienes que hacer la contracción:

- ✔ *Vam viatjar a El Hierro.*
- ✔ *Vam pasar per El Salvador.*

La elisión, un fenómeno muy relacionado con el apóstrofo

En el catalán hablado, y hablado a un ritmo normal, se producen reducciones o supresiones de vocales que, evidentemente, no se marcan con un apóstrofo. Este fenómeno se denomina elisión. También ocurre en castellano al suprimir la vocal con que acaba una palabra cuando la que sigue empieza con otra vocal. Por ejemplo, dices pa-ra-'rri-ba y pa-ra-'ba-jo, y no, *pa-ra-a-rri-ba y pa-ra-a-ba-jo*.

En catalán la elisión se produce cuando una vocal átona entra en contacto con otra vocal,sea átona o tónica. Veamos algunos ejemplos:

✓ Si las vocales en contacto son iguales se reducen a una sola.

un**a a**ltra → [un'altra]
¿qu**è e**m dius? → [què'm dius]
agaf**a a**ixò → [agafa'xò]
ferr**o o**xidat → [ferr'uxidat]
v**i i**mportat → [v'importat]

✓ Cuando la vocal neutra entra en contacto con una vocal de otra palabra no se pronuncia la vocal neutra:

setz**e** anys→ [setz'anys]
¿quina hor**a** és? → [quin'or'és]
¡qu**e** és maco! →[qu'és maco]
si **e**t criden → [si't criden]
fer **e**l ruc →[fe'l ruc] (la -r del infinitivo es muda)

Recuerda que en el caso de los artículos *el* y *la* y de la preposición *de*, la elisión se marca con un apóstrofo:

L'apòstrof serveix per assenyalar l'elisió d'algunes lletres.

Un buen consejo para no hacerle demasiado caso

Yo les digo siempre a mis alumnos, después de haber corregido los exámenes, claro está, que no se preocupen demasiado por los acentos, las diéresis, etc., ni siquiera de si escriben con b una palabra que va con v, o de si se olvidan de colocar una ele geminada (*l·l*). ¡No importa! ¡No es nada grave! Porque lo cierto es que con el tiempo ya lo aprenderán. ¿Dónde está el problema?

Mis colegas nunca entienden este consejo; ni mucho menos el director de la escuela, que siempreinsiste —persistenteyobsesivamente, como si fuera el sheriff Nottingham, y yo Robin Hood defendiendo a los *malos* alumnos, arengándome sobre que el mayor problema del catalán son las faltas de ortografía— en que habría que hacer un dictado diario, que esto no puede ser... ¡Vaya tontería!

En realidad la ortografía no sirve para nada. No te sorprendas con la afirmación que acabo de hacer. Sé que tengo razón: lo aprendí de mis profesores en la universidad. Te lo explico y verás como me das la razón: lo que verdaderamente importa de una lengua es la sintaxis y el léxico. Porque para comunicarnos hablando no necesitamos la ortografía, pero sí la sintaxis. Lo importante del catalán, y de cualquier lengua, es saber producir y estructurar (incluso llegar a pronunciar bien) el máximo número de frases posible, de lo contrario la comunicación no se establece o incluso se daña la lengua a base de corromperla con malas construcciones. Voy a ponerte un ejemplo. Este es un fragmento de la novela *Figures de calidoscopi*, de Ramon Solsona, donde se muestra el habla totalmente incorrecta de una persona:

Llavontes hi havia cèntims, a casa: la mamà tenia uns terrenos i unes finques; no sé ben bé quins negocis tenia. Domés recordo que se passava llargues estones amb el senyor Martí.

En solo tres líneas se pueden detectar cinco errores graves:

- ✓ *llavontes* en lugar de *aleshores* o *llavors*; barbarismo.
- ✓ *mamà* es propio del *parlar bleda* (habla cursi propia de estratos sociales altos en Barcelona), mejor *mama* o *mare*; Acento tonto.
- ✓ *terrenos* en lugar de *terrenys*; barbarismo.
- ✓ *domés* en lugar de *només*; error fonético.
- ✓ *se passava* en lugar de *es passava*; error sintáctico.

Pero, sobre todo, lo más penoso es oír, no solo dicho por estudiantes noveles, sino también por personas cultas diciendo:

- ✓ *Tinc que fer una proposta nova. (En lugar de He de fer una proposta nova / uso incorrecto de las perífrasis verbales).
- ✓ *¿Què n'hi ha aquí? (En lugar de ¿Què hi ha aquí? / uso incorrecto de los pronombres.)
- ✓ *Ja anirem nosaltres. (En lugar de: Ja hi anirem nosaltres / ausencia del pronombre.)
- ✓ * No vindré, doncs estic malalt. (En lugar de: No vindré perquè estic malalt / uso incorrecto de doncs con valor causal.)
- ✓ *¡Ah que ho faig! (En lugar de: ¡Què t'hi jugues que ho faig! / expresiones incorrectas.)
- ✓ *En quant a la política exterior, la decisió del govern és errònia. (En lugar de: Quant a la política exterior..., Pel que fa a la política exterior... / locuciones incorrectas.)

Pues bien, estos casos son los que verdaderamente siempre me han preocupado y he intentado advertir y corregir en mis alumnos, porque son los que destrozan una lengua haciéndola picadillo.

La ortografía siempre tiene remedio y se cura con el tiempo, leyendo en catalán, escribiendo, y leyendo, leyendo y leyendo... Novelas, cómics, poesía, periódicos, revistas, etc. Cualquier texto (bien escrito). Mediante la lectura y el tiempo fijarás la ortografía catalana en tu mente, tanto si la has aprendido en la escuela, en clases particulares o de forma autodidacta en la Ortografía y gramática catalanas para Dummies, que siempre puedes consultar, en caso de olvido.

En el siguiente capítulo vamos a desmenuzar el lenguaje. Vamos a examinar con detalle palabras de gran contenido semántico, con significado propio y una entidad determinada. Palabras que necesitarás para enriquecer tus textos con la precisión del vocabulario que te brinda el lenguaje. Vamos a examinar todo lo referente a los nombres y los adjetivos.

Enlazando palabras de la primera columna con la segunda puedes formar compuestos. Algunos se escribirán con guion, otros no. A ver si adivinas cuáles son de cada tipo.

figa	est	....
rat	president	....
labio	solta	....
sots	dei	....
poca	flor	....
sud	sogres	....
agnus	dental	....
espanta	sol	....
gira	penat	....

La sensualidad del *fru-fru*

Por cierto, vuelven a salir las curiosas onomatopeyas en palabras repetitivas a propósito del guion (algunas ya te las comenté en los capítulos 4 y 5). ¿Sabes, por ejemplo, lo que significa *fru-fru*? Seguro que te lo imaginas, porque en castellano también existe, aunque se escribe todo junto: *frufrú*. Ahora está todo claro, ¿cierto?... ¿No?... Bueno, por si acaso te lo cuento: el *fru-fru* es el sonido que imita el roce de un vestido de seda, uno de los sonidos más sensuales que puedan reproducirse mediante una palabra compuesta, ¿o no? El resto de los vocablos repetitivos te invito a descubrirlos en el diccionario: ¡no tienen desperdicio!

CASI TODOS LOS COMPUESTOS REPETITIVOS Y EXPRESIVOS CON GUION

balandrim-balandram	nyam-nyam	tol·le-tol·le
banzim-banzam	nyec-nyec	tric-trac
barrija-barreja	nyeu-nyeu	trip-trap
bum-bum	nyic-nyic	tris-tras
cloc-cloc	passa-passa	xau-xau
daixò-daixò	pengim-penjam	xerric-xerrac
de nyigui-nyogui	ping-pong	xim-xim
farrigo-farrago	piu-piu	xino-xano
gara-gara	rau-rau	xip-xap
gloc-gloc	taf-taf	ziga-zaga
gori-gori	tam-tam	zing-zing
leri-leri	tarit-tarot	zub-zub
ning-nang	tau-tau	zum-zum

Parte III

Desmenuzando el lenguaje

En esta parte...

En esta parte empezamos realmente con la gramática. Dejamos la ortografía durante un rato y nos lanzamos de cabeza, en primer lugar, al universo de la morfología, es decir la rama de la lingüística que estudia las reglas de la estructura interna de las palabras. Dicho de otro modo: el estudio gramatical de los elementos léxicos. Por tanto, vas a estudiar el nombre y el adjetivo; pero también llegarás a conocer pequeñas palabras que pueden acompañar en su camino al nombre y al adjetivo. Se trata del artículo, de los demostrativos y posesivos, de los numerales, de los cuantitativos y de los indefinidos. ¿Te atreves a ir un poco más lejos?

Capítulo 7

Lo que tienes que saber sobre el nombre

En este capítulo

- Analizar el sintagma nominal
- Conocer las variaciones de género y número del nombre
- Aprender los cambios de significado inesperados
- Distinguir nombres variables y nombres invariables

En este capítulo voy a hablarte del *nombre*, el *nom*, como decimos en catalán, también designado como *nombre sustantivo*, para distinguirlo del *nombre adjetivo*. El nombre forma parte de una clase de palabras muy importantes y armoniosas que se caracterizan por su capacidad de tener flexión de género y número, es decir de producir diferentes formas para el masculino, el femenino, el singular y el plural. Eso, por lo que se refiere a su morfología. En cuanto a la sintaxis, cuando llega el momento de producir oraciones, el nombre puede desarrollar, por ejemplo, las funciones de sujeto o de complemento de un verbo, casos que verás más adelante.

Aquí me centraré solamente en el nombre como palabra aislada, o acaso como palabra integrante del llamado **sintagma nominal**. Te lo aclaro: Decimos que el nombre es el núcleo del sintagma nominal y que sirve para designar personas, animales, cosas, acciones o ideas. Fíjate en el siguiente ejemplo:

una	cadira	alta
art	n	adj

Si realizo un rápido análisis sintáctico, resulta que este grupo de palabras forman lo que se llama un *sintagma*, en el que la palabra más importante es el nombre *cadira*, el núcleo de ese sintagma, que además va acompañado de dos palabras más: el artículo indeterminado *una*, que lo designa de un modo general, y el adjetivo *alta*, que describe cómo es esa silla. Por tanto, estás ante un *sintagma nominal*. El género y número del nombre *cadira* exige tanto del artículo indeterminado como del adjetivo la **concordancia** con él: femenino singular en *-a*.

Ahora ya sabes lo que es un sintagma nominal y algunas de las palabras con las que puede estar compuesto. Acabas de ver, además, en este breve ejemplo, para qué sirven los adjetivos y los artículos. Vas a conocer a continuación las características específicas del nombre.

El género del nombre

Acabas de ver que el nombre puede tomar flexión de género; es decir que puede tener una terminación para el masculino y otra para el femenino o, dicho de otra manera, que admite **morfemas** de género añadidos a la raíz de la palabra. Por eso se dice que el nombre puede aparecer, en la lengua catalana, al menos con dos formas distintas:

Masculino: *gat* (con morfema masculino ∅)

Femenino: *gata* (con morfema femenino *-a*)

Esto ocurre en el caso de los nombres que designan animales o personas, porque en otros casos el modelo es más restringido y solo admite una posibilidad: la palabra *tren* no presenta formas de género, sino que siempre es masculino. Puedes decir: *un tren ràpid*; pero no: **una tren ràpida*.

Vamos a ver, en primer lugar, ejemplos del primer caso y como se obtiene la forma de género femenino: Hay distintos casos que veremos a continuación.

A. Nombres en los que para formar el femenino añadimos una *a* al masculino, siguiendo la fórmula **masculino + a**:

*avi → àvi**a***

*noi → noi**a***

*marquès → marques**a***

*peixater → peixater**a***

*savi → sàvi**a***

B. Pero en ocasiones al añadir una *a* se produce duplicación o cambio de letras, es decir, cambios ortográficos (ya ves que no puedes dejar la ortografía de lado por mucho tiempo):

c → **g**: *amic, amiga*

f → **v**: *serf, serva*

p → **b**: *llop, lloba*

s → **ss**: *gos, gossa*. Aquí hay duplicación.

t → **d**: *nebot, neboda*

u → **v**: *hereu, hereva*

C. Además, hay nombres masculinos que terminan en ***-e*** o en ***-o***, letras que se convierten en una ***a*** para formar el femenino.

-e → **-a**: *alumn**e**, alumn**a**; arquitect**e**, arquitect**a**; mestr**e**, mestr**a**; ministr**e**, ministr**a**...*

-o → **-a**: *burr**o**, burr**a**; monj**o**, monj**a**; mor**o**, mor**a**; viud**o**, viud**a**...*

D. Luego están los masculinos que terminan en ***-leg***, que forman el femenino en ***-loga***.

-leg → **-loga**: *biò**leg**, biò**loga**; filò**leg**, filò**loga**; geò**leg**, geò**loga**; sociò**leg**, sociò**loga**; psicò**leg**, psicò**loga**...*

E. Los masculinos terminados en **vocal tónica** forman el femenino en ***-na***.

-na: *barceloní, barceloni**na**; capità, capita**na**; cosí, cosi**na**; germà, germa**na**; lleó, lleo**na**; padrí, padri**na**...*

F. Algunos masculinos (no todos) terminados en ***-tor***, ***-dor***, cambian la terminación por ***-triu***, ***-driu***.

-tor → **triu**: *actor, ac**triu**; institutor, institu**triu**...* Pero no es así con: *director, directora, conductor, conductora, tutor, tutora*, entre otros.

-dor → **driu**: *emperador, empera**driu**...* Pero, en cambio, dices: *senador, senadora*, entre otros.

G. Otros nombres añaden la terminación ***-essa*** para formar el femenino (que además se escribe con doble *s*).

-essa: *abat, abad**essa**; déu, de**essa**; metge, metg**essa**; mestre, mes**tressa**; tigre, trigr**essa**...*

H. Los hay que añaden ***-ina*** para la formación del femenino.

-ina: *gall, gall**ina**; heroi, hero**ïna**; tsar, tsar**ina**...*

I. Pero los nombres que acaban en ***-aire***, ***-ista*** o ***-cida*** son invariables y se escriben siempre igual tanto para el masculino como para el femenino.

-aire: *boletaire, cantaire, dansaire, drapaire...*

-ista: *artista, electricista, excursionista, modista...*

-cida: *fratricida, homicida, suïcida, magnicida...*

O sea, que puedes decir tranquilamente: *un boletaire, una boletaire* o *el magnicida* y *la magnicida.*

J. Hay nombres de animales que, por aquellos misterios del lenguaje, no tienen género. Se trata de casos como *balena, cadernera, canari, oreneta, rossinyol, sargantana...* Entonces, ¿cómo se distinguen?, te preguntarás. Pues así de fácil:

- ✔ *una balena **mascle** / una balena **femella***
- ✔ *un rossinyol **mascle** / un rossinyol **femella***

K. Los nombres masculinos que acaban en ***-ot*** tienen la gracia de que se forman a partir del femenino, contrariamente a lo que habíamos visto en los apartados precedentes. Así que al femenino *abella* se le añade el sufijo ***-ot*** y te queda *abellot.* Por la misma regla obtienes:

De *bruixa* → *bruix**ot***

De *dida* → *did**ot***

De *guilla* → *guill**ot***

De *nina* → *nin**ot***

De *perdiu* → *perdig**ot***

En catalán el sufijo *-ot* posee también un valor aumentativo, como en *cullerot* (cucharón), pero predomina más su sentido despectivo: *animalot, casota* (animalote, caserón). Aunque como te he explicado en el apartado *K*, su función principal es formar el masculino a partir de un sustantivo que designa un ser femenino. Eso significa que *bruixot, abellot, didot* o *ninot* representan la forma masculina de la palabra.

L. Ya solo me queda mostrarte los ejemplos en los que el femenino no se forma a partir del masculino porque los nombres tienen una raíz diferente. Son las palabras preferidas de los pícaros profesores para meter en los exámenes de sus alumnos. Mucho mejor será que los veas en la tabla 7-1 (pues tampoco son tan raros).

Tabla 7-1. Masculinos y femeninos con raíz distinta

Masculino	***Femenino***
amo	mestressa
ase	somera
boc	cabra
cavall	euga (*o* egua)
gall dindi	polla díndia
gendre	nora (*o* jove)
home	dona
hereu*	pubilla
marit	muller
marrà	ovella
oncle	tia
pare	mare
porc (*o* marrà)	truja (*o* gardenya)
toro (*o* brau)	vaca

Atención con el nombre ***hereu***, porque su uso en la tradición catalana es un poco más complicado. Cuando significa explícitamente 'persona que recibe una herencia', la forma en femenino es ***hereva***. Pero si se refiere al primer hijo varón que, de acuerdo con la tradición catalana, es el heredero universal de los bienes de sus padres, entonces su correspondiente en una mujer es la ***pubilla***, que designa a la primera hija, en ausencia de hijos varones, a la cual le corresponde la herencia de sus padres.

Géneros que puedes llegar a confundir

Ahondando más en el género de los nombres, conviene tener presente que el género de ciertos nombres catalanes difiere del castellano, lo cual puede confundirte. A veces la comparación entre dos lenguas debe tomarse, precisamente, por sus contrarios. Es decir, si en castellano se dice *el calor*, en catalán va a ser *la calor*. Puedes encontrar los casos más frecuentes en la tabla 7-2.

Tabla 7-2. Masculinos y femeninos diferentes en catalán y castellano

Catalán femenino	*Castellano masculino*	*Catalán masculino*	*Castellano femenino*
l'allau	el alud	els afores	las afueras
l'anàlisi	el análisis	l'avantatge	la ventaja
la calor	el calor	el bacteri	la bacteria
la crep	el crep	el compte	la cuenta
la dent	el diente	el corrent	la corriente
l'esplendor	el esplendor	el costum	la costumbre
la frescor	el frescor	el deute	la deuda
la marató	el maratón	l'espinac	la espinaca
la resplendor	el resplandor	l'estratagema	la estratagema
la resta	el resto	el full (de paper)	la hoja
la sida	el sida	el front	la frente
la síndrome	el síndrome	el llegum	la legumbre
la suor	el sudor	el llum	la luz (utensilio)
la verdor	el verdor	el pebre	la pimienta
		el pendent	la pendiente
		el senyal	la señal

La palabra *llum* puede ser masculina o femenina. Eso quiere decir, como ya adivinas, que según el género la misma palabra tiene dos significados distintos. Lo verás claro el siguiente ejemplo:

M'enlluerna ***la*** *llum del Sol.*

Apaga ***el*** *llum quan marxis.*

En el primer ejemplo *la llum* es un agente físico, una forma de energía que perciben los órganos de la visión y permite ver las cosas: con la luz solar vemos todas las cosas con nuestros propios ojos. En el segundo caso, *el llum* se refiere a un aparato que sirve para producir luz, ya sea eléctrico o simplemente *un llum de petroli*.

Este fenómeno afecta a bastantes palabras en catalán, por lo que requiere que te lo explique en un nuevo apartado: los nombres que cambian de significado según su género.

Hay algunos nombres que admiten los dos géneros, masculino y femenino, sin ningún problema. Dejo a tu intuición el descubrimiento de esas palabras y su uso en tus textos, que dependerá de que quieras darle a tu estilo un aire más elevado o un tono más corriente. Se trata de palabras como: *amor*, *ardor*, *art*, *dolor*, *esfinx*, *fel*, *mar*, *serpent*... Estarás de acuerdo conmigo que algunos de esos nombres son muy literarios si los usas solo en femenino, como lo demuestra este verso de Ausiàs March, el poeta más importante del siglo XV:

> ***La gran dolor*** *que llengua no pot dir*
>
> *del qui·s veu mort e no sap on irà*
>
> (No expresará la lengua **el gran dolor**
>
> del que al morir ignora dónde irá)

Nombres que cambian de significado según el género

Como acabas de ver, existen palabras iguales, o casi, que tienen dos sentidos según se usen en masculino o en femenino. Además, si buscas estas palabras en el diccionario, lo más habitual es que las encuentres en artículos separados, pues los orígenes de la forma femenina y la masculina son diferentes. Voy a ponerte un ejemplo, *el clau* viene del latín CLAVUS; pero *la clau* procede de CLAVIS. Observa la tabla 7-3, en la que he reunido las principales palabras con esa característica junto con frases o fragmentos ejemplares, que te serán útiles para distinguir su significado.

Tabla 7-3. Nombres iguales con significados distintos según el género

Masculino	*Ejemplo*	*Femenino*	*Ejemplo*
un anell	*L'anell de prometatge*	una anella	*Fermar una bèstia a l'anella*
el canal	*El canal de Panamà*	la canal	*La canal d'una columna (l'estria)*
el clau	*Clavar un clau*	la clau	*Tancar la porta amb clau*
el còlera	*Un malalt de còlera*	la còlera	*No deixeu que la còlera us venci*
el cremallera	*El cremallera de la vall de Núria (un tren)*	la cremallera	*Descorda'm la cremallera*
un editorial	*Un editorial molt mal escrit (un article)*	una editorial	*Un llibre de l'editorial Planeta*
el fi	*El fi justifica els mitjans*	la fi	*El principi i la fi (el final)*
el full	*Aquest llibre té un full arrencat*	la fulla	*Una fulla de figuera*
el ganivet	*El ganivet de taula*	la ganiveta	*La ganiveta de llescar el pa (un ganivet més gran)*
el llum	*El llum de la cuina*	la llum	*La llum dels estels*
un orde	*Cavaller de l'orde de la Garrotera*	una ordre	*Desobeir una ordre*
el planeta	*La Terra és un planeta*	la planeta	*La planeta d'un poble, el seu destí*
el pols	*El pols li va de pressa*	la pols	*Un moble ple de pols*
el post	*El post de comandament*	la post	*Una post d'empostissar*
el pudor	*Atemptar al pudor*	la pudor	*Aquest gos fa molta pudor*
el salut	*Li va fer un salut amb la mà*	la salut	*Tenir bona salut*
el son	*Tenir el son lleuger*	la son	*Tinc una son que no m'hi veig (ganes de dormir)*
el terra	*El terra d'una habitació*	la terra	*Els habitants de la terra*
el vall	*Han excavat un vall al voltant del castell (un fossat)*	la vall	*La vall del Riu Vermell*

Lo femenino abunda en las aguas

La mitología griega da pie a cuentos fabulosos en los que viven las ninfas acuáticas, las ondinas y las náyades, criaturas femeninas de belleza sin par que vivían en las aguas de los lagos, ríos, arroyos y mares. No debe extrañarte, entonces, que en catalán muchos nombres de ríos sean femeninos (aunque no todos). Aquí tienes una breve lista de ríos y afluentes junto con su ubicación, por si te entran ganas de recorrerlos a nado o practicando *rafting*:

- **la Garona** aunque nace en Cataluña, en el valle de Arán, es un río de la Gascuña, que discurre principalmente por Francia.
- **la Muga** nace en el Pirineo catalán y desemboca en el Mediterráneo.
- **la Noguera Pallaresa** es un río pirenaico afluente del Segre.
- **la Noguera Ribagorçana** es un río pirenaico afluente del Segre.
- **la Sénia** forma la frontera histórica entre el antiguo Reino de Valencia y el Principado de Cataluña, cerca de la población de la Sénia.
- **la Sosa** es un río de la Litera, afluente del Cinca, en tierras de Aragón.
- **la Tet** es un río del litoral mediterráneo, en la región del Rosellón y la Alta Cedanya, que nace en el pico del Carlit, en el Pirineo Oriental.
- **la Tordera** es un río de la vertiente mediterránea de Cataluña que nace en el macizo del Montseny.
- **la Valira** es un río pirenaico, afluente del Segre, que constituye el colector de todas las aguas de Andorra. Lo forman **la Valira d'Encamp** i **la Valira d'Ordino**.

Algunos nombres de mares tienen forma masculina y femenina, puesto que el nombre común *mar* admite el doble género. Así pues, tanto monta, monta tanto *Mediterrània* como *Mediterrani*, o *Bàltic* como *Bàltica*. Pero lo cierto es que en la mayoría de los mapas catalanes actuales se tiende a escribir el nombre de los mares (pero ¡no el de los océanos!) solo en femenino. Tú eliges... según el estado de la mar, del amar o de tu humor, como dudaba Rafael Alberti en sus versos:

El mar. La mar.

El mar. ¡Sólo la mar!

¿Por qué me trajiste, padre,

a la ciudad?

¿Por qué me desterraste

del mar?

El número del nombre

El número es otra característica gramatical, junto con el género, que marca los nombres, los determinantes, los pronombres, los adjetivos e incluso los verbos a través determinadas formas o terminaciones. Por eso hablamos del **número singular** y el **número plural**. En el caso del nombre, protagonista de este capítulo, hay que saber que lo más usual es que tenga flexión de número; es decir, la mayoría de los nombres tienen la capacidad de modificarse para indicar si se trata de un elemento o más de un elemento. Y, como puedes suponer, eso se hace, generalmente, añadiendo una **-s**:

Singular: *llibre* (un elemento)

Plural: *llibre***s** (varios elementos)

A otros, muy pocos, no les hace tanta falta añadir una *-s*, ya que no existe diferencia entre los siguientes ejemplos:

M'he comprat un pantaló.

*M'he comprat uns pantalon***s.**

Pues, en verdad, se entiende que alguien se ha comprado una sola prenda. Lo más corriente sería usar el plural, pero aquí, como en otros casos, cada hijo de vecino se expresa como puede. Un caso parecido ocurre con los nombres colectivos o abstractos, que al pluralizarse ocasionan cambios expresivos:

l'aire del Montseny

els aires del Montseny

Entre un ejemplo y otro hay un salto que va del viento (fuerte, ligero, frío, agradable, molesto, etc., en el primer caso) al ambiente saludable de este famoso macizo de la cordillera Prelitoral Catalana, en el segundo ejemplo.

Pero también, hay casos en los que la diferencia entre singular y plural implica un cambio de significado del nombre. No es lo mismo *una ullera* (anteojo, catalejo) que *unes ulleres* (gafas). En resumidas cuentas, para marcar el plural en catalán mediante la oposición con el singular puedes obtener cuatro formas distintas:

Masculino singular: ordinador

Masculino plural: ordinadors

Femenino singular: casa

Femenino plural: cases

Y a partir de ese enunciado, ya puedes exponer la primera regla de la formación del plural: la mayoría de los nombres forman el plural añadiendo una **-s** al singular. El resto de las normas las verás a continuación. Por lo tanto, las reglas de formación del plural en los nombres catalanes son:

A. Se forma el plural añadiendo **-s** al singular:

*home → home**s***

*gat → gat**s***

*ganivet → ganivet**s***

B. Los nombres que acaban en ***-a*** **átona** o débil cambian esta vocal por ***-es***:

*casa → cas**es***

*dia → di**es***

Lo malo de esta regla es que puede ocasionar cambios en la ortografía, que pueden clasificarse en los siguientes.

-c → **qu**: *boca, bo**qu**es; roca, ro**qu**es; vaca, va**qu**es...*

-ç → **-c**: *peça, pe**c**es; plaça, pla**c**es; raça, ra**c**es...*

-g → **gu**: *botiga, boti**gu**es; cega, ce**gu**es; piga, pi**gu**es...*

-gua → **-gües**: *aigua, ai**gü**es; llengua, llen**gü**es...*

-j → **-g**: *platja, plat**g**es; pluja, plu**g**es...*

-qu → **-qü**: *pasqua, pas**qü**es...*

C. Hay muchos nombres acabados en vocal tónica que para formar el plural tienen que añadir una ***-n-*** antes de la ***-s***:

*mà → ma**ns***

*bacallà → bacalla**ns***

*bé → bé**ns***

*camí → cami**ns***

*camió → camio**ns***

*cançó → canço**ns***

*carbó → carbo**ns***

*pa → pa**ns***

*pi → pi**ns***

*veí → veï**ns***

Como te he comentado en el capítulo 5 —a propósito de las principales diferencias entre los dialectos catalanes— resulta que en valenciano, noroccidental y en algunas zonas de Tarragona y las Baleares, también se añade esta *-n-* detrás de una vocal átona; y, así, se dice: *hòmens*, *òrfens*, *jóvens*, *àsens*...

La **excepción** a esta norma son algunas palabras agudas que forman el plural añadiendo un ***-s***:

- ✔ Los nombres de las letras: *les as*, *les bes*, *les ces*...
- ✔ Los nombres de las notas musicales: *els dos*, *els res*, *els mis*...
- ✔ Las partículas gramaticales (generalmente adverbios, conjunciones, etc.) usadas como nombres: *els peròs*, *els perquès*, *els sís*...
- ✔ Algunos nombres curiosos, la mayoría, extranjerismos: *maharajàs*, *rajàs*, *sofàs*, *bebès*, *cafès*, *clixés*, *comitès*, *consomés*, *elapés*, *frivolités*, *mercès*, *oboès*, *patés*, *purés*, *suflés*, *ximpanzés*, *bisturís*, *colibrís*, *esquís*, *pedigrís*, *teleesquís*, *dominós*, *fricandós*, *gigolós*, *platós*, *bambús*, *caribús*, *cautxús*, *emús*, *hindús*, *iglús*, *menús*, *tissús*, *xampús*...

D. Los nombres agudos masculinos que acaban en ***-s***, ***-ç***, ***-x***, ***-ix*** y ***-tx*** forman el plural añadiendo simplemente ***-os***:

-s: *gas* → *gas**os***; *nas* → *nass**os***...

-ç: *braç* → *braç**os***; *llaç* → *llaç**os***...

-x: *reflex* → *reflex**os***; *fax* → *fax**os***...

-ix: *guix* → *guix**os***; *peix* → *peix**os***...

-tx: *despatx* → *despatx**os***; *esquitx* → *esquitx**os***...

Hay que tener en cuenta, de todos modos, que una buena cantidad de nombres que forman el plural en *-os* se escriben con doble *ss* por razones de ortografía, ya que el sonido es el de ese sorda, como, por ejemplo: *arrossos*, *cabassos*, *compassos*, *congressos*, *excessos*, *gossos*, *interessos*, *nassos*, *passos*, *pastissos*, *russos*, *ossos*, etc.; pero hay plurales que no duplican la *s* porque se pronuncian con ese sonora: *abusos*, *casos*, *esposos*, *masos*, *nusos*, *països*, *pagesos*, *permisos*, *xinesos*, etc.

Demasiado a menudo oigo plurales mal formados; y tal como se dicen, se escriben. He oído expresiones como:

- ✔ **Actua sense complexes.*
- ✔ **M'he fet reflexes al cabell.*
- ✔ **Passa'm els textes.*

En realidad esos plurales deberían hacerse según la forma normal acabada en *-os*: ***complexos***, ***reflexos***, ***textos***. ¡Cuidado con estos casos!

E. Los nombres que acaban en ***-sc***, ***-st***, ***-xt*** e ***-ig*** admiten una doble forma de plural: bien en ***-s*** o bien en ***-os***, aunque la segunda posibilidad es la más cercana al habla estándar.

-sc: *disc**s*** o *disc**os***, *quiosc**s*** o *quiosc**os***...

-st: *gust**s*** o *gust**os***, *gest**s*** o *gest**os***...

-xt: *text**s*** o *text**os***...

-ig: *assaig**s*** o *assaj**os***, *passeig**s*** o *passej**os***, *raig**s*** o *raj**os***...

Una excepción a esta regla general es el demostrativo ***aquest***, cuyo plural no es **aquestos*, sino ***aquests***.

F. Hay unos cuantos monosílabos o palabras llanas (masculinos o femeninos) que acaban en *-x* o *-ç*, pero que añaden una *-s* al singular para formar el plural. La distinción es solamente ortográfica, ya que no tiene reflejo fonético:

àpex → els àpexs

esfinx → les esfinxs

índex → els índexs

hèlix → les hèlixs

làtex → els làtexs

vèrtex → els vèrtexs

calç → les calçs

falç → les falçs

Nombres invariables y nombres defectivos

En este apartado te presentaré los casos de nombres que se escriben igual en singular que en plural. Se trata de los nombres **invariables**, como *el cactus/els cactus*. Este es un fenómeno que se da más en los nombres que en los adjetivos, como verás en el capítulo siguiente. De modo que podemos establecer la siguiente clasificación con los ejemplos de dicho fenómeno. Son estos:

- ✔ Nombres **femeninos** acabados **en -*s***, como *acròpolis*, *bilis*, *càries*, *pols*, *pelvis*, *urbs*...

- Nombres **masculinos** no agudos acabados **en -s**, como *altocúmulus, brindis, eucaliptus, fetus, focus, llapis, atles, bíceps, alferes, globus, càctus, pàncrees, porus, sinus, tipus, virus...*
- Algunos nombres **masculinos** agudos acabados **en -s**, como *fons, temps, dilluns, dimarts, dijous, divendres, pus...*
- **Compuestos** con el segundo elemento plural, como *rentaplats, llevataps, parallamps, gratacels, guardamobles, salvavides, comptagotes, obrellaunes...*

O sea, que debes decir: *He comprat tres llapis de dibuixar*, pero no se te ocurra decir **llapissos* ni otros plurales inventados, porque *llapis* ¡ya es plural!

Otro caso lo forman los nombres **defectivos**, es decir aquellas palabras que solo tienen una de las dos formas flexivas: solo se usan en plural o solo en singular:

- **Solo son plurales, por ejemplo,** *les acaballes, els afores, les alicates, els annals, els calçotets, els escacs, les escombraries, les exèquies, les golfes, les noces, les pessigolles, les postres, els queviures, les setrilleres, els sostenidors, les tisores, les tovalles, les ulleres, les vespres...*

Estos nombres no tienen una forma para el singular. Todo el mundo las conoce así y no de otro modo, aunque su significado puede ser singular. Me explico; Puedes decir, por ejemplo, si eres un chico aseado:

- *No trobo els calçotets vermells.* (Te refieres a una prenda.)
- *M'he comprat un parell de calçotets.* (Te refieres a dos prendas.)

Así que no digas **porta'm una tisora, la setrillera...* porque las únicas formas posibles son *tisores* y *setrilleras.* Por cierto, no me había dado cuenta de que entre los ejemplos que te he puesto más arriba está el de *les golfes*. En este caso de plural defectivo me refiero únicamente al desván, es decir a la parte más alta de la casa (si tienes suerte de vivir en una casa con desván), debajo del tejado, destinada a guardar enseres. Pero, por si acaso hubieras entendido esta palabra en un sentido más pícaro o peyorativo, ten en cuenta que es un barbarismo que debes corregir o, al menos, si lo usas en catalán como una palabra de argot o del lenguaje popular, te sugiero que le apliques las flexiones de género y número: *golfo, golfa, golfos, golfes.*

Estos son los plurales que no debes hacer: cuando en castellano dices *buenos días, buenas tardes* y *buenas noches*, todo en plural, en catalán tienes que decirlo en singular: *bon dia, bona tarda* y *bona nit.* Del mismo modo en catalán celebramos *el Nadal* cuando en castellano se festejan *las Navidades*. ¡Oh, dioses de los cielos! —que en catalán sería *¡Oh, déus del cel!* (en singular)— ¡Y tú creías que esto no tenía ninguna importancia! Pues la tiene, y más de lo que parece, ya que el modo incorrecto de expresarse en la construcción de frases es lo que perjudica más a una lengua, te lo aseguro.

En catalán son más abundantes, no obstante, los nombres defectivos respecto del plural, es decir, que solo tienen la forma singular. Palabras, palabras, palabras... como por ejemplo *salut, set, fam*, etc.; o bien nombres colectivos del tipo *gent* y *públic*; los que tienen un referente único (*est* o *cel*); los nombres de corrientes ideológicas o artísticas, o de virtudes, como *fe, modernisme, paciència* o *socialisme*; y, evidentemente, los nombres propios. No suelen usarse en plural los nombres no contables, como *vi, aigua*, etc., o abstractos, como *veritat*, aunque existe la posibilidad de pluralizarlos en determinados casos debido al cambio de significado:

- ✔ *Diuen que el vi fa sang.*
- ✔ *Vam tastar uns vins joves.*

Entre el primer ejemplo y el segundo hay una diferencia de sentido, ya que en el primero se alude a una materia no contable y en el segundo, a tipos o variedades de vino.

Los nombres propios de persona en catalán

Los nombres de persona se llaman **antropónimos** y comprenden los nombres de pila, los apellidos y las diversas maneras de expresar ambas categorías, es decir, los sobrenombres y los apodos. Y como el mundo alberga una gran riqueza cultural y lingüística, no son pocas las dudas que genera la correcta escritura de los antropónimos. Vamos a ver unas cuantas consideraciones.

La primera de todas es que, en principio, el nombre propio de una persona no se traduce, a no ser que ella misma lo desee o lo consienta. Por tanto, Pompeu Fabra, que es el nombre de un catalán, en castellano debe escribirse exactamente igual: Pompeu Fabra (¡no Pompeyo!). Del mismo modo, un nombre tan sonoro como Camilo José Cela, en catalán queda igual y no se nos ocurre escribir *Camil Josep Cela*.

Ahora bien, cuando se trata de nombres procedentes de lenguas que no se escriben con el alfabeto latino, el asunto se complica, ya que cada lengua posee su sistema de adaptación (que no es una traducción). Por eso un mismo nombre ruso, chino, hebreo o árabe, por ejemplo, se escribe en catalán de diferente manera que en castellano. Los nombres se transcriben de la lengua original directamente al catalán. Por ejemplo:

(continúa)

(continuación)

En catalán	En castellano
Borís Ieltsin	Boris Yeltsin
Anton Pàvlovitx Txèkhov	Antón Pávlovich Chéjov
Ali Khamenei	Alí Jamenei

Por su parte, los nombres de personajes históricos, como reyes, príncipes, emperadores y papas, así como santos, personajes bíblicos y personas distinguidas relacionadas con cualquier religión sí se traducen; o si proceden de lenguas que no admiten traducción, se adaptan. Lo mismo ocurre con las dinastías o los linajes. Eso también se aplica a los personajes mitológicos y literarios. Observa los siguientes:

En catalán	En castellano
Alexandre el Gran	Alejandro Magno
Felip de Borbó i de Grècia	Felipe de Borbón y Grecia

En catalán	En castellano
sant Francesc d'Assís	san Francisco de Asís
Joan Pau II	Juan Pablo II
Josuè	Josué
Martí l'Humà	Martín el Humano
Odisseu	Odiseo
Plató	Platón
la Ventafocs	la Cenicienta

En cambio, los sobrenombres, apodos, motes, diminutivos, etc., no se traducen jamás en ningún idioma. De modo que, por ejemplo, al famosísimo rey intruso Josep Bonaparte (o José Bonaparte, en castellano) se le conocía también como *Pepe Botella*, tanto en España como en la lejana China. Y el dirigente anarcosindicalista catalán Salvador Seguí, conocido por el mote de *el Noi del Sucre*, debe figurar con ese sobrenombre, sin traducir, en cualquier idioma.

Los nombres de lugar, para que no te pierdas por ahí

Los nombres de lugar se denominan **topónimos**. Identifican un territorio concreto en un lugar concreto y a menudo proporcionan información histórica o descriptiva sobre el lugar que designan. Por eso, la toponimia es una ciencia compleja. En su propio idioma, los topónimos están asentados y, con frecuencia, regulados según las normas lingüísticas, pero ¿qué ocurre a la hora de traducirlos? Está claro que ni dices ni escribes *London* si escribes en castellano o en catalán, sino que usas la traducción *Londres*. O sea, que también en los topónimos existe una normativa para su correcta escritura.

Primera norma. Los nombres de poblaciones solo se traducen (y, según las normas oficiales, solamente en textos no oficiales, valga la redundancia) si tienen una forma tradicional en la lengua receptora, pero si no, se dejan tal cual:

(continúa)

(continuación)

En catalán	En castellano
Ciutat de Mèxic	Ciudad de México
Còrdova	Córdoba
Lleida	Lérida
Montsó	Monzón
Osca	Huesca

En general los nombres de los Estados, las naciones, las comunidades autónomas, las regiones naturales y las divisiones administrativas de carácter regional se escriben según la lengua del texto y, por tanto, pueden traducirse y adaptarse a la lengua receptora:

En catalán	En castellano
Castella	Castilla
Catalunya	Cataluña
Espanya	España
Txetxènia	Chechenia
la Vall d'Aran	el valle de Arán
Veneçuela	Venezuela

En cambio, no deben traducirse las divisiones regionales como comarcas o pequeñas regiones naturales (excepto algunas comarcas que tienen tradición en catalán, como *la Manxa* o *els Monegres*):

En catalán	En castellano
el Baix Camp	el Baix Camp
El Bierzo	El Bierzo
la Costa Brava	la Costa Brava
l'Empordà	l'Empordà
Hoya de la Baza	Hoya de la Baza

En los accidentes geográficos, es decir los nombres de montañas, ríos, mares, etc., hay que distinguir entre topónimos mayores y topónimos menores. Los primeros se pueden traducir, siempre que exista tradición, tanto la parte genérica (cordilleras, ríos, mares, etc.) como el nombre propio:

En catalán	En castellano
riu Ebre	río Ebro
mar Mediterrània	mar Mediterráneo
Pirineus	Pirineos

Pero si el genérico forma parte del nombre propio, entonces no puedes traducirlo. Además, la parte genérica —que en la lengua original va en minúscula— pasa a escribirse en mayúscula, ya que es como si se integrará en el nombre propio:

En catalán	En castellano
aiguamolls de l'Empordà	Aiguamolls de l'Empordà
Marismas del Guadalquivir	marismas del Guadalquivir
els ports de Tortosa	Els Ports de Tortosa

En los topónimos menores solo se traduce la parte genérica:

En catalán	En castellano
la platja de s'Abanell	la playa de S'Abanell
la platja d'El Sardinero	la playa del Sardinero
el torrent de l'Abeurador	el torrente de El Abeurador

(continúa)

(continuación)

Finalmente nos quedan los topónimos urbanos, los nombres de las vías púbicas y barrios. En estos casos tienes que traducir solo la forma genérica, manteniendo la parte específica en la forma oficial aprobada por el Ayuntamiento correspondiente:

En catalán	En castellano
el carrer de Cavallers (Tarragona)	la calle de Cavallers (Tarragona)
el carrer Raimundo Lulio (Madrid)	la calle Raimundo Lulio (Madrid)
avinguda Diagonal (Barcelona)	avenida Diagonal (Barcelona)

En catalán	En castellano
plaça Mayor (Madrid)	plaza Mayor (Madrid)*
l'Eixample (Barcelona)	L'Eixample (Barcelona)

* En este ejemplo, aunque lo intentes decir en inglés, la calle se queda igual, como habrás comprobado al oírlo, no sin asombro, en la televisión, en boca de una olímpica política, de cuyo nombre no quiero acordarme: *A relaxing cup of café con leche in plaza Mayor.*

Una vez dicho todo lo posible de los nombres, hemos llegado al final de este interesante capítulo y supongo que con ganas de adentrarte en el próximo. Te anuncio que va a estar bastante relacionado con este, pues tratará del género y el número de los adjetivos. Ahora te toca aprender a calificar y a expresar las cualidades de las cosas, porque con el dominio de los adjetivos conseguirás alcanzar el arte de la redacción en catalán. Te invito a echarle un vistazo.

A ver si de memoria, una vez leído el capítulo enterito, eres capaz de cambiar el género y el número de los siguientes nombres:

Cambia el género	**Cambia el número**
ase →	desig → ....
bruixot →	reflex → ....
hereu →	llapis → ....
actor →	gos → ....

NO TE CONFUNDAS DE GÉNERO	
Incorrecto → *Correcto*	
la desavantatge → *el desavantatge*	la rancor → *el rancor*
la dot → *el dot*	un amargor → *una amargor*
la dubte → *el dubte*	un àncora → *una àncora*
una edelweiss → *un edelweiss*	un au → *una au*
una escafandre → *un escafandre*	el claror → *la claror*
una fulla de paper → *un full de paper*	el gènesi → *la gènesi*
la llegum → *el llegum*	el grip → *la grip*
la llexiu → *el llexiu*	un olor → *una olor*
les narius → *els narius*	els postres → *les postres*
	el remor → *la remor*
	el síncope → *la síncope*

Capítulo 8

Lo que tienes que saber sobre el adjetivo

En este capítulo

- El género y el número del adjetivo
- Adjetivos variables e invariables
- La posición correcta del adjetivo
- La concordancia del adjetivo con el nombre

Un adjetivo calificativo es una palabra variable, por lo general, en género y número, capaz de modificar al nombre, con el cual concuerda y del que indica alguna cualidad. Si decimos *una carpeta negra*, el adjetivo *negra* concuerda en género y número con el nombre *carpeta*: es singular y femenino terminado en *-a*. Mediante este sencillo ejemplo también puedes percibir que el adjetivo te indica una cualidad del nombre. Al igual que el nombre, la mayoría de los adjetivos son variables, ya que cambian de forma para denotar género y número.

En este capítulo vas a aprender la flexión de los adjetivos. Teniendo en cuenta que pueden presentar dos géneros (masculino y femenino) y dos números (singular y plural), un adjetivo puede producir cuatro formas. Es decir, si se trata de **adjetivos variables**:

- ✔ masculino singular, *fort*
- ✔ femenino singular, *forta*
- ✔ masculino plural, *forts*
- ✔ femenino plural, *fortes*

En general, todos los adjetivos presentan esas cuatro formas, por lo que no existen adjetivos defectivos, es decir, faltos de alguna de las formas de flexión. Pero lo que sí es más frecuente —y fastidioso, no me lo callaré— es que muchos adjetivos no tienen formas que permitan distinguirlos en dichas cuatro posibilidades. Me explico: tú puedes decir *un noi feliç* o *una noia feliç*; pero no *una noia *feliça*, porque la forma **feliça* no existe en catalán. En este caso estamos hablando de **adjetivos invariables**, como verás en las siguientes páginas.

A lo largo del capítulo te darás cuenta de que muchos de esos adjetivos podrían funcionar como nombres *(un jueu)* además de adjetivos *(un home jueu)*, pero en este capítulo tienes que tomarlos todos por su categoría de adjetivos.

Al rico género... ¡del adjetivo!

El género del adjetivo tiene dos valores: femenino y masculino. Generalmente la forma del masculino no lleva una marca o morfema concreto que lo distinga. Por ejemplo, cuando escribes *net* no hay marca de masculino porque no hay vocal terminal (Ø). En cambio, el femenino añade un *-a*: *neta*. Eso es así porque se considera que el masculino es la forma corriente en los elementos neutros *(Això és massa curt*; pero no: **Això és massa curta)* y la de los elementos de género diferente coordinados *(La llibreta i el llibre grocs*; pero no: **La llibreta i el llibre grogues)*.

El adjetivo tiene que concordar con el nombre al que acompaña: *el noi prim, la noia prima*. En este caso la diferencia está en la terminación *-a*, que marca el género femenino. En cambio, la forma del masculino está constituida solo por la raíz *prim*. En el plural — marcadas con la debida *-s*— las cosas son diferentes, ya que en el femenino aparece la vocal *-e*: *prims, primes*. De modo que, por lo que a la ortografía se refiere, existen dos marcas de género femenino: *-a* en el singular y *-e* en el plural; sin embargo, en las formas del masculino no hay vocal que las marque (Ø).

La mayoría de los adjetivos, por tanto, siguen el modelo de flexión más productivo y más normal del mundo, consistente en añadir una *-a* a la raíz para formar el femenino, como puedes ver en la tabla 8-1.

Tabla 8-1. Adjetivos femeninos en *-a*

Masculino (∅)	*Femenino (+a)*
dolç	dolça
fals	falsa
fort	forta
fosc	fosca
mal	mala
net	neta
ric	rica
sec	seca
segon	segona
vell	vella

Al aplicarles la flexión de género, algunos adjetivos experimentan cambios que afectan a la pronunciación de la raíz y que pueden dar lugar a cambios ortográficos (el mismo fenómeno se da en el nombre y puedes verlo en el capítulo 7). Observa la tabla 8-2.

Tabla 8-2. Cambios fonéticos y ortográficos de los adjetivos derivados de la flexión de género

Masculino	*Femenino*	*Alternancia*
anàleg	anàloga	-leg -log
blau	blava	u-v
bo	bona	∅ - n
boig	boja	ig-j
cec	cega	c-g
digne	digna	e-a
fat	fada	t-d
gris	grisa	*s* sorda - *s* sonora
lleig	lletja	ig-tj
oblic	obliqua	c-qu
sant	santa	∅ -t

Fíjate en el caso *fat/fada*. La raíz de este adjetivo es *fat* y para formar el femenino, al añadir la *-a*, se modifica la *t*, que se sonoriza en una *d*, ya que no existe en catalán la palabra **fata*. En el resto de los ejemplos de la tabla 8-2 ocurre un fenómeno similar. Por cierto, quiero recalcar que *fat/fada* es un adjetivo y no un nombre, por lo que nada tiene que ver con el mundo mágico de las hadas, si es lo que estabas pensando. Su significado es *ínsipido*. Con tres ejemplos lo verás clarísimo:

- *Trobo que la sopa és fada.*
- *Era una persona tan fada que avorria.*
- *M'han presentat un escrit tan fat que n'he abandonat la lectura a la segona pàgina.*

El caso de *sant/santa* lo he puesto en la tabla 8-2 por el simple motivo de que la *-t* de *sant* no suena, es muda [sàn]; pero en femenino, pasa a pronunciarse [santa]. Existen otros casos similares que solo afectan a la pronunciación, como *clar/clara*, en el que la *-r* es muda [clà], o bien *alt/alta*, en el que la *-t* tampoco suena [àl]. Un caso parecido sería el de *gris/grisa*, porqué la *-s* de gris, en posición final es sorda, pero se convierte en un sonido sonoro en el femenino *grisa* (suena como la *s* de *Rosie* en inglés).

Hay, al menos, dos grupos de adjetivos (con pocos elementos por suerte) que se caracterizan por tener una vocal débil en el masculino que no forma parte de la raíz. Eso provoca que las formas del masculino y del femenino sean diferentes fonética y ortográficamente.

El **primer grupo** es el compuesto por:

- Oposición **o-a**, como *borratxo*, *borratxa*; *fondo*, *fonda*; *moro*, *mora*; *guerxo*, *guerxa*...
- Oposición **e-a**, como *còmode*, *còmoda*; *culte*, *culta*; *vague*, *vaga*...
- Oposición **u-a**, como *ateu*, *atea*; *europeu*, *europea*; *hebreu*, *hebrea*; *reu*, *rea*...

El **segundo grupo** está formado por adjetivos que también pueden tener una vocal débil final, pero cuyas formas de masculino y de femenino son idénticas. Puede dividirse en subgrupos, representados por los siguientes ejemplos:

- *belga*, *federalista*, *herbicida*, *hipòcrita*, *insecticida*, *pacifista*, *pirata*, *persa*...
- *enorme*, *deforme*, *infame*, *inmune*...
- *cursi*, *ianqui*, *hindú*...
- *afí*, *amargant*, *constant*, *difícil*, *fidel*, *lleu*, *millor*, *regular*, *veloç*...

Todos estos adjetivos tienen la misma forma en masculino y en femenino. Por tanto, debes decir: *un criat fidel* y *la comtessa fidel*; *una ferida lleu* y *un ferit lleu*; *un vaixell pirata* y *una ràdio pirata*, con toda naturalidad para ambos géneros, ya que la forma no cambia. Y también frases como *La meva idea és molt **afí** a la teva* y *L'espai **afí** s'estudia en el context de la geometria analítica.*

Adjetivos invariables respecto al género

Como acabas de ver en el segundo grupo, hay adjetivos cuyas formas de masculino y de femenino no puedes diferenciar. Se trata de los adjetivos invariables, como los de estos ejemplos: *un home jove* y *una dona jove*, *la cultura persa* y *l'imperi persa*; en el primero tanto el masculino como el femenino acaban en *-e*, mientras que en el segundo ambos terminen en *-a*. Pero para que puedas aprender unos cuantos más, en la tabla 8-3 te presento un conjunto de adjetivos invariables agrupados por sus sufijos o terminaciones, lo que te ayudará a memorizarlos:

Tabla 8-3. Adjetivos invariables: masculino y femenino idénticos

Sufijo	*Adjetivo*	*Ejemplo*
-ar	vulgar	*Un home vulgar, una dita vulgar*
	escolar	*El consell escolar, una trobada escolar*
-al	final	*L'escena final, el judici final*
	natural	*Un port natural, una persona natural*
-aire	xerraire	*Aquest polític és poc xerraire, una nena molt xerraire*
	cantaire	*L'agrupació cantaire, un periquito molt cantaire*
-ble	amable	*Una persona amable, un xicot amable*
	probable	*Una opinió probable, un fet probable*
-ícola	terrícola	*Un ocell terrícola, la fauna terrícola*
	cavernícola	*Un animal cavernícola, la vida cavernícola*
-ista	artista	*El talent artista del pintor, l'aptitud artista del dibuixant*
	anarquista	*La premsa anarquista, un català anarquista*
-cida	homicida	*Un conductor homicida, aquesta és l'arma homicida*

También hay que tener en cuenta un grupo de adjetivos que se caracterizan por no presentar ninguna marca de género después de la raíz

(∅) ni tampoco ninguna terminación. Puedes ver los ejemplos en la tabla 8-4.

Tabla 8-4. Adjetivos invariables: masculino y femenino idénticos

Género	*Adjetivo*	*Ejemplo*
Masculino (∅)	difícil	*Un càrrec difícil, una lliçó difícil*
Femenino (∅)	superior	*El llavi superior, la part superior*
	major	*El carrer major, la festa major*
	millor	*Aquest vi és millor, la millor cambra de l'hotel*
	constant	*Un dolor constant, una quantitat constant*
	pedant	*Un estil pedant, una jove pedant*
	evident	*Un cas evident, una veritat evident*
	breu	*Un discurs breu, una síl·laba breu*
	màrtir	*Sant Pere, màrtir, Santa Justa, verge i màrtir*
	gran	*El carrer gran, una sala gran*
	humil	*Un obrer humil, una família humil*

Por último, también son invariables los adjetivos que acaban en ***-aç***, ***-oç*** y ***-iç***, aunque hay que tener en cuenta que en el plural sí presentan formas diferenciadas de masculino y femenino. Son los que tienes en la tabla 8-5.

Tabla 8-5. Adjetivos invariables (con dos formas para el plural)

Terminación	*Masculino singular*	*Femenino singular*	*Masculino plural*	*Femenino plural*
-aç	audaç	audaç	audaços	audaces
	capaç	capaç	capaços	capaces
-iç	feliç	feliç	feliços	felices
-oç	atroç	atroç	atroços	atroces
	veloç	veloç	veloços	veloces

Para concluir con el género del adjetivo, te presento en la tabla 8-6 un resumen general de la oposición que muestran las formas de los adjetivos según las marcas de género, con ejemplos para que no se te olviden los cambios ortográficos y fonéticos:

Tabla 8-6. Resumen de la oposición masculino-femenino en los adjetivos

	Masculino-femenino	*Ejemplos*
Modelo regular	*∅-a*	alt, alta ample, ampla* anàleg, anàloga blau, blava boig, boja cec, cega dolç, dolça mig, mitja oblic, obliqua prim, prima ros, rossa
Otros casos posibles	*o-a*	fondo, fonda
	e-a	còmode, còmoda
	u-a	europeu, europea
	a-a	sibarita, sibarita
	e-e	enorme, enorme
	∅-∅	difícil, difícil

Aunque te parezca extraño que en esta última tabla te haya puesto el caso de *ample/ ampla* en el modelo regular, hay que tener en cuenta de que estamos tratando con un adjetivo especial, que en el masculino lleva una *-e* inserida para facilitar la pronunciación, pero lo más sorprendente es que... ¡no es una marca de género masculino!

Adjetivos singulares y plurales

Ya sabes que puedes distinguir un solo elemento de un conjunto de varios mediante la oposición singular-plural, tanto en los nombres como en los adjetivos. En singular no hay una marca específica, pero sí existe, en cambio, en las formas del plural: la famosa *-s* final: *un llibre petit*, *un**s** llibre**s** petit**s***. Tan obvio como sencillo. Como ocurría con el género, vemos que el masculino singular del adjetivo es el caso que no tiene marca, mientras que el plural está marcado con *-s*.

Un curioso fenómeno fonético que se produce en la formación del plural, según el contexto, es que la *-s* final, que tiene una pronunciación sorda, pasa a pronunciarse sonora si va seguida de una palabra que comienza por vocal:

- ✔ En *bon**s** companys* la *-s* final de *bons* se pronuncia sorda (como en castellano) porque va seguida de consonante sorda (la *c* de *companys*).
- ✔ En *bon**s** amics,* la *-s* se sonoriza al encontrarse delante de una vocal (se pronuncia como *zero* en inglés o como *rosée* en francés).

Esto no afecta a la formación del plural ni a su marca, pero sí a la pronunciación. Es importante recordarlo porque si no sonorizas correctamente la *-s* final no pronunciarás bien el catalán, ya que no marcarás la distinción entre ese sorda y ese sonora; como ya te expliqué en el capítulo 4, eso es un defecto propio del habla *xava*.

Al aplicar la flexión de número se producen fenómenos fonológicos que afectan a la pronunciación, y que pueden agruparse en los siguientes casos:

- ✔ **Aparece una *-n-*** y hay alternancia ∅/**-n**, como en *ple*, *plens*; *sa*, *sans*; *bo*, *bons*; *pla*, *plans*...
- ✔ Hay **sonorización** y alternancia entre ese sonora y sorda, como en *gris*, *grisos*; *llis*, *llisos*...
- ✔ Hay **sonorización,** cambios ortográficos y alternancia entre el sonido [ch] y el sonido [j], como en *roig*, *rojos*; *boig*, *bojos*...
- ✔ Algunas palabras forman el **plural en *-os*** o tienen doble terminación en ***-os*/*-s***: *gros*, *grossos*; *fix*, *fixos*; *fosc*, *foscos/foscs*; *tenaç*, *tenaços*...

Adjetivos invariables respecto al número

En catalán hay muy pocos adjetivos que sean igual en singular y en plural, lo cual es una buena noticia para ti. Se trata de adjetivos tan raros como poco frecuentes, del tipo *(triangle) isòsceles*, *(triangles) isòsceles*; o bien se trata de designaciones populares formadas por dos elementos, como *un noi llepafils*, *uns nois llepafils*, etc. (Por si no lo sabías *un noi llepafils* es un chico excesivamente medido y escrupuloso en la comida.)

En fin, lo que te interesa es una nueva tabla para auxiliar tu memoria, donde tengas resumida la oposición singular-plural en los adjetivos, con ejemplos para que notes tanto los cambios ortográficos como los fonéticos. Esa es la tabla 8-7:

Tabla 8-7. Resumen de la oposición singular-plural en los adjetivos

	Singular-plural	*Ejemplos*
Modelo regular	Ø-s	prim-prims; prima-primes
		cec-cecs; cega-cegues
		bo-bons; bona-bones
		clar-clars; clara-clares
		alt-alts; alta-altes
		blau-blaus; blava-blaves
		anàleg-anàlegs; anàloga-anàlogues
		oblic-oblics; obliqua-obliqües
		fondo-fondos; fonda-fondes
		còmode-còmodes; còmoda-còmodes
		europeu-europeus; europea-europees
		sibarita-sibarites
		enorme-enormes
		difícil-difícils
		ample-amples; ampla-amples
		gris-grisos; grisa-grises
		mig-mitjos/migs; mitja-mitges
		boig-bojos/boigs; boja-boges
		fosc-foscos/foscs; fosca-fosques
		audaç-audaços; audaç-audaces
Otros casos	s-s	isòsceles-isòsceles
		llepafils-llepafils

Variables o invariables, ahí está la diferencia

Para decirlo de manera simplificada, se puede decir que la mayoría de los adjetivos tienen una forma para el masculino y otra para el femenino, además de sendas formas del plural para cada género; es el caso de *prim*, *prima*, *prims* y *primes*. Por lo tanto, los adjetivos variables presentan cuatro formas. El femenino singular añade un *-a* al masculino; el masculino plural añade un *-s* a la terminación y el femenino plural acaba en *-es*. Esto es lo más sencillo del mundo. Lo que ocurre es que según con qué adjetivos trates te vas a encontrar con modificaciones ortográficas y de pronunciación.

Fíjate en los casos de la tabla 8-8, que he pensado para que veas entera la secuencia *masculino singular/femenino singular* y *masculino plural/femenino plural.*

Tabla 8-8. Adjetivos variables (4 formas diferentes) y con cambios ortográficos

Terminación masculino	*Masculino singular*	*Femenino singular*	*Masculino plural*	*Femenino plural*
-o	flonjo	flonja	flonjos	flonges
-au	blau	blava	blaus	blaves
-eu	jueu	jueva	jueus	jueves
-iu	nadiu	nadiua	nadius	nadiues
-ou	tou	tova	tous	toves
vocal + *c*	amic	amiga	amics	amigues
vocal + *t*	estret	estreta	estrets	estretes
vocal + *s*	gras	grassa	grassos	grasses
-tor	motor*	motora	motors	motores
-dor	adorador	adoradora	adoradors	adoradores
-leg	espeleòleg	espeleòloga	espeleòlegs	espeleòlogues
Otros	ambigu	ambigua	ambigus	ambigües
	baix	baixa	baixos	baixes
	comú	comuna	comuns	comunes
	savi	sàvia	savis	sàvies
	ventríloc	ventríloqua	ventrílocs	ventríloqües

En el caso de *motor* como adjetivo, me refiero a ejemplos como *impuls motor, força motora.*

Para saber si un adjetivo es variable o invariable tienes que fijarte en la terminación. En la tabla 8-9 te presento algunas terminaciones comunes que pueden dar origen a adjetivos variables (con flexión de género y de número) o invariables (sin flexión en alguna de sus formas).

Tabla 8-9. Terminaciones con flexión y sin ella

Terminación	*Masculino singular*	*Femenino singular*	*Masculino plural*	*Femenino plural*
-*e* con flexión	ample	ampla	amples	amples
	còmode	còmoda	còmodes	còmodes
	exacte	exacta	exactes	exactes
	negre	negra	negres	negres
	pobre	pobra	pobres	pobres
-*e* sin flexión	alegre	alegre	alegres	alegres
	amable	amable	amables	amables
	jove	jove	joves	joves
-*ant*, -*ent* con flexión	sant	santa	sants	santes
	content	contenta	contents	contentes
-*ant*, -*ent* sin flexión	elegant	elegant	elegants	elegants
	obedient	obedient	obedients	obedients
-*al*, -*el*- *il* con flexión	anòmal	anòmala	anòmals	anòmales
	paral·lel	paral·lela	paral·lels	paral·leles
	tranquil	tranquil·la	tranquils	tranquil·les
-*al*, -*el*- *il* sin flexión	especial	especial	especials	especials
	rebel	rebel	rebels	rebels
	humil	humil	humils	humils
-*ar*, -*or* con flexión	avar	avara	avars	avares
-*ar*, -*or* sin flexión	regular	regular	regulars	regulars
	millor	millor	millors	millors

Hay adjetivos terminados en *-ant* o *-ent* que suelen usarse con un género incorrecto. No puedes decir **amarganta* ni **lluenta* ni **pudenta* sino que debes usar los adjetivos correspondientes con la misma forma para el masculino y para el femenino: *una beguda amargant, una joia lluent, la font pudent*. Por otro lado, también hay adjetivos masculinos que son incorrectos si no acaban en *-e*, como es el caso de **cult* o **unànim*, pues ambos se escriben con *-e* final: *culte, unànime*.

Para ir terminando me falta todavía contarte un caso idéntico al que ya viste en el capítulo 7 referido al nombre. Se trata del grupo de terminaciones que pueden producir dos formas posibles para el plural, una más popular y corriente y otra más culta. Así que las normas se repiten: los adjetivos que acaban en *-sc*, *-st*, *-xt* e *-ig* tienen doble forma para el plural, que puede ser en *-s* o en *-os*. Fíjate en la tabla 8-10.

Tabla 8-10. Los adjetivos en *-sc*, *-st*, *-xt* e *-ig* forman el masculino plural en *-s* o en *-os*

Terminación	*Masculino singular*	*Femenino singular*	*Masculino plural (-s / -os)*	*Femenino plural*
-sc	fosc	fosca	foscs o foscos	fosques
-st	trist	trista	trists o tristos	tristes
-xt	mixt	mixta	mitxs o mixtos	mixtes
-ig	lleig	lletja	lleigs o lletjos	lletges

Adjetivos muy animales para reírse un buen rato

Muchas veces, con el fin de reforzar el significado de los adjetivos, e incluso de los verbos, utilizamos a nuestros amigos los animales. Por ejemplo, si queremos indicar que alguien es muy pobre decimos: *Aquest home és més pobre que una rata*. Si por el contrario queremos demostrar que es un avaro lo comparamos también con el mismo animal: *Aquell tio és un rata* (tal cual, masculinizando: *un rata*). Eso no es un invento catalán, y, de hecho, el símil que acabo de señalar también se usa en castellano para expresar lo mismo. Pero me gustaría proporcionarte una pequeña lista de animales adjetivados cuyo uso en catalán no tiene equivalente en castellano.

(continúa)

(continuación)

Animal	Ejemplo	Significado
ànec	*Va xop com un ànec.*	Ir mojado completamente (por la lluvia, etc.)
cavall	*Aquesta noia és un cavallot*	Se refiere especialmente a una chica joven muy alborotada.
corcó (carcoma)	*¡Quin corcó, aquest xicot!*	Persona insistente, porfiosa.
conill	*Es banyava en conill.*	Completamente desnudo.
gaig (arrendajo)	*Està més sec que un gaig.*	Estar muy delgado.
marrà	*És tossut com una banya de marrà.*	Ser muy obstinado, testarudo.
mussol	*Està sol, com un mussol.*	Estar en completa soledad.
papallona	*El meu germà no deixa de fer el papallona.*	Ir de un lado para otro; inclinarse por una cosa y luego por otra.
burro	*Treballa com un burro.*	Trabajar mucho.
teixó	*Ens engreixarem com teixons.*	Estar muy gordo.

Cómo colocar bien los adjetivos

Ahora que ya has visto las diversas opciones de formación del género y del número del adjetivo y los intríngulis de su escritura, te toca saber cuándo utilizarlos y en qué posición concreta del sintagma nominal o de la oración. Lo primero que tienes que saber es que la posición más habitual del adjetivo es detrás de un nombre. Observa, en los ejemplos siguientes, cómo los adjetivos se escriben después de los nombres correspondientes, según la fórmula:

ARTÍCULO + NOMBRE + ADJETIVO

- ✔ *Una habitació luxosa*
- ✔ *Una pel·lícula interessant*
- ✔ *Un dia plujós*
- ✔ *El cel serè*
- ✔ *La consciència tranquil·la*

De todos modos, no es ninguna barbaridad colocar el adjetivo antes del nombre cuando quieres expresar un matiz más subjetivo o bien deseas darle un poco más de énfasis al nombre: *un misteriós personatge*, *un magnífic dia*, por ejemplo; pero, ese recurso de cambiar el orden se usa, sobre todo, en las composiciones poéticas. Observa este conocido poema de Salvador Espriu *("Assaig de càntic en el temple")*, en el que llega a colocar... ¡hasta cuatro adjetivos! antes del nombre *pàtria*:

(...)

i estimo a més amb un

desesperat dolor

aquesta meva ***pobra****,*

bruta*,* ***trista****,* ***dissortada*** *pàtria.*

Casi siempre son casos de poesía o de narraciones literarias, ya que en esta clase de textos, de tipo culto y tono más elevado, son corrientes las calificaciones subjetivas y personales. Sin embargo, en los textos que tú escribirás normalmente —a no ser que estés escribiendo una novela o un cantar de gesta, al más puro estilo trovadoresco—, es preferible que pongas el adjetivo después del nombre, tal como te he indicado en los ejemplos iniciales, si no es que quieras darles, por otro lado, una función personalizada.

Por lo general, el adjetivo *present* se coloca delante del nombre, porque tiene una función demostrativa. Es decir, es como si fuera un sinónimo del demostrativo *aquest*:

- ✔ *el present document (aquest document)*
- ✔ *les presents cicumstàncies (aquestes circumstàncies)*

Existen, en cambio, algunos adjetivos cuyo significado es diferente si van antes del nombre o detrás de él. Observa bien la diferencia en los ejemplos siguientes:

- ✔ *un pobre home* (un hombre desgraciado)
- ✔ *un home pobre* (un hombre que no tiene dinero)
- ✔ *un gran artista* (un artista notable por la calidad de su trabajo)
- ✔ *un artista gran* (un artista que tiene muchos años)
- ✔ *una simple pregunta* (solo una pregunta)
- ✔ *una pregunta simple* (una pregunta sencilla)

Concordancia entre el nombre y el adjetivo

Otro de los aspectos fundamentales que debes tener en cuenta es la concordancia entre el nombre y el adjetivo cuando este va después del nombre. Si un adjetivo afecta a dos o más nombres del mismo género, el adjetivo va en plural y con el mismo género que los nombres; pero si el adjetivo afecta a dos o más nombres de género distinto, entonces el adjetivo se escribe en masculino y en plural, como corresponde. Los ejemplos siguientes son correctos:

- ✔ *Una camisa i una jaqueta **noves.***
- ✔ *Un ordinador i un iPad **nous.***
- ✔ *Un cotxe i una bicicleta **nous.***
- ✔ *Homes i dones **despullats.***

Por consiguiente, son incorrectos estos sintagmas:

- ✔ **Un cotxe i una bicicleta **noves**.*
- ✔ **Homes i dones **despullades**.*

El mecanismo de concordancia cambia si el adjetivo va delante de dos o más nombres de género diferente, puesto que entonces concuerda en género y número solo con el primero:

- ✔ *Que passis un bon estiu i tardor.*
- ✔ *Ha escrit una excel·lent novel·la i assaig.*

Y no debes escribir jamás: **Que passis uns bons estiu i tardor* o **Ha escrit uns excel·lents novel·la i assaig*, porque son expresiones tan raras como incorrectísimas. Sí puedes, no obstante, si no te gusta como queda, o acaso te suena mal, recurrir al viejo truco de repetir el adjetivo: *Que passis un bon estiu i una bona tardor*; *Ha escrit una excel·lent novel·la i un excel·lent assaig*. Esta repetición es de lo más normal y estándar. Pero ¿qué ocurre cuando coinciden diversos adjetivos con un nombre? Pues nada malo: si un nombre está calificado por más de un adjetivo no hace falta repetirlo y, además, puede ir en singular o en plural:

- ✔ *Les tendències radical, moderada i conservadora.*
- ✔ *La tendència radical, moderada i conservadora.*

Los adjetivos *tot* y *mig* son variables con nombres de la lengua común:

- *M'he llegit tota la revista.*
- *M'he menjat mitja poma.*
- *He corregit totes les pàgines.*

En estos ejemplos acabas de ver como *tota* concuerda en género con *revista* y *mitja* con *poma*; luego, *totes* concuerda en género y número con *pàgines*.

En cambio, son invariables ante un nombre de ciudad, de país, nación, etc., no precedido de artículo (aunque si va precedido de artículo, sí es variable), y en ciertas oraciones se utiliza como neutro:

- *Tot Viena està en obres.*
- *Mig França ha quedat a les fosques.*
- *Tota la Conca de Barberà està pendent de l'incendi* (variable, porque va precedido de artículo).
- *La notícia s'ha escampat per tot Estats Units.*
- *Soc tot orelles* (neutro).

Y esto es todo lo referente a los adjetivos que quería contarte. Así que una vez desmenuzada a conciencia la morfología de los nombres y de los adjetivos, estás ya en condiciones de aprender y analizar las palabras más cortas del lenguaje, pero no por ello menos importantes, pues todo, absolutamente todo, en materia de lengua es fundamental para la comunicación. En el siguiente capítulo, donde empezamos nueva parte de este libro, voy a presentarte otras categorías gramaticales: los artículos, los demostrativos y los posesivos. Además, verás para qué sirven y cómo se utilizan, con el fin de escribir y hablar bien. Por favor, pasa la página y ahonda un poco más en la gramática catalana.

Los gentiles gentilicios

Los gentilicios denotan la procedencia geográfica de las personas, la ciudad, pueblo o comarca de donde provienen, o bien su nacionalidad, su patria: *andorrà, andorrana.* Dicho con las palabras del diccionario del Institut d'Estudis Catalans: sirven para referirse a todo lo relativo o perteneciente a un pueblo, a una familia o una estirpe.

Lo cierto es que existe un gran interés por parte de la gente en conocer su propio gentilicio. ¿Cómo se les llama, por ejemplo, a los que viven en Avinyó, *avinyonencs* o *avinyonins*? La respuesta correcta es *avinyonencs.* ¿Por qué? Pues porque, como siempre ocurre con el lenguaje, hay que seguir unas reglas, que enseguida te cuento.

A menudo es difícil conocer estas designaciones, porque no todas las poblaciones disponen de un gentilicio propio, sobre todo las de creación reciente o las pequeñas localidades. Incluso se dan casos en que ni los propios ciudadanos saben el gentilicio de su población y no es muy raro oír cosas como *la gent de Xerta, els veïns de Xerta* o *els de Xerta*, en lugar de *xertolins*, su gentilicio correcto. A veces, el asunto llega hasta extremos, especialmente en los pueblos, con el uso de **paragentilicios**, es decir, motes, como les ocurre a los de Mataró, llamados "capgrossos", que no tiene nada de *gentil*, y como te puedes imaginar, no les gusta para nada.

Los gentilicios, a menudo usados como nombres, en realidad son adjetivos que se forman por derivación, a partir del nombre del lugar, la comarca, el país, etc., mediante la aplicación generalmente de sufijos. Los principales gentilicios en catalán se han formado con algunos sufijos de esta lista (la mayoría de los lugares del dominio lingüístico del catalán). Te los presento por orden de importancia y productividad:

- ✔ **-a, -ana**, como *català, catalana*; *lleidetà, lleidetana*; *valencià, valenciana*...
- ✔ **-enc, -enca**, como *castellonenc, castellonenca*; *eivissenc, evissenca*; *reusenc, reusenca*...
- ✔ **-er, -era**, como *formenterer, formenterera*; *brasiler, brasilera*...
- ✔ **-ès, -esa**, como *alguerès, algueresa*; *empordanès, empordanesa*; *anglès, anglesa*; *francès, francesa*...
- ✔ **-i, -ina**, como *barceloní, barcelonina*; *menorquí, menorquina*...
- ✔ **-aire, -aire**, como *canetaire, preixinaire*... Sufijo poco productivo, propio de la región francesa de los Pirineos Orientales.
- ✔ **-en, -enya**, como *alzireny, alzirenya*... gentilicios propios de la Comunidad Valenciana.

El arte del adjetivo

El famoso escritor del Empordà Josep Pla (Palafrugell, 1887 - Llofriu, 1981) afirmaba que la labor más difícil del oficio de escribir es la adjetivación. Sostenía que hay palabras inmutables en las frases, como los artículos e, incluso, los nombres, pero que si es necesario formular un papel literario, la frase tiene que llevar adjetivos. Y también afirmaba que adjetivar es complicado y difícil, puesto que implica observación, memoria, conocimientos y paciencia. Todo eso decía Josep Pla, y me temo que no se equivocaba. Incluso llegó al extremo de declarar que la única cosa que hizo durante toda su vida fue poner adjetivos después de los nombres. Observa la descripción que hizo de una conocida ciudad italiana (estoy seguro que la adivinarás) y asómbrate con sus adjetivos (están marcados en negrita, para que te deslumbren):

*La ciutat és **petita, provincial** i **crepuscular**. Les ribes de l'Arno, generalment **desertes**, són d'una pedra **picada duríssima** i **formidable**. El riu té una modèstia **fonamental** i sembla tenir una finalitat merament **decorativa**. A l'hivern baixa **groc** i **tèrbol**; a l'estiu és tan **prim** i **clar** que deixa veure una sorra **neta** i **rosada**; de vegades flota, sobre l'aigua, un fiaschetto de Chianti que bamboleja seguint riu avall. Ara, quan el riu passa per sota el Ponte Vecchio, es torna **important**. El pont és una peça **única**. Vull dir una peça **de museu**.*

Les escales de llevant

Por tanto, si quieres realizar una buena descripción, tienes que pintarla con muchos adjetivos; ese es mi consejo. Y para ello tienes que ser un buen observador. Voy a darte algunas recomendaciones útiles para que uses los adjetivos con propiedad y precisión:

- ✔ Busca siempre el adjetivo más exacto.
- ✔ Ve con cuidado si usas dos o tres adjetivos seguidos, sobre todo si son sinónimos. No abuses, no quieras ser un Josep Pla, porque eso requiere mucho oficio.
- ✔ Elige adjetivos concretos mejor que los generales y poco concretos.
- ✔ Comprueba el significado de los adjetivos elegidos, que sean coherentes con el texto que escribes y pertinentes en él.
- ✔ No uses adjetivos muy gastados, facilones y previsibles, porque no aportan información útil. Lo del *marc incomparable* ya cansa.
- ✔ Preferentemente, coloca los adjetivos después del nombre, si no pretendes enfatizarlos.

Ya conoces la morfología de los adjetivos. Te propongo que completes las series siguientes de corrido, sin mirar los ejemplos expuestos en este capítulo. Seguro que lo consigues:

1. clar	clara	clars	clares
2. dur	......	......	......
3.	......	nuls	......
4.	......	......	roges
5. cèlebre	......	......	......

ADJETIVOS DE GÉNERO INCORRECTO	
Incorrecto → *Correcto*	
Femeninos	Masculinos
amarganta → *amargant*	cult → *culte*
lluenta → *lluent*	equànim → *equànime*
eleganta → *elegant*	ímprob → *ímprobe*
picanta → *picant*	inerm → *inerme*
pudenta → *pudent*	ifam → *infame*
feliça → *feliç*	rèprob → *rèprobe*
iguala → *igual*	unànim → *unànime*
difícila → *difícil*	

Parte IV

Divinas palabras

En esta parte...

Uno: artículos, demostrativos y posesivos. Dos: numerales cuantitativos e indefinidos. Tres: los pronombres personales. Cuatro: los pronombres relativos e interrogativos... ¡Divinas palabras! Palabras, palabrejas... y alguna palabrota (si es que la gramática te ofende). Pues sí, en esta cuarta parte, una vez desmenuzado el lenguaje, ha llegado el turno de la disección pura y dura, bisturí en mano y ataviado con bata quirúrgica. Porque en los siguientes capítulos vas a ver una auténtica radiografía del lenguaje, un examen a corazón abierto para conocer el prodigio maravilloso de un idioma, del catalán, a través de sus palabras más cortas, pero no menos necesarias, ya que, aun teniendo relativamente *poco* significado, son indispensables para construir bien tus grandes escritos y elocuentes tertulias.

Capítulo 9

El artículo, los demostrativos y los posesivos

En este capítulo

- Familiarizarse con los artículos y sus combinaciones
- Conocer los tipos de demostrativos
- Aprender a usar los posesivos
- Evitar errores frecuentes con todas estas palabras

En este capítulo te explicaré las particularidades de las flexiones de género y de número que presentan los artículos, los demostrativos y los posesivos, palabras mucho más ligeras que el nombre y el adjetivo que has visto en los capítulos 7 y 8, pero no por eso menos importantes.

El artículo, breve palabra que determina a los nombres, indica si estos introducen un elemento nuevo en el discurso o bien un elemento conocido. En relación con el artículo recuerda el uso del apóstrofo, pues es un signo estrechamente relacionado con el artículo. Ahora bien, como ya lo trato extensamente en el capítulo 6, en estas páginas lo expondré de un modo más sintético y general, para que te sirva de chuleta.

Los demostrativos y los posesivos ya son otro cuento. Otro cuento que no es chino ni el de nunca acabar, sino uno protagonizado por unas piezas imprescindibles para construir bien las oraciones. Dicen que los demostrativos acompañan a los nombres e indican su proximidad o lejanía en el tiempo y en el espacio: *aquest noi*, *aquella noia*. Esto tiene su importancia, aunque no te lo parezca. Por su parte, los posesivos acompañan al nombre y expresan la posesión o pertenencia: *el meu cotxe*, *el seu germà*.

¡Divinas palabras!

El artículo

El artículo constituye una categoría gramatical de palabras átonas, faltas de significado independiente, que acompañan a los nombres e indican si lo que estos designan es o no consabido. Al igual que otras categorías gramaticales, el artículo presenta distinción morfológica de género (masculino y femenino) y de número (singular y plural). Si tenemos en cuenta el tipo de especificación que introduce y el tipo de nombres que modifica, se pueden establecer las siguientes clases de artículo:

- ✔ **Artículo definido**. Es el que especifica una cosa determinada, como en *el barret*, *la taula*, *els ulls* o *les orelles.*
- ✔ **Artículo indefinido**. Es el que especifica una cosa indeterminada, como en *un llibre*, *una ploma*, *uns diaris* o *unes persianes*.
- ✔ **Artículo personal**. Es el que especifica un nombre propio, como *en Pere*, *l'Esteve* o *la Joana.*

El artículo definido

Así pues, el artículo definido especifica nombres que tienen una referencia unívoca, precisa, de una cosa conocida. Las formas que adopta en la mayor parte del dominio lingüístico del catalán, es decir, en Cataluña, el Rosellón y la Comunidad Valenciana son las que se recogen en la tabla 10-1.

Tabla 10-1. Formas generales del artículo definido

Comienzo de palabra siguiente	*Masculino singular*	*Femenino singular*	*Masculino plural*	*Femenino plural*
Consonante o semivocal	el (lo)	la	els (los)	les
vocal	l'	l'/la	els	les

En algunos casos, el artículo definido puede presentar formas asilábicas, que se reducen a la consonante *l*. Eso ocurre cuando la palabra siguiente empieza por vocal (o vocal precedida de *h* muda: *l'avi*, *l'hoste*...), así como en las contracciones *al/als*, *del/dels*, *pel/pels* y *cal/cals*. El artículo *lo* es un fósil lingüístico, aunque se mantiene vivo en registros informales en dialectos noroccidentales del catalán: *lo riu*, *lo cotxe*, *los pobles*...

Veamos con unos cuantos ejemplos el uso del artículo ante palabras que pueden ofrecer dudas, ya sean de pronunciación o relacionadas con el uso del apóstrofo:

MASCULINO SINGULAR

- ***el** disc*, ***el** llapis*, ***el** hobby* (pronunciado con el sonido de la *j* castellana), ***el** hawaià* (pronunciado con esa *j* a la castellana), ***el** iode* (sin apóstrofo y pronunciado con *i* semivocal)...
- ***l'**arbre*, ***l'**humanisme*, ***l'**hiat* (pero también: ***el** hiat*), ***l'**u* (el número 1)...

FEMENINO SINGULAR

- ***la** asimetria*, ***la** copa*, *la **efa***, ***la** hiena*, ***la** hawaiana*, ***la** host*, ***la** idea*, ***la** ira*, ***la** unió*...
- ***l'**aigua*, ***l'**Havana*, ***l'**hora*, ***l'**illa*, ***l'**ungla*...

MASCULINO PLURAL

- ***els** pèls*, ***els** llapis*, ***els** companys*...

FEMENINO PLURAL

- ***les** mans*, ***les** coses*, ***les** úniques*...

Ten en cuenta que, para evitar confusiones, hay que mantener la forma *la* en los tres casos siguientes:

- En palabras como *una* (hora), *ira* y *host*, y en el topónimo *la Haia*.
- En los nombres de letras: *la a*, *la ela*, *la hac*...
- En las palabras formadas por el prefijo negativo *a-*, como en *la asimetria* y *la anormalitat*.

En algunas palabras que empiezan en *i* + vocal, cuya *i* puede ser tanto vocal como semivocal, son posibles la soluciones con apóstrofo y sin él: *l'IEC - el IEC*, *l'hiat - el hiat*, *l'ió - el ió*...

En algunos dialectos del catalán las formas del artículo definido pueden tener pronunciaciones particulares e, incluso, es posible que en la lengua hablada no se hagan las contracciones que marca la norma; por ejemplo, una conocida canción del cantautor valenciano Raimon dice: *Qui sap **el** home on anirà...*, sin reducir a ***l'**home*; o bien se oye, en una parte importante de variedades dialectales del catalán, sobre todo en elocuciones rápidas: ***l'****universitat*, ***l'****història*, ***l'****independència*, en lugar de ***la*** *universitat*, ***la*** *historia* y ***la*** *independència*. Se trata de pronunciaciones admitidas en registros informales; pero, evidentemente, todos estos casos deben someterse a la normativa en los textos escritos.

El artículo neutro *lo*

Aunque actualmente el artículo neutro *lo* no es normativo en catalán, la lengua coloquial lo utiliza en expresiones como: *lo bo, lo dolent, lo únic (l'únic)...*; *que faci lo que vulgui, contesta'm a lo que et dic*... Sin embargo, debes evitar usar esas expresiones, sobre todo en la lengua escrita o en contextos hablados propios del estándar. Que no se te ocurra soltar en alguna conferencia o acto público ese artículo *lo* a porrillo. ¡Continencia y mesura!

Paralelamente, en el catalán que se habla en la ciudad de Alguer (en la isla de Cerdeña), y abundantemente en el catalán occidental, se mantienen las formas del artículo definido antiguo: el medieval *lo*, que se identifica con el masculino singular *(el)*, y su plural *los*. Es decir que nos encontraremos en el habla con casos tan corrientes como: *lo riu, lo llibre, lo cap, lo hobby, lo hawaià, lo iode, tot lo dia*; *los peus, los ulls, los amics*, etc.

Pero en la lengua escrita y en el resto de las realizaciones que no sean las mencionadas, hay que sustituirlo por el artículo *el* o bien por otras expresiones. Te doy ejemplos concretos, que son verdaderos barbarismos, junto con sus soluciones, todo ello en tres grupos:

1) Expresiones con valor generalizador

Incorrecto	***Correcto***
**lo important és...*	l'important és...
**lo millor que...*	*el millor que...*
**lo que interessa...*	*el que interessa...*
**per lo que sembla...*	*pel que sembla...*
**lo afirmat per...*	*l'afirmació de...*
**Hem de fer lo pactat...*	*Hem de complir el pacte...*
**És lo de sempre...*	*És allò de sempre, la cançó de sempre...*
**Van a lo seu...*	*Van a la seva...*
**lo qual...*	*la qual cosa...*

(continúa)

(continuación)

2) Expresiones con valor intensivo

Incorrecto	*Correcto*
**Fes-ho lo més aviat possible...*	*Fes-ho al més aviat possible...*
	Fes-ho com més aviat millor...
	Fes-ho tan aviat com puguis...

3) Otras expresiones

Incorrecto	*Correcto*
**lo de menys és que...*	*el que menys importa és que...*
**de lo contrari...*	*altrament, si no...*
**a lo millor...*	*a la millor, si molt convé...*
**en lo successiu...*	*d'ara endavant...*
**en lo referent a...*	*quant a, pel que fa a, pel que es refereix a...*
**lo demés*	*la resta...*
**lo més mínim*	*ni poc ni molt, ni gens ni mica*
**dona lo mateix*	*tant és, tant se val*
**per lo demés...*	*a part d'això...*
**per lo general...*	*en general...*
**per lo menys...*	*almenys, si més no...*
**per lo tant...*	*per tant, doncs...*
**per lo vist...*	*segons sembla, pel que es veu...*

Las contracciones del artículo definido

En el capítulo 15 hay un cuadro con las contracciones de las preposiciones y los artículos, que ahora viene como anillo al dedo. Si no es mucha molestia, este es el momento de consultarlo y de añadir algunos datos técnicos.

Mediante el contacto entre las preposiciones *a*, *de* y *per* con las formas masculinas del artículo definido se originan contracciones ortográficas del tipo *al/als*, *del/dels* y *pel/pels*. Pero en registros informales, el artículo se combina en la forma más reducida *ca* (que significa *casa*) formando las contracciones *cal/cals*. Aunque hay algunos casos que no forman contracción. Puedes ver todos los casos en la tabla 10-2.

Tabla 10-2. Las contracciones ortográficas del artículo definido

		a	***de***	***per***	***ca***
Ante palabra que empieza en consonante o semivocal	**el**	al	del	pel	cal
Ante palabra comenzada en vocal	**el**	a l'	de l'	per l'	ca l'
En todos los casos	**els**	als	dels	pels	cals

Para que no se te olvide, unos cuantos ejemplos ilustrativos siempre vienen de maravilla:

- ***al*** *vespre*; ***del*** *turó*; *Lluita* ***pel*** *seu poble*; *Haig d'anar a* ***cal*** *metge.*
- ***a l'****amat*; ***de l'****home*; ***per l'****amor de Déu*; *Vaig a* ***ca l'****amic.*
- *la lletania* ***dels*** *sants*; *Estar* ***als*** *llimbs*; *Lluiten* ***pels*** *seus drets*; *Haig d'anar* ***a cals*** *oncles.*

Lo más salado del artículo está en las Baleares

En las islas Baleares, en algunos lugares de la Costa Brava (Cadaqués, Begur y Blanes) y en la localidad valenciana de Tàrbena se conservan unas formas de artículo definido que derivan del latín IPSUM, IPSAM, IPSOS, IPSAS, que fueron habituales en Cataluña en los siglos XII-XIII junto con las formas clásicas. Es el llamado *article salat*, denominación bastante descriptiva de lo que pronto verás. En el resto de los dialectos ya sabes que se utiliza *el*, *la*, *els*, *les* y *lo*, que derivan del latín ILLUM, ILLAM, ILLOS, ILLAS. Aunque, el empleo del *article salat* no es generalizado en las zonas en las que se usa, sino solo en palabras o locuciones determinadas, en la tabla 10-3 puedes ver todas sus posibilidades.

Tabla 10-3. El artículo definido *salat*

La palabra empieza en	*Masculino singular*	*Femenino singular*	*Masculino plural*	*Femenino plural*
consonante o semivocal	es (so)	sa	es (sos)	ses
vocal	s'	s'	es (sos)	ses

Ahora viene lo bueno: los ejemplos para comprender esas realizaciones, que en este caso son muy *salados*:

MASCULINO SINGULAR

- ***es** llibre, **es** cap, **es** paper, **es** matí, **es** hawaià.*

- ***s'**amic, **s'**oli.*

FEMENINO SINGULAR

- ***sa** beguda, **sa** llengua, **sa** dona, **sa** hawaina.*
- ***s'**aigua, **s'**ungla, **s'**illa.*

MASCULINO PLURAL

- ***es** llibres, **es** peus (**sos** peus), **es** ulls (**sos** ulls), **es** amics.*

FEMENINO PLURAL

- ***ses** mans, **ses** orelles.*

Las contracciones ortográficas del *article salat*, en las formas masculinas del artículo definido, con las preposiciones *a*, *de* y *per*, son *as*, *des* y *pes*. Y cuando se combina con *ca* (de casa) forman la contracción *cas*. Unos pocos ejemplos rápidos:

- *He anat **as** Mercadal; **des** poble; Lluita **pes** seu poble; Anem a **cas** teu cosí.*
- ***a s'**amic; **de s'**homo; **per s'**afany; Anem a **ca s'**amic.*
- ***des** teus **as** meus; Lluiten **pes** seus drets; Anem a **cas** oncles.*

De todos modos, el uso del *article salat* no es homogéneo y en los lugares donde se conserva no se usa en todos los casos de manera general. De hecho existen bastantes realizaciones que se forman con el artículo general:

- ✔ Las horas, como *la una* y *les set.*
- ✔ Locuciones adverbiales temporales, como *a l'acte* y *a les bones.*
- ✔ Locuciones verbales, como *posar fil a l'agulla* y *prendre la fresca.*
- ✔ En comparaciones, como *blanc com la neu.*
- ✔ Cosas grandes y seres únicos, como *el món*, *el mar*, *el cel*, *la terra*, *la vida*, *la mort* y *la gent.*
- ✔ Conceptos de origen religioso, como *l'infern*, *el dimoni* y *la passió.*

O sea, que un mallorquín no dice jamás, por ejemplo: *a s'acte*, sino *a l'acte*, ni tampoco dice *ses set*, sino *les set*; ocurre igual en el resto de los ejemplos expuestos.

En resumidas cuentas, el artículo baleárico o *salat* para ti solo es una curiosidad más que te va bien saber, especialmente si vas a las Baleares, para que no te sorprendas; pero en ningún caso tienes que tomarlo como una nueva norma que tienes que aprender.

Dónde y cuándo no utilizarás el artículo

Un vez explicado el artículo definido, sus formas y sus posibilidades de uso, conviene ahora exponer los casos en los que no es necesario. Eso ocurre cuando el paradigma del nombre ya posee entidad suficiente. Por tanto, no llevan artículo:

- ✔ Los **días de la semana** usados como adverbios (es decir, antes del día de referencia o después de él); por ejemplo, *Dilluns aniré a cal metge perquè diumenge vaig caminar molt i em fan mal les cames.*
- ✔ El **infinitivo** cuando no funciona como un nombre: observa estos ejemplos: *Veure'ls créixer em fa feliç*; *Prohibit de baixar a les vies.* (Hay gente que se aventura a usar de modo incorrecto el artículo: **El veure'ls créixer em fa feliç*; **Prohibit el baixar a les vies*).

El artículo en los nombres de persona

El artículo de los nombres de persona (llamados también *antropónimos*) se conoce asimismo como *artículo personal*, porque se utiliza en nombres de pila y apellidos; pero también en linajes o apodos. Cuando presenta las formas ***en*** (nombres masculinos que empiezan por consonante) y ***na*** (nombres femeninos que empiezan por consonante) y ***n'*** (en nombres masculinos y femeninos que empiezan por vocal): *en Moll, en Jaume, n'Hug, n'Amadeu, n'Aina, n'Emília, na Francina*, es propio del catalán antiguo, aunque todavía se utiliza habitualmente en algunas zonas, excepto la forma femenina, que actualmente solo se conserva en las Islas Baleares.

En la zona correspondiente al catalán central (Girona) se conserva esa forma del artículo determinado masculino solo en nombres que empiezan por consonante: *en Josep, en Puig*; pero en el resto de los casos se utilizan las formas del artículo definido general: *l'Antoni, la Teresa, l'Eulàlia*. En otras zonas en las que se habla el catalán central alternan las formas con *en* y con *el*: *en Pere, el Pere*, aunque el predominio del artículo general *el* va ganando terreno. Por lo que respecta el resto de Cataluña, esa forma general es la única que se emplea: *el Toni* (o *lo Toni*, en variedades occidentales), *el Pons, l'Artur, la Maria*.

En las comarcas catalanas de la Ribagorza, Baix Ebre y Montsià y en la Comunidad Valenciana no se utiliza ningún artículo ante los nombres de pila y los apellidos: *Vicent, Empar*, aunque sí se pone ante los apodos: *el Coent, la Maca*.

En algunos nombres de casas referidos a personas, las formas del artículo masculino *el/en* se usan después de la forma reducida *ca* (de casa): *can Boixeras, can Marquès, cal Pons, ca n'Amat, ca l'Ermengol*.

Por otra parte, hay que tener en cuenta que el artículo personal es propio del registro coloquial. Por tanto, su uso con nombres de personajes históricos o famosos no es nada recomendable, si no existe la intención de hacer parecer populares ese tipo de nombres:

Les òperes de Verdi (pero no: *Les òperes d'en Verdi*).

La renúncia al papat de Benet XVI (pero no: *La renúncia al papat d'en Benet XVI*).

El artículo indefinido

El artículo indefinido acompaña a los nombres que tienen una referencia indeterminada, ya que designa de una manera vaga o general. Presenta la raíz *un* y las marcas flexivas correspondientes de género y número: masculino y femenino, singular y plural, como puedes ver en la tabla 10-4.

Tabla 10-4. Formas del artículo indefinido

Masculino singular	*Femenino singular*	*Masculino plural*	*Femenino plural*
un	una	uns	unes

Usa los artículos indefinidos cuando quieras expresar algo indeterminado:

- ✔ *un got, una tempesta, uns homes, unes senyores...* .

Observa *el got* en comparación con *un got*; en el segundo caso no puedes saber a qué vaso te refieres, es *un* vaso cualquiera; en cambio, en el primer caso queda perfectamente determinado: *el got (aquell got, el got del whisky...).*

Los demostrativos

Los demostrativos acompañan al nombre, expresando relaciones de proximidad o lejanía que toman como referencia el espacio donde se sitúan los interlocutores en el acto comunicativo. Estos dos grados nos dicen:

- ✔ Proximidad a la persona que habla y/o a la que escucha.
- ✔ Lejanía de la persona que habla y de la que escucha.

Los demostrativos se clasifican en:

- ✔ Determinantes demostrativos, como *aquest, aquell...*
- ✔ Pronombres demostrativos neutros, como *això* y *allò.*
- ✔ Adverbios demostrativos: *aquí, allí* y *allà.*

Los determinantes demostrativos determinan el nombre, que puede estar explícito o omitido: ***Aquesta*** *camisa és molt fresca, però* ***aquella*** *(camisa) abriga molt.* En cambio, los pronombres neutros designan algo más genérico o abstracto: ¿Què és ***això****?*

En la tabla 10-5 puedes observar el modelo básico de los demostrativos catalanes, según la oposición de género y número.

Tabla 10-5. El sistema básico de demostrativos catalanes

	Masculino singular	**Femenino singular**	**Masculino plural**	**Femenino plural**	**Neutro**	**Adverbio de lugar**
Proximidad	aquest	aquesta	aquests	aquestes	això	aquí
Lejanía	aquell	aquella	aquells	aquelles	allò	allí, allà

Como siempre, lo más sencillo es ver para comprender. Para eso se han inventado los ejemplos:

- ***Aquest*** *noi,* ***aquesta*** *noia;* ***aquests*** *préssecs i* ***aquestes*** *prunes; Agafa* ***aquest*** *llibre d'****aquí****; No oblidis* ***això****;* ***aquests*** *paquets i* ***aquestes*** *maletes.*
- *Porta'm* ***aquell*** *cistell; Digues a* ***aquelles*** *dones que agafin* ***allò*** *d'****allà****;* ***aquells*** *homes.*

He aquí un apunte de nivel 10 sobre la pronunciación de *aquest.* En general, la pronunciación *-st* final solo se mantiene en nombres que empiezan por vocal: *aquest home* (pronunciado *aquèstòme*), pero en los demás casos se reduce a *aquet*: *aquet noi*, *aquet dia.* Incluso en algunas variedades propias de Tarragona, a partir del masculino *aquet* forman el femenino *aqueta, aquetes.* En zonas de Lérida, Alguer o próximas al Ebro se oye el plural *aquestos.* En las islas Baleares, el Rosellón y Alguer también perduran, junto a las formas actuales, las antiguas *aqueix*, *aqueixa*, *aqueixos*, *aqueixes*. En las hablas valencianas y noroccidentales del catalán existe la posibilidad *este*, *esta*, *estos*, *estes*, de modo que *aquest* equivale a *este*. En valenciano también son corrientes asimismo las formas *eixe*, *eixa*, *eixos*, *eixes*, donde *eixe* equivale a *aqueix (aquest)*, e incluso la forma arcaica de neutro *açò (això).*

Quiero y sí puedo, con los posesivos

Dominante y absorbente como un amante posesivo. La misma palabra ya lo indica: estas palabras expresan la relación de posesión o de pertenencia. Dicho de otro modo más técnico: un posesivo es el adjetivo o el pronombre que expresa estricta y habitualmente una idea de posesión.

Los posesivos concuerdan con el nombre al que acompañan o al que sustituyen en género y número. Además, indican si hay un solo poseedor o varios: *el meu ordinador*, *la vostra* oficina. Pueden clasificarse en dos grupos: los tónicos o fuertes y los átonos o débiles, según la pronunciación.

Posesivos tónicos

Para dominar los posesivos catalanes, empezaremos por las formas tónicas, es decir, aquellas que poseen al menos una sílaba tónica o fuerte. En la tabla 10-6 puedes verlos clasificados según sean para un solo poseedor o para más de uno.

Tabla 10-6. Los posesivos tónicos

Poseedores	***Persona***	***Masculino singular***	***Femenino singular***	***Masculino plural***	***Femenino plural***
Uno	*primera*	meu	meva, meua	meus	meves, meues
	segunda	teu	teva, teua	teus	teves, teues
	tercera	seu	seva, seua	seus	seves, seues
Más de uno	*primera*	nostre	nostra	nostres	nostres
	segunda	vostre	vostra	vostres	vostres
	tercera	seu, llur	seva, seua, llur	seus, llurs	seves, seues, llurs

Usar los posesivos tónicos es de lo más normal en la lengua catalana. Pero, por si acaso no estás habituado, te presento unos buenos ejemplos:

- ✔ *El* ***meu*** *fill té molta cura de les* ***seves*** *coses.*
- ✔ *¿On són les* ***meves*** *sabates?*
- ✔ *¿Aquest cotxe és* ***teu****?*
- ✔ *La* ***seva*** *germana té les* ***nostres*** *bosses.*
- ✔ *Els alumnes i els* ***seus*** *pares* (o bien, *els alumnes i* ***llurs*** *pares*).

Analizando la tabla 10-6 puedes ver que para un solo poseedor las formas del femenino son dos. La primera serie es la formada por *meva*, *teva*, *seva*, *meves*, *teves* y *seves*, que son las formas propias predominantes en los dialectos del catalán oriental. Las variantes con *-u-*: *meua*, *teua*, *seua*, *meues*, *teues* y *seues*, son también normativas y aceptadas en los últimos tiempos por el Institut d'Estudis Catalans en igualdad de condiciones que las formas con *-v-*; pero se trata de las formas que predominan en los dialectos occidentales y baleáricos, y las más extendidas del catalán, ya que abarcan mucho más territorio: una parte de Cataluña, el Rosellón, Valencia y las islas Baleares.

No pierdas el tiempo con las formas de los posesivos *llur* y *llurs* porque son propias de la lengua antigua, poco usadas hoy en día y aun en registros muy formales, a excepción del dialecto rosellonés, la única variedad del catalán donde sería habitual. Tienen su equivalencia en las formas *seu, seva, seua, seus, seves, seues.*

En algunas zonas del norte de Cataluña, cercanas al habla rosellonesa, como Cadaqués y otras poblaciones del cabo de Creus o incluso en Girona, puedes oír un curioso fenómeno relacionado con los posesivos: las formas masculinas de un solo poseedor se utilizan en palabras femeninas. Así que no te quedes atónito si oyes a un pescador de la bahía de Cadaqués hablar de ir *a casa meu* o de contarte la vida de *sa meu mare*, en lugar de *a casa meva* y *sa meva mare* (recuerda que por esas tierras también usan el artículo *salat*). Es lo más normal del mundo... ¡si el mundo empieza y acaba en estos andurriales, claro está!

Por favor, no abuses de los posesivos

A menudo nos pasamos con los posesivos sin darnos cuenta, por lo que es necesario evitar abusar de ellos. Es decir, conviene que prescindas de estas formas si eso no hace cambiar el sentido del texto. Los posesivos expresan, como te he indicado, la idea de posesión, por lo que sus usos más evidentes y claros están ligados a la estricta relación de posesión o pertenencia:

> *La directora general presentarà el projecte al costat del* ***seu*** *secretari tècnic.*

Es obvio que el *secretari tècnic* es una *pertenencia* de la directora general. El poseedor es un ser animado. Ahí está la clave. Pero el lado turbio de este asunto está en los casos que tienes que evitar, porque la relación de posesión ya es evidente sin el posesivo. A continuación puedes ver algunos ejemplos:

Con posesivo	***Sin posesivo, mucho mejor***
Espereu el vostre torn	*Espereu el torn*
Agafi el seu tiquet	*Agafi el tiquet*
Evoluciona bé dins la seva gravetat	*Evoluciona bé dins la gravetat*
**Els arbres deixen caure les seves fulles*	*Els arbres deixen caure les fulles*
Arriba sempre puntual al seu despatx	*Arriba sempre puntual al despatx*
Introduïu la vostra targeta	*Introduïu la targeta*

La seva reconstrucció costarà un milió	*La recontrucció costarà un milió*
** El davanter va xutar amb la seva cama dreta*	*El davanter va xutar amb la cama dreta*

La mayoría de estos ejemplos más o menos funcionan (aunque no estén bien dichos) al utilizar los posesivos, excepto el ejemplo del *arbre que deixa caure les fulles*, en el que, fíjate, se trata de un ser inanimado. Mi consejo, para todos los casos, es evitar el posesivo si no es estrictamente necesario.

Una *targeta* no es una *tarja*

A propósito del ejemplo *Introduïu la targeta*, que has visto relacionado con el mal uso de los posesivos, voy a explicarte una entretenida anécdota.

Muy a menudo soy testigo de las ridículas expresiones: *Introduïu la tarja*; *¿Ja has comprat la tarja del metro?*; *Aquí tens la meva tarja, amb el meu telèfon i l'adreça*, etc. Eso me dice que es bastante corriente creer que en catalán *targeta* es incorrecto y que hay que sustituir esta palabra por *tarja*, su supuesto equivalente correcto. Nos hallamos ante un curioso fenómeno lingüístico que se denomina **ultracorrección**.

Una *tarja*, en catalán, es un escudo militar medieval de forma rectangular. También puede ser, hoy día, una placa rectangular u ovalada donde se ha escrito un nombre o una indicación. *Obviously, everyone has to do what they think is right*, como se diría pronto y claro en inglés. Pero ¿te imaginas a algún intrépido introduciendo una *tarja* en un cajero automático de un banco? ¡Eso sería un verdadero esperpento!

No hace falta que te cuente que una *targeta* es una pequeña hoja de cartulina o de plástico rectangular donde hay escritos datos diversos: nombres, direcciones, números, etc.

Como criterio general, cuando en una oración la relación entre el poseedor y lo poseído es evidente, no es necesario utilizar el posesivo; con el artículo es suficiente. O sea, que antes de utilizar un posesivo tienes que pensar si existe otra forma más natural de expresar lo que quieres decir:

*a) *Van venir a l'oficina i van revisar totes les seves finestres.*

b) Van venir a l'oficina i van revisar totes les finestres.

c) Van venir a l'oficina i van revisar-ne totes les finestres.

Las soluciones *b)* y *c)*, son las mejor formuladas, gracias a la supresión o la utilización del pronombre *en*. Aunque a veces se cometen algunos errores comunes en el momento de pronominalizar para sustituir los posesivos:

Incorrecto: **S'interessen per aquesta malaltia i **n'**estudien les **seves** causes.*

Correcto: *S'interessen per aquesta malaltia i **n'**estudien les causes.*

Observa que si ya utilizas el pronombre *en (n')* no es necesario poner el posesivo.

Posesivos átonos

Actualmente, en catalán solo se utilizan los posesivos átonos de un solo poseedor, pero de manera residual, acompañando a ciertos nombres de parentesco *(mon pare)* o en tratamientos protocolarios *(sa santedat, ses senyories)* o en algunos refranes y canciones populares *(Cada terra fa sa guerra*; *Ton pare no té nas, ta mare és xata)*. En cambio, eran muy usados en la lengua antigua, lo cual nos interesa poco en este libro. En la tabla 10-7 tienes el cuadro flexivo entero de los posesivos átonos.

Tabla 10-7. Los posesivos átonos

Persona	*Masculino singular*	*Femenino singular*	*Masculino plural*	*Femenino plural*
Primera	mon	ma	mos	mes
Segunda	ton	ta	tos	tes
Tercera	son	sa	sos	ses

Aunque te parezcan raros, aquí tienes algunos ejemplos, en los que verás su uso con algunos nombres de parentesco o de casa y con la palabra *vida*:

- ✔ *¿Vindràs a **ma** casa?*; ***mon** pare i **ma** mare.*
- ✔ ***ton** germà*; ***ta** cosina.*
- ✔ ***mos** pares*; ***mes** cunyades; **sos** pares.*
- ✔ *No ho havia vist mai en **ma** vida* (o *en **ta** vida*, *en **sa** vida*, en el sentido de *mai*, jamás).

No te olvides de que al ser posesivos átonos, en catalán central las pronunciaciones se convierten en vocales neutras: *mun*, *tun*, *sun*; *mə*, *tə*, *sə*; *mus*, *tus*, *sus*, y *məs*, *təs*, *səs*.

Podemos decir que nos hallamos ante una reliquia de la lengua, pues los posesivos átonos se usan cada vez menos, al menos en comparación con los tónicos. *El meu germà*, *la meva mare* van ganando terreno cada vez más a las formas *mon germà*, *ma mare*, etc. Serían una excepción algunos dialectos como el valenciano, donde los posesivos átonos tienen una cierta vitalidad.

Practica un poco con el uso del artículo. Ponlo si corresponde delante de las palabras siguientes:

... hall, ... illa, ... efa, ... hort, ... amoralitat, ... ió, ... indi, ... ungla, ... iode,

... Masnou, ... Índia, ... imatge, ... hac, ... esmòquing, ... ira, ... IEC, ... IVA,

... Pirineu, ... Noguera, ... illot, ... instància, ... asimetria, ... CEE, ... estand

ERRORES QUE DEBES CORREGIR

a lo millor → potser

és lo de menys → ¡això rai!

lo important és que → l'important és que

lo més aviat possible → al més aviat possible

lo millor que → el millor que

¡Lo que són les coses! → ¡Ves per on!

per lo tant → per tant

per lo vist → pel que es veu

van a lo seu → van a la seva

No hables ni escribas a lo loco, que en catalán se dice *a la babalà*: *Parla a la babalà, sense pensar el que diu*. No tienes que hablar ni escribir jamás incoherentemente o sin reflexionar sobre cómo aplicar la gramática. Consulta siempre este libro como referente y ayuda.

Con esta recomendación, pongo fin a este capítulo. En el siguiente proseguiré con el resto de las palabras relacionadas con los nombres (los numerales, cuantitativos e indefinidos). Tres grupitos más de palabras bien interesantes. ¿Te apetecen? ¿Sí? Pues pasemos juntos esta página.

Capítulo 10

Suma y sigue: numerales, cuantitativos e indefinidos

En este capítulo

- Conocer la morfología de los cuantificadores
- Familiarizarse con los números
- Usar los cuantitativos con naturalidad
- Distinguir las formas de los adjetivos y los pronombres indefinidos

Suma y sigue. Pues continuamos un tema que había quedado inconcluso en el capítulo anterior, relacionado con las palabras que dependen de los nombres, es decir: los numerales, cuantitativos e indefinidos. Todas estas palabras tienen una relación muy estrecha, ya que todas expresan la cantidad, ya sea de una manera exacta o de un modo más o menos indefinido.

Y uno, y dos, y tres... Los numerales son el conjunto de palabras que expresan números o los representan: cifras, orden, fracciones, etc. Dicho en pocas palabras: son útiles para que te salgan las cuentas.

Los cuantitativos también apuntan una cantidad, pero de un modo más impreciso o global: se andan con rodeos. Semejante es lo que hacen los adjetivos y pronombres indefinidos, ya que no acaban de precisar, por lo que confieren una idea de imprecisión a los nombres a los que complementan; otras veces se refieren a personas o cosas de un modo muy general.

Pero tanta duda e indefinición quedan perfectamente resueltas con ejemplos, en los que se ve claramente el uso de esas palabras que, además, empleamos tan a menudo en catalán, como ocurre en cualquier lengua. Nuestras frases son nuestras frases, por supuesto.

Cuantificando, cuantificando

Para expresar numéricamente una magnitud se han inventado los cuantificadores, palabras que enganchan más de lo que te imaginas, para que te pases la vida cuantificando, cuantificando. Hablando en serio, las palabras que denominamos **cuantificadores** están formadas por adjetivos numerales, cuantitativos, adjetivos y pronombres indefinidos. Todos los cuantificadores también se comportan, al igual que las categorías que encontrarás en el capítulo 9, como especificadores de los nombres:

- **Numerales**, como ***tres*** *pobles* y *el* ***cinquè*** *pis*.
- **Cuantitativos**, como *en* ***poques*** *paraules* y *en* ***pocs*** *dies*.
- **Indefinidos**, como ***certes*** *persones*.

Pero los hay que también pueden funcionar como nombres (o pronombres): *una* ***dotzena*** *d'ous*, *un* ***miler*** *d'homes*, etc.; en esos sintagmas se considera que *dotzena* y *miler* funcionan como nombres con su especificador *un*, *una* (artículo indeterminado), aunque el elemento principal sean *ous* y *homes*. En cambio, si digo: *No vull* ***res***, la palabra *res* se considera un pronombre, porque no modifica ningún nombre, explícito ni implícito, sino que se refiera a un nombre, a algo ausente, por lo que *res* hace las veces de nombre.

Si te fijas en el significado de estas pequeñas palabras, los cuantificadores establecen, de una manera más o menos precisa, su relación con la cantidad o bien señalan algún tipo de descripción numérica. Vamos a hacer cuentas, así que empezaremos por los numerales.

Los numerales

Los numerales se caracterizan porque especifican al nombre y concretan su extensión o su orden en una serie. Según el tipo de información que aporten, se pueden clasificar en cuatro tipos:

- **Cardinales**, si expresan una cantidad exacta.
- **Ordinales**, si expresan orden.
- **Partitivos**, si expresan una fracción.
- **Múltiples**, si expresan multiplicidad.
- **Colectivos**, si expresan pluralidad.

Por cierto, no hace falta que te diga que los números son infinitos: ¡no se acaban! Aunque, por suerte, nunca tendrás que escribirlos todos, ni mucho menos contarlos. ¿Que cómo se explica? Pues muy sencillo: si tenemos un número *n*, entonces el siguiente es *n+1*, que es más grande, y así en progresión hasta el fin de los días... aunque me temo que haya menos días que números, pero eso ya sería una historia *para dummies* matemáticos o filosóficos. Por tanto, regresemos al presente con nuestra gramática catalana.

Los cardinales, los números más enteros

Los numerales cardinales expresan una cantidad exacta. En la mayoría de los casos no admiten flexión de género y número, exceptuando *un*, *dos*, *cent*, *mil*, *milió*, *miliard*, *bilió* y *trilió*.

En la tabla 11-1 tienes los principales cardinales, entre 0 y 900 (ya que no veo factible llegar al infinito) y podrás ver las formas de los pocos que tienen flexión.

Tabla 11-1. Formas básicas de los numerales cardinales

0. zero	**10**. deu		
1. u, un, una	**11**. onze		**100**. cent
2. dos, dues	**12**. dotze	**20**. vint	**200**. dos-cents, dues-centes
3. tres	**13**. tretze	**30**. trenta	**300**. tres-cents, tres-centes
4. quatre	**14**. catorze	**40**. quaranta	**400**. quatre-cents, quatre-centes
5. cinc	**15**. quinze	**50**. cinquanta	**500**. cinc-cents, cinc-centes
6. sis	**16**. setze	**60**. seixanta	**600**. sis-cents, sis-centes
7. set	**17**. disset	**70**. setanta	**700**. set-cents, set-centes
8. vuit	**18**. divuit	**80**. vuitanta	**800**. vuit-cents, vuit-centes
9. nou	**19**. dinou	**90**. noranta	**900**. nou-cents, nou-centes

No te olvides de lo explicado en el capítulo 6, relativo al uso del guion y úsalo en las expresión de cantidades que requieren más de una palabra, entre las decenas y unidades *(quaranta-dos)* y entre las unidades y centenas *(nou-cents)*. Memoriza el recurso de las iniciales **d**ecenas-**u**nidades-**c**entenas, es decir ***duc***. Sin olvidarte del caso, un tanto especial, de los guiones que se ponen entre el 21 y el 29: *vint-i-un*, *vint-i-dos*, *vint-i-tres*, *vint-i-quatre*, *vint-i-cinc*, *vint-i-sis*, *vint-i-set*, *vint-i-vuit*, *vint-i-nou*. El resto de las combinaciones no llevan guion: *cent tres*, *tres mil*, *tres milions*...

Existen otros cardinales de referencia que no incluí en la tabla 11-1 por ser cantidades elevadas. Son los siguientes:

- *mil* (1.000)
- *milió* (10^6)
- *miliard* (10^9)
- *bilió* (10^{12})
- *trilió* (10^{18})

Es conveniente hacer algunas aclaraciones relativas al habla y a la escritura de algunas de estas cifras.

- ***Un*** y ***dos*** tienen flexión de género: *un nen*, *una nena*; *dos nois*, *dues noies*. Pero eso no es homogéneo en todo el dominio lingüístico catalán; también es perfectamente admisible la forma *dos* invariable en hablas noroccidentales: *dos nens*, *dos nenes*.
- El numeral ***cent*** tiene flexión de género y número en estas formas: *cent*, *cents*, *centes*. Por ejemplo: *cent dies*, *cent nits*; *dos-cents euros*, *dues-centes lliures*.
- ***Mil*** tiene flexión de número cuando posee el valor colectivo de *miler*: *N'hi ha a mils*; *És a mils anys llum*.
- Los numerales ***milió***, ***miliard***, ***bilió*** y ***trilió*** tienen formas de plural: *quaranta-tres milions d'habitants*; *dos miliards*; *cinc bilions*; *sis trilions*.
- Si utilizas ***un*** como nombre u ordinal adoptará la forma ***u***: *Un número de loteria acabat en u*; *el trenta-u de desembre*.
- El resto de los cardinales pueden presentar flexión de número cuando se utilizan como nombres: *un pòquer de vuits*.
- En valenciano existen algunas formas particulares de los numerales: **8** *(huit)*, **17** *(dèsset)*, **18** *(díhuit)*, **19** *(dèneu* o *dènou)* y **80** *(huitanta)*.
- En baleárico las formas singulares son: **17** *(desset)*, **18** *(devuit)* y **19** *(denou)*.

Veamos, para ir practicando la escritura de los números, como debe escribirse una cantidad alta, como por ejemplo 1.345.467:

Un milió tres-cents quaranta-cinc mil quatre-cents seixanta-set.

Los ordinales, para traer el orden

Los numerales ordinales expresan la idea de orden o sucesión. Todos se comportan como adjetivos con variación de género y número. Los cinco primeros ordinales presentan formas específicas (aunque el quinto tiene dos formas); el resto se obtiene añadiendo al ordinal el sufijo *-è/-ena* (excepto el ordinal de *deu*, que pasa a *desè*, *desena*, pero no **deusè*). Lo verás más claro en la tabla 11-2.

Tabla 11-2. Flexión de los numerales ordinales

Cifra	*Masculino singular*	*Femenino singular*	*Masculino plural*	*Femenino plural*
1r, I	primer	primera	primers	primeres
2n, II	segon	segona	segons	segones
3r, III	tercer	tercera	tercers	terceres
4t, IV	quart	quarta	quarts	quartes
5t, V	quint	quinta	quints	quintes
5è, V	cinquè	cinquena	cinquens	cinquenes
6è, VI	sisè	sisena	sisens	sisenes
7è, VII	setè	setena	setens	setenes
8è, VIII	vuitè	vuitena	vuitens	vuitenes
9è, IX	novè	novena	novens	novenes
10è, X	desè	desena	desens	desenes
20è, XX	vintè	vintena	vintens	vintenes
21è, XXI	vint-i-unè	vint-i-unena	vint-i-unens	vint-i-unenes
22è, XXII	vint-i-dosè	vint-i-dosena	vint-i-dosens	vint-i-dosenes
100è, C	centè	centena	centens	centenes
1.000è, M	milè	milena	milens	milenes

Fíjate cómo se escriben las cifras ordinales: primero el número, a continuación la última letra (o las dos últimas, si están en plural) en que termina el numeral.

Existen asimismo algunas variantes de ordinales admitidas en la lengua, como *sext* (VI), *sèptim* (VII), *octau* (VIII), *dècim* (X), *vigèsim* (XX), *quadragèsim* (XL), *quinquagèsim* (L).

Los numerales cardinales pueden usarse con valor ordinal en algunos casos concretos: *la pàgina u, la pàgina dos, el segle* XXI *(vint-i-u), la planta tres (o tercera), la planta cinquanta*, ya que quedaría fatal decir: **la pàgina una*, **el segle vint-i-unè*, etc.

A la quinta forca, una curiosa expresión numeral

Hay ordinales que se usan en expresiones muy concretas, como es el caso de *quint, quinta*, principalmente en la famosa locución adverbial ***a la quinta forca***, que se identifica con un sitio muy lejano, es decir, donde Cristo dio las tres voces.

Pero lo que resulta tremendamente interesante es el origen de esa famosa locución, tan corriente en catalán, semejante a *el quinto pino* en castellano. Resulta que a principios del siglo XIX en cada uno de los cuatro caminos principales que conducían a la ciudad de Barcelona había una horca en la que se ejecutaba a los condenados a muerte. Un lugar realmente siniestro, ya que a menudo los ahorcados, para que sirvieran de ejemplo y de escarmiento, permanecían colgados días y días a la vista de los transeúntes.

Pero en aquellos tiempos se alzó una quinta horca en una colina lejana a la ciudad, ubicada en el Turó de la Trinitat, que entonces era un lugar ciertamente muy lejano para un ciudadano corriente (en la actualidad se puede ir cómodamente en metro); tan lejano que se popularizó la expresión *a la quinta forca* para indicar que había una gran distancia hasta un lugar cualquiera: *Viuen a la quinta forca. Hem caminat fins a la quinta forca*. De aquí surge el dicho popular de estar un lugar en *la quinta horca*.

Pero ¡cuidado! Si mandamos insolentemente a alguien *a la quinta forca*, lo mandamos directamente a freír espárragos o a freír monas. Este es el segundo significado divertido de la expresión. Utilízala a tu conveniencia, pero mejor en el primer caso, mucho más civilizado.

Partitivos, múltiplos y colectivos

Ya solo me queda presentarte los últimos grupos de numerales: los partitivos, colectivos y multiplicativos.

Los **numerales partitivos**, también llamados *fraccionarios*, señalan una parte de un conjunto cuantificable y tienen formas idénticas a las de los numerales ordinales, a excepción de las que aparecen en la tabla 11-3, que presentan flexión de género y número

Tabla 11-3. Flexión de los numerales partitivos

Fracción	*Masculino singular*	*Femenino singular*	*Masculino plural*	*Femenino plural*
1/2	mig	mitja	mitjos	mitges
1/3	terç	terça	terços	terces
1/10	dècim	dècima	dècims	dècimes
1/100	centèsim	centèsima	centèsims	centèsimes
1/1.000	mil·lèsim	mil·lèsima	mil·lèsims	mil·lèsimes

Observa los siguiente ejemplos de numerales partitivos:

- *Tres mitjos* (3/2)
- *Dos terços* (2/3)
- *Cinc setens* (5/7)
- *Set dissetens* (7/17)
- *Vuit dècimes* (0,8)
- *Quatre centèssimes* (0,04)
- *Tres mil·lèsimes* (0,003)

Y aquí van tres puntualizaciones muy, pero que muy importantes:

- También puedes utilizar con carácter partitivo la construcción formada por el ordinal seguido del nombre ***part***, como *una quarta part, dues terceres parts.*
- El partitivo ***mig*** es el único que funciona como especificador de un nombre; por ejemplo, puedes decir que *Ho sap mig Barcelona.* (Fíjate que ocurre lo mismo con el adjetivo ***tot***, que queda invariable delante del nombre de una ciudad o nación que no lleven delante un artículo: *Ho sap tot Lleida* y no **Ho sap tota Lleida.*)
- El resto de los partitivos actúan como verdaderos nombres, como puedes ver en *la meitat d'una taronja*; *un quart de pollastre; un dècim de loteria.* Observa que los numerales van precedidos de un artículo, definido o indefinido, lo cual es la prueba irrefutable de que desempeñan el papel de nombres.

Los **numerales múltiplos** (o multiplicativos) expresan la multiplicación de una cantidad, es decir, el número de veces que aumenta una entidad. Exceptuando el caso de *doble*, los múltiplos solo tienen flexión de género, como te muestro en la tabla 11-4:

Tabla 11-4. Flexión de los principales numerales múltiplos

Factor multiplicador	*Masculino*	*Femenino*
2	doble, duple	doble, dupla
3	triple	tripla
4	quàdruple	quàdrupla
5	quíntuple	quíntupla
6	sèxtuple	sèxtupla
7	sèptuple	sèptupla
8	òctuple	òctupla
9	nònuple	nònupla
10	dècuple	dècupla
100	cèntuple	cèntupla

Realmente esas cantidades parecen raras y lo cierto es que se usan muy poco, pues a parte de los típicos masculinos *doble* o *triple*, yo no he oído jamás a nadie pronunciar tales múltiplos en conversaciones corrientes, lo cual indica que deben de hacer poca falta. Pero, como siempre, unos cuantos ejemplos pueden iluminarnos:

- ✔ *Una xifra **tripla** d'una altra.*
- ✔ *T'hem esperat la **quàdrupla** estona que tu.*
- ✔ *Cinquanta és la quantitat **dècupla** de cinc.*

Como puedes ver, los múltiplos tienen variación de género cuando se aplican a expresiones de comparación, pero son invariables cuando se refieren al número de elementos que componen algo: *la triple aliança, la quàdruple aliança*. En estos casos, aunque *aliança* sea femenino, el número de tres o cuatro elementos que componen un grupo, hace que usemos la forma invariable (coincidente con la forma del masculino).

La lengua popular suele sustituir la mayoría de los múltiplos por otro tipo de soluciones, ya que la gente corriente, la buena gente, los considera demasiado formales. Yo te recomiendo que hagas lo mismo y que apliques brillantes perífrasis, como: *una quantitat cent vegades més gran*, en lugar de la forma retorcida *cèntupla*.

Los **numerales colectivos** se refieren a conjuntos formados por un número concreto de entidades, que en la mayoría de los casos se expresan mediante las formas femeninas de los ordinales: *desena*, *dotzena*, *quinzena*, *vintena*, *trentena*, *quarentena*, *cinquantena*, *seixantena*, *setantena*, *vuitantena*, *norantena*. Observa estos ejemplos:

- ✔ *Una **dotzena** d'ous.*
- ✔ *Una **trentena** de manifestants.*
- ✔ *El Felip ja va per la **cinquantena.***

Existen colectivos que tienen formas propias, generalmente masculinas: *parell*, *parella* (2), *centenar* (100), *miler* (1.000) o el curioso, por su rareza, *qüern* (4). Otros colectivos se aplican específicamente a la expresión del tiempo, como los períodos de los años: *bienni* (2), *trienni* (3), *quadrienni* (4), *sexenni* (6); o los períodos mensuales: *bimestre* (2), *trimestre* (3), *quadrimestre* (4), *semestre* (6). Fíjate en los ejemplos siguientes:

- ✔ *Un **parell** de mitjons.*
- ✔ *Una **parella** d'asos.*
- ✔ *Un **centenar** de persones.*
- ✔ *Un **qüern** d'anys.*

Por favor, no confundas ***bimestral*** con ***bimensual***, como les sucede a muchos hablantes, debido a la semejanza de estas palabras. *Bimestral* significa que dura dos meses o que tiene lugar cada dos meses. En cambio *bimensual* quiere decir que se hace u ocurre dos veces al mes. Por lo tanto, una publicación bimestral aparece en el mercado cada dos meses, o sea que tendrá seis números al año; mientras que una revista bimensual aparece dos veces cada mes, por tanto 24 al año.

Además de los numerales colectivos mencionados, en contextos concretos se usan las formas ***duo*** (2) y ***trio*** (3): *un duo de violí i violoncel*, *un trio de reis*... Del mismo modo, algunos ordinales tienen valor colectivo usados como diminutivos en la designación de determinadas formas de versos: *quarteta* (estrofa de cuatro versos cortos), o bien describen piezas musicales o conjuntos musicales: *sonata a trio*, *el Quartet Casals*.

¿En cifras o en letras?

Es posible que te hayas preguntado cómo escribir los números, ¿en cifras o en letras? Cierto es que a veces se escriben en forma de cifras y otras veces con palabras. Es difícil establecer criterios sobre esta cuestión, pero siempre tenemos que hacer lo más coherente. En este recuadro te voy a presentar unas recomendaciones que pueden serte de utilidad.

- ✔ En textos que presenten muchos números te aconsejo que los escribas todos en cifras. O todo lo contrario: pocos números en un texto permiten escribirlos cómodamente en letras. O bien, en textos que no sean técnicos, puedes escribir con letras la mayoría de los números: *Hi havia tres-cents manifestants*; *He guanyat nou milions d'euros*; *un autocar de seixanta places*, etc. Pero si hay que indicar más precisión: *He cobrat 2.873 euros*.
- ✔ Conviene, no obstante, unificar cifras y letras cuando tengas cantidades relacionadas en un mismo texto: *A l'Assemblea hi van assistir el president, els 2 vicepresidents, 3 membres de la Junta i 137 socis*.
- ✔ Queda muy mal presentado un texto con una cifra partida al final de renglón. Por tanto, no lo hagas.
- ✔ La combinación de cifras y letras para escribir un mismo número puede admitirse si tienes la suerte de hacer tus cuentas por millones o billones. Por tanto, puedes escribir: *14 milions* (o de modo abreviado *14 M*), *3 bilions*, etc. Pero no abuses con los millares: escribe *dos mil* o *2.000*, pero no *2 mil*.
- ✔ Hay dos modos de escribir los ordinales en cifras arábigas. La primera consiste en poner la cifra junto con la terminación catalana correspondiente: *1r, 1a, 1rs, 1es*; *2n, 2a, 2ns, 2es*; *3r, 3a, 3rs, 3es*; *4t, 4a, 4ts, 4es*, etc. La segunda consiste en escribir la cifra con la terminación volada: 1^{r}, 1^{a}, 1^{rs}, 1es; 2^{n}, 2^{a}, 2^{ns}, 2es; 3^{r}, 3^{a}, 3^{rs}, 3es; 4^{t}, 4^{a}, 4^{ts}, 4es. Y este es un ejemplo de dirección postal: *C. València, 43, 4t, 1a*.
- ✔ Cuando tengas que enumerar los apartados de un texto, los elementos de una lista o los capítulos de tu próxima novela, utiliza las cifras arábigas o romanas, pero sin marca de ordinal: *l'apartat 7 del capítol 3*; *l'article 15.2 del capítol IV de l'Estatut*.
- ✔ Usarás cifras romanas para reyes, papas y dinastías, así como para los siglos: *Jaume I*, *Enric IV*, *Joan XXIII*, *la XVIII Dinastia* (de faraones); *el segle* XV, *el segle* II. Ahora bien, presta atención a la lectura de estas cifras: se lee *Jaume primer*, *Enric quart*, *la divuitena dinastía*, *el segle dos*; pero se leen *Joan vint-i-tres* y *el segle quinze*, lo que indica que las numeraciones superiores a 10 se leen como cardinales.
- ✔ No te olvides de suprimir el punto en números que forman una serie: *el número 343564647 de la Grossa de Nadal*; *l'any 2014*; *el número de telèfon 902 456 845*; *l'extensió 1356*; *la página 1023*; *el quilòmetre 1500* (pero: *Hem fet 1.500 km*), etc.
- ✔ Las horas del día y las fracciones en general se escriben en letras: *La presentació tindrà lloc a dos quarts de vuit del vespre*. Pero en tablones de anuncios, carteleras, paneles horarios... conviene usar una expresión más corta: *Vol 7576 a Munic: 00:06*; *Obert: als matins de 9 a 2, i a les tardes de 2/4 de 4 a 8*; *L'acte tindrà lloc a les vuit del vespre* (o *a les 20 h / a les 20:00*).

(continúa)

(continuación)

- Para escribir la fecha hay varias soluciones. Si se trata de una carta: *Barcelona, 11 de desembre del 2013*; pero en un cheque hay que hacerlo con letras: *Barcelona, onze de desembre del dos mil tretze*. En otros casos: *11.12.2013*; *11-12-2013*; *11/12/2013* o, incluso, *11-XII-2013*.
- Las medidas y otras magnitudes físicas también admiten más de una opción: *un pes de 50 quilos (50 kg)*; *cent vint quilòmetres per hora (120 km per hora*; *120 km/h)*; pero no vale mezclarlas: **quaranta km/h* o **40 quilòmetres/hora*, porque que queda muy feo.
- Las numerosas guerras que tienen números en su nombre van en letras: *la Primera Guerra Carlina*, *la Segona Guerra Mundial*, *la Tercera Guerra Púnica*.

Los cuantitativos

Los cuantitativos expresan una cantidad de manera vaga, general o imprecisa. Pueden ser variables o invariables en género y número. Cuando actúan como especificadores del nombre, presentan variación: ***molts*** *dies*, ***moltes*** *persones*; pero cuando funcionan como adverbios son invariables: ***molt*** *bo*, ***molt*** *bona*, ***molt*** *bons*, ***molt*** *bones*. En la tabla 11-5 te presento las formas de los cuantitativos y podrás ver los que presentan flexión completa y los que no.

Tabla 11-5. Formas de los cuantitativos

Masculino singular	***Femenino singular***	***Masculino plural***	***Femenino plural***
quant	quanta	quants	quantes
tant	tanta	tants	tantes
molt	molta	molts	moltes
poc	poca	pocs	poques
bastant	bastanta	bastants	bastantes
gaire		gaires	

(continúa)

Tabla 11-5. Formas de los cuantitativos *(cont.)*

Invariables
massa
força
prou
més
pus
menys
manco
gens
que

Fíjate que no tienen flexión y, por tanto son invariables, los cuantitativos *massa*, *força*, *prou*, *més*, *pus*, *menys*, *manco*, *gens* y *que*. Y para no perder el ritmo, aquí van algunas observaciones y ejemplos sobre estos cuantitativos:

- ✔ La curiosa forma ***pus*** pertenece al baleárico y equivale a *más*, por ejemplo, *¿En vols pus?*
- ✔ Más extendido es ***manco***, que se usa en baleárico, rosellonés, alguerés y valenciano. Es sinónimo de *menos*: *Ací fa manco de fred que allà.*
- ✔ El cuantitativo ***que*** es ponderativo, y se usa en oraciones como *¡Que bonic!*, *¡Que lluny es veuen!*, *¡Que n'has vistes, de coses!*
- ✔ Es obligatorio usar la preposición ***de*** entre ***gens*** y un nombre, como en *No té gens de paciència*; pero en otros casos no es necesario: *No és gens eixerit.*
- ✔ En cambio, ***massa***, ***força*** y ***que*** no admiten la preposición *de*. Observa cómo se construyen las oraciones con ellos: *Hi havia massa gent*; *Vaig conèixer força noies*; *¡Que gent hi ha!* (¡Cuánta gente!).

El resto de los cuantitativos admiten el uso opcional de la preposición *de*:

- ✔ *Avui no fa* ***tant de*** *fred com ahir* (o *Avui no fa* ***tant*** *fred com ahir*).
- ✔ *Hi havia* ***moltes de*** *roses* (o *Hi havia* ***moltes*** *roses*).
- ✔ *Tenim* ***poc de*** *pa* (o *Tenim* ***poc*** *pa*).

Por otro lado en Cataluña, *massa*, *prou* y *força* se usan demasiado a menudo con flexión de número: *masses*, *prous* y *forces*; pero estas soluciones del plural no son normativas y debes desestimarlas. Incluso, en algunas zonas del catalán noroccidental se oyen las formas *prouta*, *proutes* en lugar de *prou*, *prous*, que tampoco admite la norma.

Por último, tienes que saber que el cuantitativo ***gaire/gaires*** es sinónimo de *molt* en oraciones negativas (construidas con *no* o *sense*), dubitativas (que expresan duda) o interrogativas:

Como SENSE/NO, *Menjar* ***sense gaire*** *gana*; ***No*** *hi ha* ***gaire*** *pa.*

En dubitativas, ***No*** *sé si tenim* ***gaire*** *pa.*

En interrogativas, ¿Tens ***gaire*** *gana?*

En Cataluña, *gaire* presenta flexión de género, como se indica en la tabla 11-5, pero en las islas Baleares se mantiene invariable:

En Cataluña, *No té* ***gaires*** *amics.*

En Baleares, *No té* ***gaire*** *amics.*

No me queda nada más que decirte sobre los cuantitativos, pero es un grato placer para mí, llegados a este punto, pasar a presentarte los indefinidos.

Los indefinidos

Dentro de la gran familia de los cuantificadores, los **indefinidos** se caracterizan porque aportan un significado vago e indeterminado de las cosas o de las personas a las que se refieren. Pueden ser pronombres o adjetivos, y la mayoría de ellos tienen flexión de género y número, como puedes observar en la tabla 11-6.

Tabla 11-6. Formas de los adjetivos y pronombres indefinidos

Masculino singular	*Femenino singular*	*Masculino plural*	*Femenino plural*	*Pronombre*
un	una	uns	unes	u
algun	alguna	alguns	algunes	algú
qualcun, qualque	qualcuna, qualque	qualcuns	qualcunes	qualcú
ningun	ninguna	ninguns	ningunes	ningú
tot	tota	tots	totes	tothom
altre	altra	altres		altri
mateix	mateixa	mateixos	mateixes	
cert	certa	certs	certes	
mant	manta	mants	mantes	
cada un, cadascun	cada una, cadascuna			cada u, cadascú
		ambdós	ambdues	
		tots dos	totes dues	
		diversos	diverses	
		uns quants	unes quantes	
qualsevol		qualssevol		
tal		tals		
		diferents		
		sengles		
cada				
cap				
				hom
				perhom
				quelcom
				res

Y con la tabla a la vista, podemos comentar algunos asuntos particulares, con ejemplos, de los indefinidos que puedan ofrecer más dudas:

- ✔ El pronombre ***un*** usado en registros muy formales se convierte en las formas ***hom***, ***un hom***. Observa: *Són casos en què hom no sap què fer. Quan un hom està malalt no vol que el molestin.* (Sus equivalentes en un registro menos formal serían: *Són casos en què un no sap què fer. Quan un està malalt no vol que el molestin.*)

- La expresión ***alguna cosa*** (de *algun-a*) también expresa algo indefinido. Lee este ejemplo: *Pregunta-li si en sap alguna cosa.* Además es sinónimo de ***quelcom***: *En aquesta història hi ha quelcom que no encaixa*; no obstante, esta palabra es demasiado formal y, en según qué contextos, incluso un poco cursi, en mi opinión.
- ***Qualque, qualcun*** y sus derivados son típicos del habla balear: *¿Vols qualque llapis?* El cantautor mallorquín Tomeu Penya dice en algunas de sus canciones: *Qualcú m'ha demanat si jo era jo...; tu canviaves cada dia / sempre darrere qualcú.*
- ***Ningú*** quiere de decir *cap persona* cuando dices, por ejemplo, que *no ha vingut ningú*; pero equivale a *algú* en oraciones que expresan condición o en interrogativas: *Si ve ningú, avisa'm* (condición); *¿Ha vingut ningú?* (interrogación).
- ***Altri*** significa *un altre* y *uns altres*, y se refiere a personas, al prójimo, siempre precedido de preposición, como en *els béns d'altri* o *Treballar per a altri.*
- ***Mant*** significa *nombrosos* y es un arcaísmo usado solo en registros muy formales. Por ejemplo, quizá alguna vez puedas oír que *a manta zona pirinenca van desapareixent les ramades transhumants*; o bien: *Trobem mant tractat que estudia aquesta greu malaltia.*
- ***Cadascun*** y ***cadascú*** son formas sinónimas de ***cada un*** y ***cada una***, y se trata de adjetivos indefinidos cuando van seguidos de una especificación, como en: *cadascun dels jugadors* o *cadascuna de les nenes*. En caso contrario, se convierten en pronombres: *Eren cinc germans; cadascun estudiava geologia* (se sobreentiende *dels germans* después de *cadascun*). *Cadascú* (o *cada u*) es siempre un pronombre invariable y equivale a *tothom*: *Cadascú coneix els seus problemes.*
- Actualmente se considera anticuada la forma ***ambdós***, que se ha sustituido por otra forma más simple: ***tots dos***. Es mejor decir *Van venir tots dos amics* que *Van venir ambdós amics.*
- ***Diversos*** tiene el significado de *alguns, diferents* o *un cert nombre de.* Por ejemplo, puedes decir que *Han vingut diversos amics*. En cambio ***divers*** es un adjetivo que significa *de caràcter diferent, de distinta espècie o mena*; es por tanto, equivalente al adjetivo *vari*; así las dos expresiones siguientes dicen lo mismo: *de colors diversos* o *de colors varis.* Pero la normativa no acepta el uso corriente en catalán hablado de *vari* como indefinido: **Li ho he dit vàries vegades*, sino que hay que usar *diverses* o *diferents*: *Li ho he dit diverses (diferents) vegades.*

- Las palabras ***qualsevol***, para el singular, y ***qualssevol***, para el plural, tienen la misma pronunciación, lo cual favorece el inaceptable plural **qualsevols*. Debes sustituirlo por la forma correcta: *No eren unes persones qualssevol.*
- ***Sengles*** quiere decir *un a cadascuna de dues o més persones o coses.* Es una palabra antigua. Por eso, un ejemplo de este indefinido lo encontramos en un célebre episodio de la más famosa novela caballeresca catalana *Tirant lo Blanc*, de Joanot Martorell, escrita en el siglo XV: *Jo diviso que la batalla es faci a peu, amb camises de tela de França, amb* ***sengles*** *targes de paper i amb un barretet de flors al cap, sense cap altra vestimenta. Les armes ofensives,* ***sengles*** *coltellines genoveses, tallant cadascuna a dues parts i amb les puntes ben agudes.* Así se da principio a una de las batallas más peligrosas y ridículas entre dos caballeros enemigos: ataviados solo con camisones, con un sombrero de flores en lugar del casco, escudos de papel (*sengles targes*, es decir un escudo o *tarja*, de dos, para cada uno) y agudas cuchillas de doble filo (*sengles coltellines*, es decir una cuchilla, de dos, para cada uno).
- ***Perhom*** significa *per cada un* y es propio del habla balear. Así, en las islas puedes oír que *toca a tant* ***perhom***.
- ***Quelcom*** es una forma arcaica conservada en el norte de Cataluña y en la región del Rosellón; pero es más sencillo y usual su sinónimo ***alguna cosa*** o acaso la forma *qualque cosa*. Pero no digas *algo*, que es un castellanismo.
- Seguramente, a estas alturas estarás pensando: *¡No m'expliquis* ***res*** *més!* Sí, lo sé, es mucha información, pero debes tener en cuenta que estos comentarios son de referencia y consulta. No debes leerlos como si de una novela se tratase. Así que te cuento *alguna cosa més*, la última, relativa al pronombre ***res***, que encontrarás en frases interrogativas o condicionales: *¿Vols res més?*; *Si vols res, demana-ho.* Aunque en la lengua hablada habrás oído la solución *re*. Es lo mismo. Es correcta. Punto final.

Las horas en catalán

Como ya te mostré unas páginas más arriba, las horas del día y las fracciones en general se escriben con palabras, aunque también es cierto que en determinados contextos es preferible usar los símbolos numéricos. Pero lo que nos interesa en este apartado es el modo de expresar, sobre todo oralmente, las horas en catalán. Hoy en día, en gran parte de nuestro dominio lingüístico, se oyen las horas que indican las fracciones en cuartos, según el sistema castellano. Esto no es totalmente incorrecto, pero es necesario realizar algunas precisiones.

En catalán existen diferentes posibilidades de expresar la hora. En general, para las horas justas y la aproximación a un número que no alcanza uno de los cuartos de la hora se dice:

- ✔ 10.00 = *les deu*
- ✔ 12.10 = *les dotze i deu*
- ✔ 8.55 = *les nou menys cinc*

En cambio, para indicar fracciones horarias en cuartos y minutos podemos hacer una clasificación en dos grandes grupos:

I. En Cataluña los hablantes expresan la hora teniendo en cuenta la hora siguiente:

- ✔ 12.20 = *un quart i cinc d'una*
- ✔ 12.30 = *dos quarts d'una*
- ✔ 12.45 = *tres quarts d'una*
- ✔ 12.50 = *tres quarts i cinc d'una*

Al principio puede parecerte un poco lioso, pero hay un truco para entender el sistema y recordarlo. Imagínate que una hora es un pastel del que vas comiendo trozos a medida que pasa el tiempo. Vamos a empezar a las 4. Cuando han pasado 15 minutos ya te has comido un cuarto de la hora siguiente *(un quart de cinc)*. A la media ya te has zampado dos cuartos (*dos quarts de cinc*). Y cuando llegas a y 45, ya has devorado tres cuartos de la hora hacia la que vas (*tres quarts de cinc*). Y así, a la hora en punto, ya te has tragado el pastel entero, ya has completado *les cinc*.

Además de esto, la expresión *mig quart* se utiliza para indicar aproximadamente el tiempo comprendido entre el minuto 5 y el minuto 10 de cuarto:

- ✔ *un quart i mig de dotze* = entre las 11.21 y las 11.24

Y la expresión *quarts* indica más o menos el tiempo comprendido entre los minutos 15 y 45 de cada hora:

- ✔ *a quarts de vuit* = entre las 7.15 y las 7.45

II. En la Comunidad Valenciana y en las Baleares, en cambio, se refieren a la hora pasada sumando los cuartos y los minutos, como en castellano:

- ✔ 12.15 = *les dotze i quart*
- ✔ 12.20 = *les dotze i vint*
- ✔ 12.30 = *les dotze i mitja*
- ✔ 12.45 = *la una menys quart*

En Mallorca, además, se utiliza la forma *manco* junto con *menys*, y las expresiones *manca* y *passen*:

- ✔ 6.45 = *les set manco un quart*
- ✔ 10.45 = *manca un quart per les onze*
- ✔ 9.20 = *passen vint minuts de les nou*

(continúa)

(continuación)

Y aquí el consejo. Cada hablante tiene que expresar la hora como sea corriente en su lugar de origen. Aunque los catalanes de Cataluña se adhieran cada vez más al sistema valenciano o balear, es decir, al castellano, este uso es impropio. Si queremos hablar el catalán de un modo genuino es necesario recuperar y respetar lo que corresponde a cada habla, según el área geográfica donde nos encontremos. Por tanto, las expresiones con los cuartos son un estilo propio que debería conservarse en Cataluña.

Pero me temo que, tarde o temprano, posiblemente el sistema de la lengua española, en calidad de lengua mayoritaria, acabará imponiéndose en este caso.

En el siguiente capítulo proseguiremos con los pronombres, aquellas pequeñas palabras que sirven para sustituir a los nombres, a las personas y a las cosas, necesarios en toda lengua. Los endiablados pronombres del catalán, dificultosos a veces por sus múltiples combinaciones, no tienen por qué amedrentarte, pues vistos con cariño llegan a ser uno de los temas más apasionantes y, por qué no, divertidos, de nuestra gramática. El uso de los pronombres enriquecerá tu modo de hablar y escribir para adentrarte sin problemas en el dominio del catalán. Tú puedes hacerlo. ¡Ánimo! Y... por favor, no te saltes el próximo capítulo, aunque lo dejes para el final.

Completa la siguiente serie como te muestra el ejemplo:

***poc** vi*	***poca** cervesa*	***pocs** plàtans*	***poques** pomes*
bastant soroll	.... terra	.... amics	.... coses
gaire cafè	.... mortadel·la	.... préssecs	.... ostres
massa gent	.... aigua	.... homes	.... dones
força gent	.... set	.... nois	.... noies
prou pa	.... salsa	.... diners	.... cireres

Luego escribe esta simpática cifra en números... ¿Puedes?

3.446.334.678.423 ....
....

ERRORES QUE DEBES CORREGIR

*M'han dit vàries coses → *M'han dit diverses coses*

*Cal saber escoltar els demés → *Cal saber escoltar els altres*

*¿Tens prous diners? → *¿Tens prou diners?*

*Els crèdits els trobareu a la pàgina dues → *Els crèdits els trobareu a la pàgina dos*

*Hi havia masses persones → *Hi havia massa persones*

*Aquesta pel·lícula no m'agrada res → *Aquesta pel·lícula no m'agrada gens*

*En aquesta història hi ha algo que no encaixa → *En aquesta història hi ha alguna cosa* que no encaixa

Capítulo 11

Demonología pronominal I. Los pronombres personales

En este capítulo

- Redescubrir los pronombres personales fuertes
- Aprender las formas que adoptan los pronombres débiles
- Orden y ortografía de los pronombres débiles
- La sustitución pronominal de los complementos verbales

El estudio profundo sobre la naturaleza y las cualidades de los demonios, estos terribles pronombres que tanto perturban tu mente y alteran tu sueño, va a lograr que disipes todos los males que presumiblemente te asuelan, de una vez por todas. Pues, en realidad, como puedes suponer, no son nada más que pobres diablos que hacen lo que pueden... y mucho mejor de lo que te imaginas. Efectivamente, son de lo más útiles y beneficiosos para el lenguaje, para el catalán.

Seguro que muchas veces te habrás preguntado: "Pero ¿qué es un pronombre?" La respuesta es muy sencilla: un elemento que sustituye a un nombre. ¿Qué podía ser sino? Dicho de un modo más técnico: los pronombres son palabras, generalmente variables, que indican que un determinado elemento ha sido sustituido. Más claro, el agua. Existen diferentes tipos de diablos... digo de pronombres, pero en este capítulo solo vas a conocer las características de los pronombres personales, que pueden ser fuertes o débiles. Y como ocurre siempre en estos casos, los demonios fuertes van a resultar muy fáciles de comprender, pero con los débiles... habrá que realizar algún que otro exorcismo.

Así pues, los pronombres personales se refieren fundamentalmente a la persona del discurso y se clasifican en dos series diferentes: la de los **pronombres fuertes** (o pronombres tónicos) y la de los **pronombres débiles** (o pronombres átonos).

Los pronombres fuertes se caracterizan por el hecho de poseer acento fónico y porque, además, son el sujeto de una oración: ***Jo** soc aquell que en temps de tempesta...* como decía Ausiàs March, el primer poeta catalán, en uno de sus versos más famosos; o bien ocupan posiciones propias de los nombres: *Ho faran sense **tu**.*

Los pronombres débiles, en cambio, son átonos y se apoyan necesariamente en el verbo: *No **em** coneixen* (a mi); *¿Què **et** sembla?* (a tu), ya que no tienen sentido por sí solos.

En catalán usamos con frecuencia, con demasiada frecuencia los pronombres débiles, abusamos de ellos, porque estás tratando con una lengua que, como el francés o el italiano, los necesita y los quiere tanto para la lengua hablada como para la escrita. Cierto es que el castellano también los usa, aunque en menor cantidad. Observa este ejemplo: cuando decimos *Dona-**me-la***, nos referimos a dos elementos (pues hay dos pronombres), que muy bien podrían ser *la llibreta* y *a mi*. Ningún problema. En castellano es igual: *Dá**mela***. Pero cuando decimos *Aquest matí t'he vingut a buscar però no **hi** eres*, aparece, como por arte de magia, el pronombre *hi* (que indica el lugar); ese pronombre ni existe ni es necesario en castellano: *Esta mañana he venido a buscarte pero no estabas*. Ahí está el quid: un pronombre que ha surgido como surgen las setas en el bosque. Inesperadamente. Como por encanto.

Por tanto, no te queda más remedio, si tu deseo es aprender bien el catalán, que tener en cuenta un montón de pronombres nuevos, y casos y ejemplos que no esperabas ni por asomo. ¡Una verdadera antología infernal! Esta es la verdad, alegre y variopinta, que trataré de explicarte, para tu placer y regocijo, del modo más entretenido que pueda en uno de los capítulos más complicados de este libro. *C'est la vie!*

Los pronombres personales fuertes

Se llaman así porque son tónicos. Tiene, por tanto, una sílaba tónica, es decir, acentuada fónicamente. Se refieren a la persona gramatical del discurso. Así que las formas fundamentales que sustituyen a las tres personas que, desde el punto gramatical, puede tener el discurso, no son muchas y las tienes reflejadas en la tabla 11-1.

Tabla 11-1. Pronombres personales fuertes o tónicos

	Singular	*Plural*
1.ª persona	jo, mi, nos	nosaltres
2.ª persona	tu, vós, vostè	vosaltres, vostès
3.ª persona	ell, ella	ells, elles
3.ª persona, reflexivo	si	

La primera persona se identifica con el emisor del enunciado. La segunda representa al receptor del enunciado y la tercera alude a la persona que no participa en el acto de la comunicación. Claro que, como ya sabes, no tienen por qué ser personas, sino que en algunos casos pueden ser entes no humanos e, incluso no animados (Hay mucha gente que le habla de tú a tú a su perro e incluso a las plantas.) Para cada persona se establece una oposición entre singular y plural, de raíz muy diferente en las dos primeras personas: *jo/nosaltres* y *tu/vosaltres*, pero añadiendo una *-s* en la tercera: *ell/ells*, *ella/elles*. Observa, además, que *tu* no lleva tilde, a diferencia del castellano.

La forma básica de la **primera persona del singular** es ***jo***, que es la palabra con la que el autor de un enunciado se designa a sí mismo; por ejemplo: ***Jo*** *ho* faré. Por tanto, realiza la función de sujeto. Además se utiliza *jo* en los siguientes casos:

- ✔ Después de la preposición *segons*. Por ejemplo: *Tu deies que* ***segons jo*** *no calia venir tan aviat.*
- ✔ Después de la preposición *entre* cuando introduce un complemento recíproco o dos elementos coordinados. Por ejemplo: ***Entre tu i jo*** *acabarem la feina. Ho farem* ***entre tu i jo***.

En cambio, ***mi*** (también sin tilde) se utiliza después de cualquier preposición (excepto *segons*): *Parlaven de* ***mi***. Aunque en el habla balear se usa también *jo* después de preposición: *Vine, nina, amb* ***jo*** *a dormir*; *Duc el dimoni dins* ***jo***, como demuestran dos famosas canciones del cantautor mallorquín Tomeu Penya. Por otro lado, *nos* es una forma arcaica utilizada sobre todo en la Edad Media como **plural mayestático**, solo para papas, obispos o reyes para designar a un emisor único: ***Nos***, *rei d'Aragó*.

Tu es la forma básica de la **segunda persona del singular**: "*¿****Tu*** *també, fill?*", *va dir Cèsar a Brutus*. Un trato mucho más formal es ***vós***, una forma que estaría entre el *tu* y el *vostè*. Se utiliza generalmente para dirigirse a personas que tienen una cierta edad o como muestra de respeto a aquellos que no tratas ni de *tu* ni de *vostè*: ***Vós*** *m'ho heu dit*. Actualmente este tratamiento está en fase de retroceso y casi se reduce a ambientes rurales y entre personas de edad avanzada. ***Vostè*** es el resultado de una contracción de la antigua forma *vostra mercè*. Hay que decir que hoy en día es la forma más utilizada para dirigirse a personas a las que no conocemos, a pesar de que los jóvenes cada vez usan menos el *vostè* en favor del *tu*: *Vostè m'ho ha dit / Tu m'ho has dit.*

Las formas básicas de la **tercera persona del singular** son ***ell*** para el masculino y ***ella*** para el femenino: *Ni **ell** ni **ella** no havien arribat encara.* ***Si*** (otro pronombre que no lleva tilde) es la forma correspondiente al pronombre reflexivo de tercera persona: *Parla de **si** mateix*, aunque habitualmente es sustituida por *ell* o *ella*: *Parla d'ell mateix, d'ella mateixa.* Pero si te refieres a cosas, no hagas esta sustitución: *No em preocupa el resultat en **si** mateix.*

Es preferible que evites los pronombres *ell/ella* si se refieren a cosas porque tal uso no es genuino del catalán. En su sustitución, usarás otras soluciones:

> Es incorrecto **Van exposar dos casos diferents, perquè **ells** eren molt il·lustratius.*
>
> Es correcto *Van exposar dos casos diferents, perquè **aquests** eren molt il·lustratius.*
>
> Es correcto *Van exposar dos casos diferents, perquè ∅ eren molt il·lustratius.*
>
> Es incorrecto **Va provar la nova moto i no està gens satisfet d'**ella**.*
>
> Es correcto *Va provar la nova moto i no **n'**està gens satisfet.*

Nosaltres es la **primera persona del plural** y una de las palabras que presenta más variedad en catalán. La pronunciación más corriente es ***nosatres***, que convive con *nosatros, naltres, noltros, mosatros*... Pero evidentemente la forma normativa, al menos en la escritura, es *nosaltres*: *Ho farem **nosaltres***; ***Nosaltres** els valencians* (importante obra ensayística del escritor de Sueca, Joan Fuster (1922-1992)).

Los pronombres de primera y segunda persona del plural tienen una situación especial, ya que no siempre remiten al emisor y al receptor, sino que expresan una expansión hacia otras personas. Fíjate en el eslogan *Nosaltres parim, nosaltres decidim* (que no corresponde necesariamente a yo+yo+yo..., puesto que el valor es general). Incluso el falso plural del libro bíblico del Génesis: *Fem l'home a la nostra imatge, semblant a nosaltres*, en la que presumiblemente el modelo corresponde a un ser único y no a varios; pero al tratarse de un dios, como comprenderás, el singular quedaba corto (¡Vaya por Dios!).

Algunos oradores o escritores usan *nosaltres* en lugar de *jo*. Es el llamado **plural de modestia**, para atenuar la personalidad propia: ***Nosaltres*** *creiem que, com ja vam indicar clarament en el segon capítol, la causa de l'actual crisi econòmica duu a la deflació.*

La forma básica de la **segunda persona del plural** es ***vosaltres***, pero también está sujeta a variaciones como *vosatres*, *vosatros*, *valtres*, *voltros*... Funciona, además, como plural de *tu* y de *vós*. La forma *vostès* es plural de *vostè*: *Haureu d'espavilar-vos* ***vosaltres*** *sols*; ***Vostès*** *no hi eren.*

Tienes que evitar el uso abusivo de ***vostè***. Cierto es que tanto el lenguaje publicitario como el comercial, el administrativo o el jurídico pueden expresarse con el tratamiento de *vostè*, pero hay que evitar el uso de esta palabra en todos los casos en los que, si prescindes de ella, el significado de la frase no cambia:

> Es incorrecto **Vostè es troba aquí.* (Indicación que se da en los mapas-carteles de las grandes ciudades.)
>
> Es correcto *Sou aquí.*
>
> Es incorrecto **Digui vostè què feia en aquell moment.*
>
> Es correcto *Digui què feia en aquell moment.*

Las formas básicas de la **tercera persona del plural** son ***ells*** para el masculino y ***elles*** para el femenino, junto a la forma reflexiva ***si***, que suele sustituirse asimismo por *ells/elles*: *Van anar-hi* ***ells*** *sols*; ***Elles*** *sempre volen tenir raó*; *Parlaven entre* ***si*** (o *entre ells* o *elles*).

Los pronombres personales débiles

Se denominan *febles* (débiles) porque son átonos, es decir, sin acento fónico, para distinguirlos de los fuertes o tónicos, que sí lo tienen (aunque no tienen por qué llevar tilde). Pueden adoptar muchísimas formas diferentes según su colocación respecto al verbo y a otros pronombres, ya que pueden combinarse entre ellos. Se clasifican según la persona (primera, segunda y tercera) y el número (singular y plural); pero también por las funciones que realizan (de complementos verbales) y por el género (masculino, femenino y neutro).

Son los verdaderos demonios, los de mayor jerarquía: los más complicados de usar. Aunque son numerosos, te los presento poco a poco, con toda cortesía. Así que empezamos. El catalán tiene los siguientes pronombres débiles:

- **me** primera persona singular (funciones: CD, CI)
- **nos** primera persona plural (funciones: CD, CI)
- **te** segunda persona singular (funciones: CD, CI)
- **vos** segunda persona plural (funciones: CD, CI)
- **se** tercera persona (reflexivo)
- **lo** tercera persona singular, masculino (función: CD)
- **la** tercera persona singular, femenino (función: CD)
- **li** tercera persona singular (función: CI)
- **los** tercera persona plural, masculino (función: CD) / tercera persona plural (función: CI)
- **les** tercera persona plural, femenino (función: CD)
- **ho** neutro
- **ne** adverbial
- **hi** adverbial

Para que no te inquietes, te avanzo que los complementos verbales (el directo, CD, y el indirecto, CI) se tratan en este mismo capítulo, un poco más adelante, en el apartado "Sustitución de los complementos verbales por pronombres débiles".

No confundas los pronombres *lo*, *la*, *los*, *les* con los artículos que presentan las mismas formas. No es lo mismo ***la** casa* que *me **la** deixa* (la casa). *¿Capicci?*

Hasta aquí es bastante sencillo. Pero hay algunas complicaciones, ya que la mayoría de esos pronombres pueden adoptar hasta cuatro formas diferentes. Es decir, dos formas si van antes del verbo y dos formas más si van después de él. Y por si eso fuera poco, resulta que cuando estos pronombres van delante del verbo tienen formas diferentes si el verbo empieza por consonante (**formas reforzadas**) o por vocal (**formas elididas**, con apóstrofo); y cuando van detrás del verbo, si este acaba en consonante o semivocal son de una manera (**formas plenas**) y si termina en vocal, de otra (**formas reducidas**, con apóstrofo). Soy consciente de que todo este embrollo despista un poco, pero lo verás más claro en la tabla 11-2 y en los ejemplos siguientes. Solo una cosita más antes de que observes atentamente la tabla, cuando estos pronombres van detrás del verbo no se unen directamente a él como ocurre en castellano, sino mediante un guion.

Tabla 11-2. Las formas que adoptan los pronombres débiles

Delante del verbo		*Detrás del verbo*	
Formas reforzadas	***Formas elididas***	***Formas plenas***	***Formas reducidas***
Delante de consonante	***Delante de vocal***	***Después de consonante o semivocal***	***Después de vocal***
em	m’	-me	‘m
ens		-nos	‘ns
et	t’	-te	‘t
us		-vos	-us
es	s’	-se	‘s
el	l’	-lo	‘l
la	l’ (la)	-la	
li		-li	
els		-los	‘ls
les		-les	
ho		-ho	
en	n’	-ne	‘n
hi		-hi	

El asunto empieza a esclarecerse, pero también a complicarse. Solo falta complementarlo con ejemplos concretos. Fíjate en las posibilidades que puede adoptar cada pronombre según la posición en que se encuentre:

- ✔ **me** *__em__ diu, __m__’atanso, traient-__me__, canta’__m__*
- ✔ **nos** *__ens__ deixa, __ens__ apropa, digueu-__nos__, parla’__ns__*
- ✔ **te** *__et__ canses, __t__’atreveixes, dir-__te__, deixa’__m__*
- ✔ **vos** *__us__ donen, __us__ agraeix, despulleu-__vos__, veure-__us__*
- ✔ **se** *__es__ banya, __s__’agraden, dir-__se__, tregui’__s__*
- ✔ **lo** *__el__ desobeeix, __l__’adoro, porteu-__lo__, estima’__l__*
- ✔ **la** *__la__ veig, __l__’esperem, __la__ imagines, __la__ usaves, veient-__la__, fica-__la__*
- ✔ **li** *__li__ dic, __li__ expliques, digueu-__li__, parla-__li__*
- ✔ **los** *__els__ miro, __els__ admirem, veient-__los__, deixa’__ls__*

- ✔ **les** ***les*** *miro,* ***les*** *acompanyes, veieu-****les****, posa-****les***
- ✔ **ho** ***ho*** *sabia,* ***ho*** *incloïes, deixeu-****ho****, pensa-****ho***
- ✔ **ne** ***en*** *vinc,* ***n'****és, portar-****ne****, dona'****n***
- ✔ **hi** ***hi*** *sent,* ***hi*** *havia, anar-****hi****, pensa-****hi***

A excepción de *les, li, hi* y *ho*, que son invariables, los pronombres débiles, como acabas de ver, presentan diferentes formas cuando van antes del verbo, según si este empieza por consonante o por vocal. También presentan formas diferentes si van después del verbo, en función de que este acabe o bien en consonante o bien en una *u* que sea la segunda vocal de un diptongo o bien en vocal que no sea una *u* segundo elemento de un diptongo. Así se obtienen:

- ✔ Las **formas *reforçades*** (reforzadas) se usan en la mayor parte del catalán oriental cuando se requiere un pronombre débil antes del verbo y este empieza por consonante: *¿****em*** *sents?, ja* ***et*** *veig.* En cambio, en la zona occidental suelen se usarse las plenas: *¿****me*** *sents?* También se emplean en la combinación de dos pronombres: ***ens la*** *deixa*; ***els l'****enviarem*, y en general, después de un pronombre acabado en *-s*: *doneu-nos-****la***.
- ✔ Las **formas *elidides*** (elididas) se usan antes del verbo cuando este empieza por vocal o por *h*. En este caso, como se elide una vocal del pronombre, hay que poner un apóstrofo, que une el pronombre con el verbo o con otro pronombre: ***t'****avisaré*; ***s'****atansa*; ***m'****ho crec*.
- ✔ Las **formas *plenes*** (plenas) se usan en diversas circunstancias:
  - Cuando el pronombre débil va después del verbo, si este acaba en consonante o en una *u* que sea segunda vocal de un diptongo: *vesteix-te*; *asseu-te*; *renteu-vos*; *escoltar-vos*.
  - También cuando un pronombre precede a otro pronombre, tanto si ese conjunto está antes del verbo como si va después de él; es el caso de ***me*** *la portava, dona-****me****-la, no* ***te*** *l'escoltis,* ***se*** *us coneix*. Ahora bien, toman la forma elidida si se combinan con *hi* o con *ho*: *emporta-****t'****ho,* ***s'****hi acostumarà*.
  - Asimismo, las formas plenas aparecen siempre que un pronombre débil se combina con otro apostrofado: ***se****'n va*; *dona-****me****'l*.
  - Además, son normales las formas plenas en ciertas expresiones populares: *tant* ***me*** *fa, com* ***se*** *diu, Déu* ***vos*** *guard...*
  - Por último, ante verbos que empiecen por *s, ce* o *ci* la forma reforzada *es* puede convertirse en la forma plena *se*: ***se*** *celebrarà*.
- ✔ Las **formas *reduïdes*** (reducidas) se usan después de un verbo o de otro pronombre débil acabado en vocal, siempre que no sea una *u*

que forma diptongo. Estos pronombres se separan siempre del verbo mediante un apóstrofo o un guion: *veure'**l***, *emporta-te'**l***. En cambio, la forma *-us* se emplea después de un verbo acabado en vocal que no forme diptongo: *veure-**us***.

En textos orales y para los verbos acabados en *-er*, siempre que esa *-e* sea átona, como *conèixer* y *convèncer*, se admiten como **formas plenas** de los pronombres débiles las variantes: *coneixe'ns*, *convence'l*...

Cómo colocar bien los pronombres débiles y cómo escribirlos correctamente

Los pronombres débiles se comportan de un modo particular, ya que pueden colocarse delante del verbo o detrás de él, como acabas de ver. La primera opción es la más común:

- ***Et** pots banyar al mar.*
- *Ell **es** banya al riu.*
- ***Li** ha dit que no.*
- *No **li ho** diguis.*
- ***S'ho** emporta.*

Pero cuando se trata de un **infinitivo**, un **gerundio** o un **imperativo** deben ir detrás del verbo:

- con infinitivo → *Dir-**se** el nom del porc. Regirar-**ho** tot.*
- con gerundio → *Pensant-**ho** millor.*
- con imperativo → *Fica-**t'ho** al cap. Matem-**ho** aquí. Fes-**te** enrere. Telefona-**li**.*

Si los pronombres se combinan con una **perífrasis verbal** (construcción formada por un verbo auxiliar más un infinitivo o un gerundio) se puede colocar el pronombre tanto delante como detrás:

***Ho** va dir*	*Va dir-**ho***
***Se n'**havia d'anar*	*Havia d'anar-**se'n***
***Hi** he d'anar*	*He d'anar-**hi***

No hace falta que te diga que es incorrecto repetir un mismo pronombre antes del verbo y después de él, como se oye en registros vulgares:

**Hi haig d'anar-hi*; o aún peor: **Hi tinc que anar-hi* (usando la incorrecta construcción *tenir que* en lugar de *haver de*).

Debes tener muy presente que todos los pronombres débiles relacionados con un verbo tienen que ir juntos, bien antes del verbo o bien después de él, como puedes observar en los siguientes ejemplos:

***T'ho** emportes*	*emporta-**t'ho***
*No **n'hi** trobaràs*	*posa-**l'hi***
***Me la** dones*	*Dona-me-la*

Recuerda, además, que en catalán, a diferencia de lo que ocurre en castellano, los pronombres van siempre separados de los verbos y de otros pronombres; aunque algunas veces se puede decir que van unidos, eso sí, mediante un guion o un apóstrofo. Los criterios para su correcta escritura son los siguientes:

- **Delante de un verbo que comience por consonante**, los pronombres se escriben separados, como *em somriu, ens canta, et mira, us respon, es pentinen, el veig, els maten, les diuen, li dic, ho faran, hi són, en tenen.*
- **Delante de un verbo que comience por vocal** (precedido o no de *h*) los pronombres *em, et, el, la, es, en* adoptan la forma elidida y se escriben con apóstrofo. Observa estos ejemplos: *m'escolta, t'odia, t'han vist, l'ha perduda, s'alça, n'ha comprats*. El pronombre *la* en posición átona y ante un verbo que empieza por *i, u, hi, hu* se comporta igual que el artículo femenino (capítulo 6) y no lleva apóstrofo: *la introduïen, la untaven, la humilia, la hipnotitza.*
- **Después de un verbo acabado en consonante o en *u*** (si es la segunda vocal de un diptongo), se unen al verbo mediante un guion. Fíjate bien: *dir-me, escriu-me, digueu-nos, fer-te, dir-vos, pren-lo, porteu-lo, trenca-les, truca-li, fes-ho, ves-hi, pren-ne.*
- **Después de un verbo acabado en vocal que no sea una *u*** segundo elemento de un diptongo, los pronombres *em, et, es, el, ens, els, en* adoptan la forma reducida y se escriben con apóstrofo, como en *mira'm, mira't, perdre's, dona'l, mira'ns, torna'ls, omple'n*; pero: *mengeu-ne, veure-us, dona-la, dona-les, escriure-li, estudia-ho, corre-hi.*

Cuando los pronombres débiles se combinan entre ellos se suprime una de las vocales que entran en contacto y se escribe el apóstrofo lo más a la derecha posible:

me + el + pren	→	*me'l pren*
te + els + dono	→	*te'ls dono*
se + en + menja	→	*se'n menja*
el + hi + torno	→	*l'hi torno*
se + en + ha comprat	→	*se n'ha comprat*
menja + et + ho	→	*menja-t'ho*
deixa + el + hi	→	*deixa-l'hi*

Mucha atención con algunos pronombres débiles, ya que su escritura no siempre es uniforme:

- ✔ Las combinaciones ***la*** + ***hi*** y ***se*** + ***us*** no pueden llevar apóstrofo. Observa estas formas correctas: *Ella la hi donarà*; *se us demana una cosa*.
- ✔ El pronombre ***el*** adopta la forma elidida *l'* cuando se combina con ***en***. En una frase como ***El*** *van nomenar* ***director del curs***, si quieres sustituir el complemento (director del curs) mediante un pronombre, debes decirlo y escribirlo de la siguiente manera: ***L'en*** *van nomenar*.
- ✔ Los pronombres ***li*** y ***ho*** son invariables. Por tanto, nunca pierden letras ni llevan apóstro. Fíjate en estos ejemplos: *Li agrada*, *dona-li*; *ho entenc*, *li ho diré*.

La forma ***vos*** se conserva en posición antes del verbo en algunos dialectos, o en expresiones fosilizadas de la lengua como *¡Déu vos guard!*, que aún puedes oír como saludo en algunos pueblos, sobre todo en personas de edad; pero en la lengua escrita y en los registros formales conviene usar en esta posición la forma *us*.

Sustitución de los complementos verbales por pronombres débiles

Los verbos suelen ir acompañados de nombres o grupos nominales que los complementan. Y, precisamente porque están formados por nombres, el papel de esos complementos a menudo lo desempeñan pronombres, que pueden ir antes del verbo o después de él (como ya has visto en el apartado anterior). Por tanto, los pronombres pueden ejercer la función de los siguientes complementos:

- ✔ El **complemento directo**, como en *Veig aquell **noi.*** → ***El** veig.*
- ✔ El **complemento indirecto**, como en *Han dut aquesta carta **a la Joana.*** → ***Li** han dut aquesta carta.*
- ✔ El **complemento preposicional o de régimen**, como en *El Lluís pensava **en la pel·lícula.*** → *El Lluís **hi** pensava.*
- ✔ Los **complementos circunstanciales**, como *Caminava **de pressa.*** → ***Hi** caminava.*
- ✔ El **complemento predicativo**, como en: *El Toni es tornava **vermell.*** → *El Toni s'**hi** tornava.*
- ✔ El **atributo**, como en: *El Fèlix és **alt.*** → *El Fèlix **ho** és.*
- ✔ El **complemento del nombre**, como en *No conec la història **de Catalunya.*** → *No **en** conec la història.*

El ejemplo de cada caso te indica los complementos verbales cuyos pronombres sustituyen. Pero voy a darte a continuación las instrucciones pertinentes para identificar cada uno de esos complementos en las oraciones y saber qué pronombres debes usar para sustituirlos en cada caso, puesto que un mismo complemento puede requerir pronombres diferentes.

Sustitución del complemento directo

El complemento directo (CD) es el objeto (persona, animal o cosa) sobre quien recae directamente la acción del verbo. Los pronombres que sustituyen al complemento directo son los que te indico en la tabla 11-3.

Tabla 11-3. Pronombres que sustituyen el complemento directo (CD)

	1.ª persona	*2.ª persona*	*3.ª persona*		*Indeterminado*	*Neutro*
			Determinante	Reflexivo o recíproco	en	ho
Singular	em	et	el, la	es		
Plural	ens	us	els, les	es		

La tabla se complementa con los siguientes ejemplos ilustrativos, para que tengas claro qué pronombres usar en cada caso con el fin de sustituir el complemento directo:

- El CD es la primera o la segunda persona, singular y plural en oraciones como estas: *En Joan* ***em*** *mirava malament*; *Mai no* ***ens*** *escolta*; *Ja* ***et*** *veig*; *Ja* ***us*** *ho he dit.*
- Si el CD tiene como núcleo un nombre introducido por el artículo *el*, *la*, *els*, *les*, un demostrativo o un posesivo, entonces realizarás la sustitución con los pronombres *el*, *la*, *els*, *les*. Observa las oraciones siguientes:

  Veig **aquell cotxe.** → El veig.

  Trobo ***la Neus.*** → *La trobo.*

  Han comprat ***els contes.*** → *Els han comprat.*

  Collien ***les cireres.*** → *Les collien.*
- Si el núcleo del CD es un nombre indeterminado o introducido por un cuantitativo o un numeral, entonces sustituirás por *en*:

  Busca ***cargols.*** → ***En*** *busca.*

  Volien ***tres cerveses.*** → ***En*** *volien tres.*
- Cuando el CD es toda una oración, entonces se usa *ho*; y lo mismo si el CD está representado por las palabras *això*, *allò*:

  Volien ***que la dependenta els emboliqués el regal.*** → ***Ho*** *volien.*

  No oblidem ***això.*** → *No* ***ho*** *oblidem.*
- Además, debes fijarte en los usos reflexivos y recíprocos:

  Ella ***es*** *pentina amb els dits*; ***Es*** *miraven l'un a l'altre.*

Sustitución del complemento indirecto

El complemento indirecto (CI) indica quién es el destinatario o quién recibe la consecuencia de la acción verbal. Suele introducirse con las preposiciones *a* o *per a*. Los pronombres que sustituyen al complemento indirecto aparecen en la tabla 11-4.

Tabla 11-4. Pronombres que sustituyen el complemento indirecto (CI)

	1.ª persona	*2.ª persona*	*3.ª persona*	*Reflexivo o recíproco*
Singular	em	et	li	es
Plural	ens	us	els	es

Como siempre, sin ejemplos no es fácil entenderlo bien:

- Los pronombres que sustituyen al nombre en función de CI en el caso de la primera y la segunda persona son los mismos que cuando la función es la de CD. Observa: *No **em** donis res*; *No **ens** ho vol dir*; *La música **et** dona tranquil·litat*; ***Us** estimo molt.*
- Fíjate en que los pronombres *li* y *els* no distinguen entre masculino y femenino:

  *Vaig demanar **al Marc** que vingués.* → ***Li** vaig demanar que vingués.*

  *Vaig demanar **a la Judit** que vingués.*→ ***Li** vaig demanar que vingués.*

  *Ho va dir **als alumnes.*** → ***Els** ho va dir.*

  *Ho va dir **a les alumnes.*** → ***Els** ho va dir.*
- Los reflexivos y recíprocos: *En Pere **es** renta les dents*; *En Joan i la Maria van fer-**se** un petó.*

Los pronombres de tercera persona *li*, *los*, *els*, *'ls* desempeñan la función de complemento indirecto (CI). No cometas el error de pluralizar *li* en la incorrectísima forma **lis* (propia del habla *xava*, como te explique en el capítulo 4); el plural correcto en estos casos es *els* (o *los*, *'ls*). Observa los ejemplos:

- **Digueu-**lis** que vinguin* (*a ells, a elles*).
- *Digueu-**los** que vinguin* (*a ells, a elles*).
- ***Els** enviaré un correu electrònic. Voldria enviar-**los** un correu electrònic. Envia'**ls** un correu electrònic* (*a vostès, a ells, a elles*).

Sustitución del complemento preposicional

El complemento preposicional (CPrep) o de régimen verbal en catalán siempre va precedido por las preposiciones *a*, *en*, *amb*, *per* o *de*. Estas proposiciones están exigidas por el verbo. Por eso se llama complemento regido, es decir, exigido.

Los CPrep introducidos por las preposiciones ***a***, ***en***, ***amb*** o ***per*** se sustituyen con el pronombre ***hi***:

> ***Negar-se a** fer una cosa.* → *Negar-s'**hi***; *¿**Renuncies a** Satanàs? **Hi** renuncio.*
>
> *Mai no **penses en** mi.* → *Mai no **hi** penses.*

***Estic d'acord amb** vosaltres.* → ***Hi** estic d'acord.*

*S'**interessa** molt **per** aquella xicota.* → *S'**hi** interessa.*

Y los CPrep introducidos por ***de*** se sustituyen con el pronombre ***en***:

*Es van **adonar de** la meva presència.* → *Se'**n** van adonar.*

Para que recuerdes los verbos que exigen una preposición y, por tanto, llevan CPrep, he preparado una lista con los principales. Puedes verlos en la tabla 11-5. Recuerda los pronombres que sustituyen al complemento; como acabas de verlos, si es necesario, repásalos.

Tabla 11-5. Verbos que exigen preposición

Preposición	***Verbos***	***Ejemplos***
***Con* a**	*acostumar-se*	*Acostuma els nens **a** obeir.*
	accedir	*Accedírem **a** tot allò que ens demanaren.*
	afanyar-se	¡Afanya't ***a** venir!*
	arriscar-se	*No t'arrisquis **a** passar el riu.*
	atrevir-se	*La gent no s'atreveix **a** sortir al carrer.*
	contribuir	*Han contribuït **a** la campanya amb un donatiu.*
	dedicar-se	*Es dedicar **a** l'estudi.*
	esforçar-se	*S'esforçava **a** córrer.*
	exposar-se	*T'exposes **a** agafar una malaltia.*
	negar-se	*Em nego **a** repetir la feina.*
	renunciar	*Han renunciat **a** un dret fonamental.*
***Con* en**	*afanyar-se*	*S'afanyaven **en** la construcció de nous terraplens.*
	complaure's	*Es complau **en** el seu error.*
	confiar	*Confia **en** les seves pròpies forces.*
	entossudir-se	*S'entossudeix **en** la seva actitud.*
	exercitar-se	*S'exercita **en** el maneig de les armes.*
	interessar-se	*Vaig interessar-me molt **en** aquell assumpte.*
	pensar	*¿Ja has pensat **en** les conseqüències?*

(continúa)

Tabla 11-5. Verbos que exigen preposición *(cont.)*

***Con* amb**	*avenir-se*	*M'avinc molt* ***amb*** *el meu germà.*
	estar d'acord	*Estic d'acord* ***amb*** *tu que és un bon home.*
	fer-se ('tractar-se')	*No ens fem* ***amb*** *ell, no ens tractem.*
	haver-n'hi prou	*¡Ja n'hi ha prou* ***amb*** *aquesta comèdia!*
***Con* de**	*abstenir-se*	*S'abstenia* ***de*** *menjar carn.*
	adonar-se	*Es van adonar* ***de*** *la meva presència.*
	aprendre	*No vaig aprendre* ***de*** *parlar català quan era petit.*
	burlar-se	*Es burla* ***de*** *les coses sagrades.*
	descuidar-se	*Em vaig descuidar* ***de*** *preguntar-li-ho.*
	estar content	*Està molt content* ***del*** *seu treball.*
	fer-se càrrec	*Fer-se càrrec* ***d'****algú.*
	ocupar-se	*S'ocupava* ***d'****organitzar exposicions.*
	parlar	*No em parlin* ***d'****aquell pocavergonya.*
	preocupar-se	*No es preocupa* ***de*** *la seva descendència.*
	queixar-se	*Es queixava* ***de*** *mal de panxa.*
	riure's	*Jo em ric* ***de*** *les seves amenaces.*
	saber	*S'ha de saber viure* ***del*** *que hom té.*
	tenir cura	*Ja tindré jo cura* ***del*** *malalt.*

Sustitución de los complementos circunstanciales

Los complementos circunstanciales (CC) indican las condiciones en las que se produce la acción verbal, como el lugar, tiempo, modo, instrumento, etc. Los pronombres que sustituyen a estos complementos son los mismos que los que desempeñan la función del complemento preposicional, es decir, *en* y *hi*. La diferencia está en las cosas que expresan o se desarrollan en la oración.

Veamos algunos detalles.

- ✔ Los CC introducidos por la preposición ***de*** (excepto si se trata de CC de modo) se sustituyen mediante el pronombre ***en***: *Ell ve* ***del*** *teatre, i jo també* ***en*** *vinc.*

- A los CC introducidos por **otras preposiciones** los sustituye el pronombre ***hi***: *Van **a** Barcelona, on **hi** tenen la feina*; *Estic **contra** la violència i sempre **hi** he estat.*
- Los **CC de modo** se sustituyen mediante el pronombre ***hi***: *No sempre parla quequejant, però quan **hi** parla costa d'entendre'l.*

Sustitución del complemento predicativo

El complemento predicativo (CPred) es un complemento que aporta información (predica) sobre algún elemento nominal a través de un verbo no copulativo (es decir, que no sea *ser* o *estar*). Dicho de otro modo: ese elemento nominal que complemente el CPred puede ser el sujeto, el CD o el CI. Normalmente se sustituye con el pronombre ***hi***:

*Els nens anaven **despullats.*** → *Els nens **hi** anaven.*

Observa que en el ejemplo anterior, *despullats* complementa al sujeto *(els nens)* y depende de él.

Pero cuando se trata de los verbos *dir-se*, *elegir*, *fer-se* (exceptuando *fer-se* en el sentido de *tornar-se*), *nomenar* y otros verbos de significado parecido, entonces se sustituye con el pronombre ***en***:

*S'ha fet soci del Barça perquè ja feia temps que se'**n** volia fer.*

*Em dic Ferran. Hi ha molta gent que se'**n** diu.*

Pero:

*S'ha tornat vermell. És molt vergonyós i de seguida s'**hi** torna.*

Sustitución del atributo

El atributo es muy fácil de reconocer porque es el complemento que acompaña a los verbos copulativos, como *ser*, *estar* o *semblar*. Estos verbos solo tienen una función: unir el sujeto con el atributo, sin añadir nada al significado de la oración.

Los pronombres que sustituyen al atributo son *el*, *la*, *els* y *les* o bien *ho* (y en ciertos casos *en*). Veamos lo que puede ocurrir.

- Cuando el atributo está determinado, es decir, va precedido de un artículo definido *(el, la, els, les)*, de un posesivo *(el meu, el teu, el nostre...)* o de un demostrativo *(aquest, aquell...)* se sustituye por ***el***, ***la***, ***els***, ***les***. Observa los ejemplos:

*Sí que **els** són, **els** escollits.*

*¿És **el teu** pare o no **l'**és?*

*¿En Florenci és **aquell** noi? No, no **l'**és.*

- ✔ Cuando el atributo no está determinado o se forma con el verbo *semblar*, entonces lo sustituye el pronombre ***ho***:

  *Estava malalt, però ara ja no **ho** està.*

  *Jo no sé si és boig, però **ho** sembla.*

- ✔ Cuando el atributo se junta con el CI, entonces su sustituto es ***en***:

  *Jo soc el padrí del Felip. Jo **li** soc padrí* (solo se sustituye el CI, 'del Felip').

  *Jo li'**n** soc* (se sustituye el CI y el atributo).

Sustitución del complemento del nombre (CN)

El complemento del nombre (CN) indica pertenencia, especificación del nombre que acompaña. Va introducido con la preposición ***de*** y se sustituye con el pronombre ***en***:

*Conec molt bé l'art romànic **de la vall de Boí**, però no **en** conec la història.*

Mucha atención con el CN del complemento directo, que no se puede sustituir por un pronombre. En la oración *No sé on he deixat **el raspall de dents***, el complemento directo es *raspall*, que, a su vez, tiene un complemento del nombre: *de dents*. Pues bien, solo es posible sustituir el complemento directo, por tanto un solo pronombre: *No sé on **l'**he deixat (el raspall de dents)*. Pero no se puede sustituir además, con el pronombre *en*, el fragmento *de dents*, es decir, el CN del CD. Toda pronominalización tiene un límite. No te pases.

Dejando de lado los complementos verbales, también hay que decir que el **sujeto de una oración** se sustituye, en ciertas oraciones, por el pronombre ***en***, cuando se encuentra pospuesto al verbo; pero nunca si va delante de él:

¿Que ha arribat cap ***convidat****? No, encara no **n'**ha arribat cap.*

Combinaciones y estratagemas de los pronombres débiles

En teoría son posibles las combinaciones de cuatro pronombres... ¡o más! Pero no te asustes, las más habituales son las combinaciones de dos. La fórmula mágica, el orden más general y estándar en una secuencia de pronombres como la que te muestra la tabla 11-6. Ten en cuenta que las rayas horizontales señalan la imposibilidad de combinar los pronombres que están en la misma columna. Por su parte, las rayas verticales gruesas indican la imposibilidad de combinar los pronombres de las celdas contiguas.

Tabla 11-6. Orden de los pronombres débiles

<table>
<tr><th>Reflexivo</th><th>Segunda persona</th><th>Primera persona</th><th colspan="2">Tercera persona</th><th colspan="2">Adverbiales y neutro</th></tr>
<tr><td rowspan="5">es</td><td>et</td><td>em</td><td>li</td><td></td><td>en</td><td>hi</td></tr>
<tr><td rowspan="4">us</td><td rowspan="4">ens</td><td rowspan="4">els</td><td>el</td><td colspan="2" rowspan="4">ho</td></tr>
<tr><td>els</td></tr>
<tr><td>la</td></tr>
<tr><td>les</td></tr>
</table>

Por lo tanto, según esta tabla, no serían posibles las combinaciones del tipo *em + ens*, *en + ho* ni *hi + ho*; tampoco pueden ir juntos los de tercera persona *(el*, *els*, *la*, *les)* con *ho*.

La tabla 11-7 contiene las combinaciones posibles entre dos pronombres (llamadas también *combinaciones binarias*), cuando no forman parte de combinaciones con más pronombres. Los cuadros que veas vacíos son combinaciones imposibles. Esta tabla no es para aprendérsela de memoria, sino para consultar si una combinación pronominal que has escrito es correcta o no.

Tabla 11-7. Combinaciones binarias de pronombres débiles

	en	*hi*	*ho*	*les (CD)*	*la (CD)*	*els (CD)*	*el (CD)*	*els (CI)*	*li (CI)*	*ens*	*em*	*us*	*et*
es	se'n se n' -se'n	s'hi -s'hi	s'ho -s'ho	se les -se-les	se la se l' se-la	se'ls -se'ls	se'l se l' -se'l	se'ls -se'ls	se li -se-li	se'ns -se'ns	se'm se m' -se'm	se us -se-us	se't se t' -se't
et	te'n te n' -te'n	t'hi -t'hi	t'ho -t'ho	te les -te-les	te la te l' -te-la	te'ls -te'ls	te'l te l' -te'l	te'ls -te'ls	te li -te-li	te'ns -te'ns	te'm te m' -te'm		
us	us en us n' -us-en	us hi -vos-hi -us-hi	us ho -vos-ho -us-ho	us les -vos-les -us-les	us la us l' -vos-la -us-la	us els -vos-els -us-els	us el us l' -vos-el -us-el	us els -vos-els -us-els	us li -vos-li -us-li	-vos-ens -us-ens	-vos-em -us-em		
em	me'n me n' -me'n	m'hi -m'hi	m'ho -m'ho	me les -me-les	me la me l' -me-la	me'ls -me'ls	me'l me l' -me'l	me'ls -me'ls	me li -me-li				
ens	ens en ens n' -nos-en 'ns-en	ens hi -nos-hi 'ns-hi	ens ho -nos-ho 'ns-ho	ens les -nos-les 'ns-les	ens la ens l' -nos-la 'ns-la	ens els -nos-els 'ns-els	ens el ens l' -nos-el 'ns-el	ens els -nos-els 'ns-els	ens li -nos-li 'ns-li				
li	li'n li n' -li'n	li hi -li-hi	li ho -li-ho	les hi -les-hi	la hi -la-hi	els hi -los-hi 'ls-hi	l'hi -l'hi						

(continúa)

(continuación)

li ***(valencià)***	li'n li n' -li'n	li hi -li-hi	li ho -li-ho	li les -li-les	li la li l' -li-la	li'ls -li'ls	li'l li l' -li'l
els (CI)	els en els n' -los-en 'ls-en	els hi -los-hi 'ls-hi	els ho -los-ho 'ls-ho	els les -los-les 'ls-les	els la els l' -los-la 'ls-la	els els -los-els 'ls-els	els el els l' -los-el 'ls-el
el ***(CD)***	l'en el n' l'en	l'hi -l'hi					
els (CD)	els en els n' -los-en 'ls-en	els hi -los-hi 'ls-hi					
la ***(CD)***	la'n la n' -la'n	la hi -la-hi					
les (CD)	les en les n' -les-en	les hi -les-hi					
en		n'hi -n'hi					

En la mayoría de los dialectos del catalán, excepto el valenciano, cuando el pronombre *li*, que ejerce de complemento indirecto, entra en contacto con los pronombres que realizan la función de complemento directo —*el, la, els, les*— adopta la forma *hi* y se pone a continuación de los pronombres del complemento directo. Así, se forman las combinaciones *l'hi, la hi, els hi, les hi*, como puedes ver en la tabla 11-8.

Tabla 11-8. Combinaciones posibles al cambiar *hi* por *li*

Catalán	***Ejemplos***	***Valenciano***	***Ejemplos***
l'hi	*Ell l'hi donarà.* *(aquest llapis a ell, a ella, a vostè)*	**li'l**	*Ell li'l donarà.* *(aquest llapis a ell, a ella, a vostè)*
la hi	*Ell la hi donarà.* *(la carta a ell, a ella, a vostè)*	**li la**	*Ell li la donarà.* *(la carta a ell, a ella, a vostè)*
els hi	*Ell els hi donarà.* *(aquests llibres a ell, a ella, a vostè)*	**li'ls**	*Ell li'ls donarà.* *(aquests llibres a ell, a ella, a vostè)*
les hi	*Ell les hi donarà.* *(les cartes a ell, a ella, a vostè)*	**li les**	*Ell li les donarà.* *(les cartes a ell, a ella, a vostè)*

Para las formas *n'hi* o *li'n*, la normativa establece como forma preferente o recomendable la combinación pronominal *li'n* frente a *n'hi*:

- ✔ *Si no té ordinador,* ***li'n*** *deixarem un* (*li = a ell, a ella, a vostè; d'ordinador*).
- ✔ *Si no té ordinador,* ***n'hi*** *deixarem un* (*hi = a ell, a ella, a vostè; d'ordinador*).

Ambas soluciones son correctas, pero es preferible reservar la segunda opción para el lenguaje coloquial. Algo parecido ocurre con las combinaciones *l'hi* y *li ho*, ambas correctas si bien la primera es propia del lenguaje coloquial mientras que la segunda es la recomendada por la normativa:

- ✔ *¿Li faràs saber que demà no cal que vingui? Sí,* ***l'hi*** *faré saber.*
- ✔ *¿Li faràs saber que demà no cal que vingui? Sí,* ***li ho*** *faré saber*

  (*li = a ell, a ella; ho = que demà no cal que vingui*).

En cambio no es nada recomendable utilizar la combinación *l'hi* en lugar de la correcta *li hi* en una frase como:

- ✔ * *¿Li posaràs l'anell al dit? Sí, l'hi posaré.*
- ✔ *¿Li posaràs l'anell al dit? –Sí,* ***li hi*** *posaré*

  (*li* = *a ell, a ella*; *hi* = al dit).

Pigmalión y los pronombres débiles

Pigmalión es una obra de teatro muy divertida que el dramaturgo irlandés George Bernard Shaw (1856-1950) escribió en inglés en 1913. El argumento es conocido mundialmente: una florista pobre (Liza Doolittle, Rosita en la versión catalana), que habla el *cockney*, un dialecto popular londinense, va transformando su modo de hablar con la ayuda de un profesor de fonética que pretende convertirla en una señorita de la alta sociedad, al menos por el habla, londinense.

En la traducción catalana de esta obra, la sintaxis, el léxico y los pronombres se destrozaron de un modo muy elocuente, propio del habla *xava* y del lenguaje callejero. Transcribo algunos fragmentos con la esperanza de que no hables como estos personajes.

XULO: *Al tanto, nena, que aquí radera hi ha una bòfia que apunta tot* ***ho*** *que dius. Dona-li una flor que* ***si's*** *pensa que demanes caritat, palmes.*

ROSITA: *¿Al prenda éh al seu fii? pueh pagui la mercansia que m'ha estropellat. ¡Miri quin fahti de claveii! que a mi no* ***me lo*** *regalaan. Tinc que retrata****m****-me, m'antén.*

ROSITA: *Vostè no té entranyes. Es preocupa de vostè i ja està. Ja* ***tinc bastant****.* ***Me*** *largo. Vergonya* ***me*** *donaria a mi.*

ROSITA: *Digui que no li guindao na, senyor, digui la veritat. No deixi que m'acusin. Salvi'm si* ***me*** *porten al jusgat. La meva reputació per terra. A mi que* ***me*** *registrin.*

Comentarios suculentos:

- ✔ En primer lugar se nota el uso de las formas plenas *(me, lo)* en lugar de las reforzadas *(em, el)* antes del verbo, que no son propias de los dialectos orientales.
- ✔ También la ausencia de pronombres: *ja tinc bastant* en lugar de *ja* ***en*** *tinc prou.*
- ✔ Se hacen reducciones y duplicaciones extremas, como *retratam-me* en lugar de *retratar-me*; o *si's* en vez de *si es.*
- ✔ Aparte de los pronombres surge un vocabulario específico, que se refleja en palabras como *bòfia (policia), palmar (morir)* o *guindar (robar)*, etc.
- ✔ También pronunciaciones incorrectas, como la aspiración en *fahti (fàstic) o los* yeísmos de *claveii (clavells)* y *fii (fill)*, etc.

En definitiva, un mundillo de incorrecciones en un lenguaje rico, rico, con matices lingüísticos, verbos coloreados y expresiones más que estupendas.

Por favor, no te cargues los pronombres débiles

Una de las mejores manifestaciones en favor de los pronombres débiles, aguda y divertida al mismo tiempo, la popularizó la escritora catalana de novelas, cuentos y artículos periodísticos Montserrat Roig (1946-1991), un año antes de su prematura muerte, en un artículo que se publicó en el diario *Avui* (21-11-91) dirigido a un tal Amadeu, director de la televisión valenciana en aquel tiempo. Vale la pena reproducir un fragmento de aquel artículo para que te des cuenta de la importancia que tienen los pronombres en nuestra lengua, el catalán (observa, además, la cantidad de pronombres débiles que surgen en este pequeño texto, de manera natural):

*Amadeu (...) te **m'**has carregat un pronom feble, tot ignorant que els pronoms febles són la nineta dels nostres ulls. El programa* Tria'n tres, *l'has convertit en* Tria tres. *Has fet caure l'***en**, *l'has fet rodolar pels viaranys del no-sentit. Tant que **els** estimem, els pronoms febles. Si **en** despareix un, **ens** toquen el voraviu. Durant segles, els francesos, els italians i els catalans hem matisat fins a tornar-**nos** primfilats gràcies al pronom feble. Hem estalviat la llargada de les paraules per arrodonir-**ho** tot en un* **hi**, *un* **en**. *I **ens** enteníem. Un* **hi** *o un* **en** *posats a temps era com afegir una goteta de mel al paladar.*

Ara dius: el programa Tria'n tres ***s'**ha de dir* Tria tres. *Si dius* Tria tres, ***ens** falta un què, algun objecte ha volat, esborrat a l'ordinador. Si dius* Tria'n tres, *sé que **m'**estàs parlant d'algú, o alguna cosa, que existeix. I sé que existeixo, no estic penjada al buit. El pronom feble, Amadeu, és el tou de la cama de la Ben Plantada, el voraviu de Plaerdemavida, la barba de Pere Quart, Carles Riba passejant per Bierville, la Rodoreda escanyant una flor de magnoli, la Víctor Català amb papada i fent de senyoreta de casa bona, l'Ausiàs March perseguint un falcó. El pronom feble, Amadeu, exterioritza o representa un munt de significats. Tot un paisatge **hi** cap, dins un pronom feble. Què vols que **hi** fem.*

Diu el valencià Andrés Estellés en un poema molt trist:

*...Reportar, anar fent l'inventari, escarbant entre tot l'enderroc, entre les tristes coses l'edifici abatut, tossint, entre la pols, persistint tenaçment –un setrill, una taula, una ansa d'un pitxer, o bé el tros d'un espill–, agafant cada cosa tot i prenent-**ne** nota...*

*Feliç aquest "prenent-**ne** nota" del poeta! Perquè darrere **hi** ha un setrill, una taula, un tros d'espill... Si no **en** prengués nota, tots aquests objectes **se li** esborrarien, i ell **es** quedaria només amb la tristesa del fill perdut.*

En el siguiente capítulo conocerás los pronombres relativos en catalán. También las oraciones que forman: oraciones de relativo, sustantivas y adjetivas. Estos pronombres no constituyen parte de los demonios que hemos tratado en este capítulo, sino que son un grupo de diablillos aparte, que tienes que ver como simples trasgos o gnomos del bosque, mucho más simpáticos y sencillos... ¡aunque no te fíes demasiado! Lo sencillo, a menudo es lo más engorroso. Pero no quiero amedrentarte. En realidad, lo que quiero decirte es que los usos y las formas de los pronombres relativos son mucho más sintéticos. Con un poco de atención bastará.

Las recetas para preparar un plato están, por lo general, repletas de pronombres débiles, pero en la que observarás a continuación, que describe la elaboración de las espinacas a la catalana (acuérdate que *espinacs* es masculino en catalán) han desaparecido inesperadamente. ¿Serías tan amable de volver a colocarlos, para que no se enfade el editor? Gracias. ¡Ah!, además, si lo haces bien podrás entender la receta y cocinar sin problemas este plato, de lo contrario, lo veo difícil...

Espinacs a la catalana

Trieu i netegeu bé els espinacs, fulla per fulla, de manera que no .... quedi gens de terra. Bulliu-............... en una olla amb poca aigua i una mica de sal, durant aproximadament cinc minuts. Un cop bullits, escorreu-.................. bé i deixeu-............... refredar. Seguidament, tarlleu-............... a trossets mitjans. Escalfeu una mica d'oli en una paella grossa i enrossiu-............... l'all. A continuació, retireu-.............. de la paella i, en el mateix oli, poseu-............... el pernil tallat a bocins, sofregiu-............... i, quan sigui ros, afegiu............... les panses, sense les cues. Aneu-.............. remenant i, quan les panses s'hagin inflat, aboqueu-... també els pinyons, doneu un parell de voltes a la barreja i, abans que es torrin els pinyons, afegiu-... els espinacs. Salteu-... a foc mitjà, rectifiqueu-... de sal i afegiu-... una mica de pebre al vostre gust.

PRONOMBRES INCORRECTOS

No cometas errores con los pronombres débiles ni te inventes combinaciones que no existen

Incorrecto → *correcto*

Cal donar-lis una explicació → *Cal donar-los una explicació*

¿Li posaràs l'abric al penjador? Sí, l'hi posaré → *¿Li posaràs l'abric al penjador? Sí, li hiposaré*

¿Hi havia el teu germà? No, no l'hi havia → *¿Hi havia al teu germà? No. no hi era*

Ja els hi donarè demà (els llibres a ells o elles? → *Ja els els donaré demà*

Ja els hi donarè jo (les llibretes a ells o elles) → *Ja els les donaré jo*

Ja els hi telefonarem demà (a ells o elles) → *Ja els telefonarem demà*

Capítulo 12

Demonología pronominal II. Los relativos y los interrogativos

En este capítulo

- Utilizar los pronombres relativos
- Distinguir las oraciones de relativo
- Evitar duplicaciones, abusos y otras incorreciones con los relativos
- Reconocer los pronombres interrogativos

Lo primero que debes saber es que los pronombres relativos no son tan relativos como pudieras imaginar. En realidad te resultarán fáciles de usar y de entender. No hay lugar a dudas a la hora de poner un relativo en una oración, ya que son piezas gramaticales muy sencillas: remiten a un nombre, que o bien ha aparecido antes en la oración o bien está implícito, y sirven para introducir una oración subordinada, que realiza la función de un adjetivo o de un sustantivo. Y esto, te lo puedo asegurar, es mucho más fácil que la teoría de la relatividad o las leyes de Newton.

Si aún albergas dudas, pregúntame y te responderé... pero para ello utiliza los pronombres interrogativos, que te permitan construir enunciados que yo pueda responder. Otra opción es que esperes a llegar a la última parte de este capítulo, en la que trataré esas palabras que ayudan a formular las cuestiones debidamente. Sin prisa, pero sin pausa o, como decimos en catalán, *a poc a poc i amb bona lletra*.

Para qué sirven los pronombres relativos

Los pronombres relativos sirven para unir dos oraciones: una principal y otra subordinada, a la vez que sustituyen en la oración que introducen un elemento que ya ha aparecido en la otra oración. El elemento sustituido por el pronombre de relativo se denomina *antecedente*.

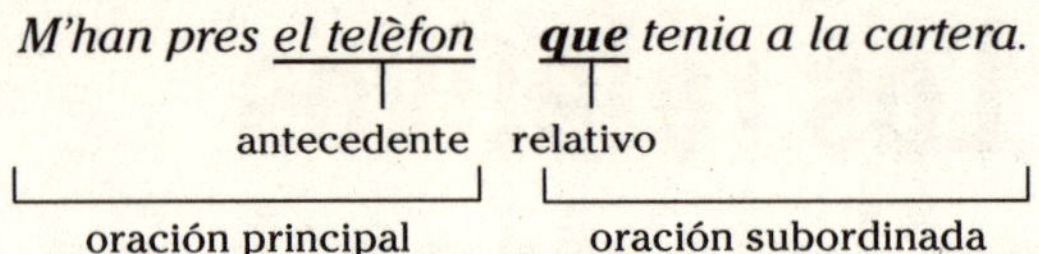

Fíjate como el relativo *que* está sustituyendo al *telèfon* en la segunda oración, encabezada por el verbo *tenia*. De hecho es como si hubiera dos frases: *M'han pres el telèfon. Tenia el telèfon a la cartera*, pero se unen en una sola secuencia de dos oraciones (pues hay dos verbos) sin tener que repetir *telèfon* dos veces: *M'han pres el telèfon que tenia a la cartera*, o bien: *El telèfon que tenia a la cartera, me l'han pres.*

Ya ves para qué sirven los relativos y cómo funcionan: unen oraciones. Vamos a ver ahora qué tipos hay. En catalán existen los siguientes pronombres relativos:

- ✔ Los cuatro invariables ***que***, ***què***, ***qui***, ***on***.
- ✔ Las formas variables ***el qual***, ***la qual***, ***els quals***, ***les quals***.
- ✔ La forma adverbial de relativo ***on***.
- ✔ El neutro ***la qual cosa*** (o ***cosa que***).

Una oración de relativo no tiene un significado completo y, en general, depende de otro elemento aparecido previamente en la oración principal. Por tanto, las oraciones de relativo son oraciones subordinadas, ya que para entenderlas dependen de una oración principal. Y, voy a recordarlo una vez más, en una oración de relativo la oración principal y la subordinada tienen un pronombre relativo como elemento de enlace.

He aquí algunos ejemplos:

> *El noi* ***que*** *ha vingut avui és el germà de la Marta.* → antecendente: *el noi.*
>
> *El llapis* ***amb el qual*** *dibuixo és molt gruixut.* → antecendente: *el llapis.*
>
> *La persona a* ***qui*** *t'has adreçat és l'encarregat.* → antecendente: *la persona.*
>
> *El llapis* ***amb què*** *dibuixo és molt bo.* → antecendente: *el llapis.*
>
> *La casa* ***on*** *viu és un palau.* → antecendente: *la casa.*

Cada pronombre remite a un nombre aparecido en la oración principal. Observa la disección de una oración de relativo:

- La oración principal es *El noi és el germà de la Marta.*
- La oración subordinada es *que ha vingut avui.*
- El elemento de enlace es *que* (sustituye en la subordinada al antecedente de la principal, *el noi*).

Los pronombres relativos son, por tanto, muy fáciles de identificar, aunque introduzcan oraciones subordinadas diferentes: **sustantivas** o **adjetivas**, que enseguida conocerás.

Pese a esta facilidad en la identificación de los relativos, hay que señalar la diferencia entre el pronombre relativo *que* y la conjunción *que*. Ambas palabras se escriben y se pronuncian igual, por lo que pueden confundirse. En estos dos ejemplos puedes ver la diferencia:

> És fàcil ***que*** *arribin avui.*
>
> *L'home* ***que*** *hem trobat aquest matí és policia.*

En la primera frase, *que* es una conjunción que subordina la oración *arribin avui* a la oración principal *És fàcil*. Fíjate en que no tiene antecedente y no realiza ninguna función; es un mero enlace entre las dos oraciones.

En cambio, en la segunda frase, *que* es un pronombre relativo que une el sujeto *L'home* de la oración principal *(L'home és policia)* con la oración subordinada *(hem trobat aquest matí)* y lo sustituye. Fíjate en que puede sustituirse por la forma *el qual*: *L'home, el qual hem trobat aquest matí, és policia*, y eso es una prueba que te indica que se trata de un relativo.

Las oraciones de relativo, por tanto, son las que tienen un pronombre relativo que las enlaza con otra oración. Pueden ser de dos tipos: **adjetivas**, si ocupan el lugar de un adjetivo, o **sustantivas**, si ocupan el lugar de un sustantivo.

Las oraciones de relativo adjetivas

Si yo digo: *El jugador* ***que és més alt*** *es diu Pau*, la oración subordinada *(que és més alt)* es una **oración de relativo adjetiva** por la simple razón de que puede sustituirse toda ella por un adjetivo (por ejemplo, *alt*): *El jugador* ***alt*** *és diu Pau.* Analizado con más detalle: la oración subordinada de relativo realiza la misma función que el adjetivo equivalente, es decir, un complemento del nombre *jugador*; por otro lado, el pronombre relativo *que* realiza la función del antecedente *El jugador*, es decir, de sujeto.

Las oraciones de relativo adjetivas pueden clasificarse, a su vez, en **especificativas** o **explicativas**. Las primeras especifican al antecedente, mientras que las segundas le añaden una explicación al antecedente, si bien esa explicación no es necesaria para comprender la oración. Es fácil distinguirlas, ya que en las explicativas, la subordinada siempre va entre comas. Observa estos dos casos:

Especificativa *Els nens que s'han portat bé aniran d'excursió.*

Explicativa *Els nens, que s'han portat bé, aniran d'excursió.*

¿Parecen idénticas, no es cierto? Pero en cambio, dicen cosas muy distintas. En frases tan similares que casi podrían confundirse en un solo significado, resulta que la separación entre comas es la clave, es decir, la diferencia. Presta atención: la oración especificativa dice muy claramente que solo los niños que se han portado bien irán de excursión, pero el resto (que se ha portado mal) no irá. En la explicativa, la separación que ofrecen las comas indica que podría ahorrarte la lectura de lo que hay entre ellas; resulta que todos los niños se han portado bien y, por tanto, todo el mundo irá de excursión: *Els nens ∅ aniran d'excursió.*

Las oraciones de relativo sustantivas

El segundo tipo de oraciones de relativo son las **sustantivas**. Por ejemplo, si yo digo: ***Qui no vulgui pols*** *que no vagi a l'era*, la oración subordinada *(Qui no vulgui pols)* es una oración de relativo sustantiva, ya que el pronombre relativo *qui* equivale a un nombre o sustantivo, como por ejemplo *la gent que*; pero no tiene un antecedente explícito, de modo que desempeña la función de un sustantivo equivalente pero ausente; en el caso del ejemplo, la función es de sujeto: *La gent que no vulgui pols, que no vagi a l'era.*

El pronombre relativo que

Ha llegado el momento de empezar a describir los tipos de pronombres relativos, sus usos y las incorrecciones más frecuentes. Empezaré con los invariables, que, como puedes imaginar, nunca varían de forma, pues si lo hicieran darían lugar a oraciones incorrectas.

El pronombre relativo *que* es el más corriente de todos. Puede referirse tanto a cosas como a personas. Realiza las funciones siguientes:

- ✔ **Sujeto.** *El cirurgià, **que** acaba de sortir del quiròfan, fa cara de cansat.*
- ✔ **Complemento directo (CD).** *El bitllet de 50 € **que** tenia a la cartera m'ha desaparegut.*
- ✔ **Complemento circunstancial de tiempo** (CCT). *El dia **que** va morir Marilyn / El dia **en què** va morir Marilyn.* Cuando el pronombre relativo cumple la función de circunstancial de tiempo, tan correcta es la forma *que* como *en què*.

El pronombre relativo tónico *què* se refiere a cosas. Va siempre precedido de las preposiciones *a*, *en*, *amb*, *de* o *per* y desempeña la función de complemento circunstancial (CC) o preposicional (Cprep):

- ✔ **CC.** *El martell amb **què** hem clavat els claus.* → Indica la circunstancia de intrumento.
- ✔ **CPrep.** *L'assumpte de **què** m'han parlat és complicat.* → El verbo exige la preposición, *parlar de*.

Refranes con relativos... de la era y la tierra

Qui no vulgui pols que no vagi a l'era. ¿Sabías que esta oración de relativo sustantiva es un refrán catalán muy conocido y extendido? Te aseguro que sí. Esta oración y su homóloga *Qui no vol pols, que no vagi a l'era* son uno de los dichos agudos que se utilizan corrientemente en el habla popular para prevenir y avisar que, si no quieres meterte en líos, mejor es no buscarlos, alejándote de las ocasiones en que puedes caer en ellos.

El origen de esta frase proviene de la siembra. La era es un espacio entre los cultivos en el que se trillaban las mieses antes de que las labores del campo se mecanizaran. Esta labor producía mucho polvo, por lo que se recomendaba a quien no tuviera que trabajar en la era, que no fuera.

Existen variantes de este popular refrán relacionado con la tierra, muy graciosos, por cierto: *Qui no té era ni trull, cada any se treu un ull*, decían en Calaceite, para referirse a que quien no posee tierras para cultivar tiene que invertir mucho para ganar su sustento. Parecido es lo que dicen por las comarcas catalanas de Urgell y Segarra: *Qui no té era ni cup, té la meitat del blat i del vi perdut.*

El *que* como sinónimo de *aquell que*

Las formas *el que*, *la que*, *els que* y *les que* solo son correctas en catalán cuando se puedan sustituir por *aquell que*, *aquella que*, *aquells que*, *aquelles que* y *allò que*. Los ejemplos siguientes son correctos:

- ***El que*** *vau triar és el millor.* → ***Aquell que*** *vau triar és el millor.* / ***Allò que*** *vau triar és el millor.*
- *Els DVD més venuts i* ***els que*** *no ho són tant.* → *Els DVD més venuts i* ***aquells que*** *no ho són tant.*
- *No està mai atent* ***al que*** *li diuen.* → *No està mai atent* ***a allò que*** *li diuen.*

Truco: Observa que los grupos *el que*, *la que*, *els que*, *les que* y sus variantes *(aquell que...)* equivalen al artículo definido (o bien al demostrativo) —que determina un nombre sobrentendido— más el pronombre relativo *que*. Es decir, en los ejemplos que acabas de leer se sobrentiende *la cosa triada*, *els DVD (Els DVD més venuts i els (DVD) que no ho són tant)* y *les coses que li diuen*, respectivamente.

Pero las formas *el que*, *la que*, *els que* y *les que* no serían correctas cuando equivalen a ***el qual*** (o ***la qual cosa***), ***la qual***, ***els quals***, ***les quals***, respectivamente, o a ***què*** y ***qui***. Veámoslo con ejemplos concretos, tanto los incorrectos como los correctos:

- **La filla del meu amic,* ***amb la que*** *hem parlat aquest matí.*
- *La filla del meu amic,* ***amb la qual*** *hem parlat aquest matí.*
- *Són situacions **a les que** t'has d'acostumar.
- *Són situacions* ***a les quals*** (o ***a què***) *t'has d'acostumar.*
- **El jove* ***del que*** *et parlava és un actor de cinema.*
- *El jove* ***del qual*** (o ***de qui***) *et parlava és un actor de cinema.*

El relativo *el que*, *la que*, *els que* y *les que* puede referirse a personas, como ocurre con el relativo *el qui*, *la qui*, *els qui* y *les qui*. Ambas formas son correctas en catalán, pero hay que tener en cuenta que las soluciones con *qui* solo pueden referirse a personas:

- ***El qui*** *ho faci millor guanyarà el premi.*
- ***El que*** *ho faci millor guanyarà el premi.*

El pronombre relativo què

Generalmente, este pronombre se puede sustituir por las formas del relativo variable *el qual* (o *la qual*, *els quals*, *les quals*). Así, aplicándolo a unas oraciones que ya has visto, tendríamos:

- ✔ *El martell* ***amb el qual*** *hem clavat els claus.*
- ✔ *L'assumpte* ***del qual*** *m'han parlat és complicat.*

El pronombre ***què*** interrogativo va acentuado si funciona como interrogativo directo o indirecto, equivalente a *quina cosa*:

- ✔ *No sé* ***què*** *fer per convèncer-lo.*
- ✔ *¿****Què*** *fas demà?*

Pero se escribe sin acento si no es equivalente a *quina cosa*:

- ✔ *¿****Que*** *anirem al cinema avui?*

En los capítulos 4 y 11 han salido algunos ejemplos de malas pronunciaciones típicas del *xava*, es decir, de una jerga propia de Barcelona. Pues bien, el relativo *què* da pie a comentar que una de las características del *xava* es que no se distingue entre vocales abiertas y cerradas. Así, resulta muy gracioso, por no decir simplón, oír, especialmente entre los jóvenes, pronunciar la vocal neutra como *a* y la *e* abierta como cerrada: [¿Qué fás damá?]; [No sé qué fé]; [Cá ánirém ál cine ávui?]. Por favor, evita esas malas pronunciaciones.

El pronombre relativo qui

El **pronombre** ***qui*** como relativo representa a personas o cosas personificadas. Se utiliza en los siguientes casos:

- ✔ En oraciones de relativo adjetivas, como complemento preposicional. Por ejemplo, *L'home* ***de qui*** *parlàveu (parlar de).*
- ✔ En oraciones de relativo sustantivas, generalmente como sujeto, como ***Qui*** *dia passa any empeny.*
- ✔ Combinado con un artículo, introduciendo una oración sustantiva en la cual el relativo realiza la función de sujeto, de complemento directo o de complemento preposicional. En las tres oraciones siguientes desempeña respectivamente esas tres funciones:

- ***El qui*** *ha dit això menteix.*
- *No us fieu* ***del qui*** *no us aguanta la mirada.*
- *Ell després* es burla ***del qui*** *ha enganyat.*

También es posible utilizarlo precedido de *el, la..., aquell, aquella...* o *tothom*:

- *Aquest volant és per* ***al qui*** *te'l demani.*
- *Fa una cara com* ***aquell qui*** *no ha trencat mai cap plat.*

El relativo ***qui*** es invariable. Por lo tanto son incorrectas las formas **el quin, la quina, els quins, les quines*:

Incorrecto → **La senyora de* ***la quina*** *et parlava.*

Correcto → *La senyora* ***de qui*** *et parlava.*

Correcto → *La senyora* ***de la qual*** *et parlava.*

El pronombre relativo adverbial on

El relativo adverbial *on* indica lugar. Es una forma equivalente a las construcciones *en el qual, en la qual* y *en què*:

- *La ciutat* ***on*** *visc.* (Incorrecto → **La ciutat que visc. *La ciutat en la que visc*).
- *La ciutat* ***en la qual*** *visc.*
- *La ciutat* ***en què*** *visc.*

A veces este relativo se utiliza sin antecedente explícito:

- ***On*** *hi ha pèl hi ha alegria.*

Puede ocurrir, en ciertos contextos, que el sentido de lugar no quede demasiado claro porque se trata de un sentido figurado. Entonces es preferible usar las formas *en què* o *en el qual, en la qual*:

- Correcto → *El negoci* ***on*** *havien invertit tants diners ha fracassat.*
- Mucho mejor → *El negoci* ***en el qual*** *havien invertit tants diners ha fracassat.*

El relativo compuesto el qual

Este es el relativo compuesto y variable en las formas *el qual*, *la qual*, *els quals*, *les quals*. Sustituye al relativo átono *que* en las oraciones adjetivas explicativas (¡pero no en las especificativas!):

- ✔ *Els alevins,* ***que*** *tenen com a entrenador el senyor Raventós, van jugar el partit de Cap d'Any.*
- ✔ *Els alevins,* ***els quals*** *tenen com a entrenador el senyor Raventós, van jugar el partit de Cap d'Any.*

Si la transformamos en una especificativa, la sustitución por el relativo compuesto no es posible, ya que cambiaría el significado. Por tanto quedaría: *Els alevins* ***que*** *tenen com a entrenador el senyor Raventós van jugar el partit de Cap d'Any* (entendiendo que los alevines que NO tienen al Sr. Raventós como entrenador no jugaron el partido).

También sustituye al relativo tónico *què*:

- ✔ *El llibre* ***de què*** *et parlo és nou.*
- ✔ *El llibre* ***del qual*** *et parlo és nou.*
- ✔ *La fonda* ***a què*** *em referia.*
- ✔ *La fonda* ***a la qual*** *em referia.*

Después de la mayoría de las preposiciones tónicas, de las locuciones preposicionales y de un gerundio o un infinitivo se usa solamente el relativo compuesto *el qual*:

- ✔ **Preposición tónica**, como en *És un fet* ***contra el qual*** *no podrem lluitar.*
- ✔ **Locución preposicional**, como en *El llit* ***entorn del qual*** *tots estaven era en una cambra mortuòria.*
- ✔ **Gerundio**, como en *L'incendi del parc natural va cremar 3,3 ha,* ***fugint del qual*** *molts animals van sortir-ne vius.*
- ✔ **Infinitivo**, como en *Va guanyar la plaça per* ***obtenir la qual*** *va estudiar molts anys.*

Las soluciones sinónimas de *el qual* con el relativo *qui* van precedidas de preposición:

- ✔ *La noia* ***de qui*** *et parlava es diu Anna.*
- ✔ *La noia* ***de la qual*** *et parlava es diu Anna.*

- *Les dones* ***amb qui*** *anaves són veïnes meves.*
- *Les dones* ***amb les quals*** *anaves* són veïnes meves.

Pero en casos de ambigüedad, es mejor usar la forma *el qual*:

- *La filla del director de l'Hotel Orient,* ***amb qui*** *he parlat fa un moment, ha tingut un accident.*
- *La filla del director de l'Hotel Orient,* ***amb la qual*** *he parlat fa un moment, ha tingut un accident.*

En el primer caso no queda demasiado claro con quien hemos hablado, si con la hija o con el director del hotel, pero en la segunda oración (usando la forma *la qual*) ya no hay duda de que se trata de la hija.

En algunas ocasiones, el relativo compuesto *el qual* es equivalente a la forma *cuyo* del castellano. La estructura en catalán sería la siguiente:

Antecedente + artículo + cosa poseída + de + relativo compuesto

Castellano → Me han enseñado una casa **cuyas** paredes estaban agrietadas.

Catalán → *M'han ensenyat una casa* ***les parets de la qual*** *estaven esquerdades.*

No se te ocurra decir lo más incorrecto del mudo: **M'han ensenyat una casa* ***quines*** *parets són blanques.* Sé que hay quien lo dice, pero es muy feo y demuestra que no se dominan los relativos.

En catalán se puede utilizar el relativo compuesto *el qual* (y sus variantes), con valor de adjetivo, o bien repitiendo el antecedente (+ que) en frases del tipo siguiente:

- *Van trobar una maleta al bosc,* ***la qual*** *contenia cent mil euros.*
- *Van trobar una maleta al bosc,* ***maleta que*** *contenia cent mil euros.*

El relativo neutro la qual cosa, cosa que

El relativo *la qual cosa* o en su forma *cosa que* equivale en castellano a *lo cual* o *lo que*. En catalán lo utilizamos en oraciones explicativas cuyo antecedente es una oración entera:

- *No ens han donat permís, **la qual cosa** és injusta.*
- *No ens han donat permís, **cosa que** és injusta.*
- *Va ploure molt, **la qual cosa** provocà que se suspengués el concert.*
- *Va ploure molt, **cosa que** provocà que se suspengués el concert.*

Pleonasmos y relativos, pocos y lejos

En muchas ocasiones se comenten errores de duplicación con los relativos, sobre todo en la lengua hablada. Es frecuente insertar un pronombre débil que representa por segunda vez el mismo antecedente expresado ya por el relativo:

Incorrecto → **Tornen a fer aquella pel·lícula **que ja l'**hem vista tantes vegades.*

Correcto → *Tornen a fer aquella pel·lícula **que ja** hem vista tantes vegades.*

El pronombre *el (l')* sustituye a *pel·lícula*, pero también lo hace *que*, por lo que es innecesaria la repetición.

Incorrecto → **Vaig veure l'home **a qui li** havien robat el cotxe.*

Correcto → *Vaig veure l'home **a qui** havien robat el cotxe.*

En este ejemplo ocurre lo mismo: *a qui* se refiere al *home* y el pronombre débil *li*, también (*a ell*), por lo que es repetitivo e incorrecto.

Estas duplicaciones son **pleonasmos**, es decir, redundancias innecesarias de palabras, en este caso de un pronombre que no cumple ninguna nueva función.

Pero existen casos de duplicación optativa o bien obligatoria. Los vemos a continuación.

- **Duplicación optativa.** Observa las dos oraciones siguientes. Se admiten ambas, aunque yo te recomiendo la primera opción:
  - *Hi ha una fondalada **on** es fan rovellons.*
  - *Hi ha una fondalada **on s'hi** fan rovellons.*
- **Nombres afectados por un cuantificador.** En estos casos la duplicación es obligatoria:
  - **He escrit diversos articles, **dels quals** m'han publicat tres.*
  - *He escrit diversos articles, **dels quals** me **n'**han publicat tres.*
- **Duplicación obligatoria**
  - *Dels aspirants a oposicions, només n'han admès vint.*
  - **Dels aspirants a oposicions, només han admès vint.*

No se entendería sin el pronombre *en*, porque te preguntarías ¿vint, què?

También tiene un valor neutro el relativo átono *que*:

- *La casa estava mig colgada de neu, **que** semblava impossible.*
- *L'Esteve ha trobat feina d'advocat, **que** és el que ell sempre havia volgut.*

Decimos que es *neutro* porque se manifiesta de una manera intermedia, indefinida, entre matices. En el primer ejemplo, referente a la casa, *sembla impossible que pogués estar gairebé colgada* ('enterrada') *de neu*, lo que significa que ***això*** *semblava imposible*. En el segundo caso, *trobar feina d'advocat,* ***això*** *és que el hauria volgut.*

Los interrogativos

Los pronombres interrogativos no solo se utilizan para construir frases interrogativas, sino que también tienen su función en oraciones exclamativas o admirativas. Los más simples son *qui* y *què*:

- *qui* se refiere a personas (equivale a *quina persona* o *quines persones*).
- *què* se refiere a cosas (equivale a *quina cosa*).

Luego están los adjetivos variables (*quin* y *quant*) y los pronombres adverbiales.

- Adjetivos: *quin*, *quina*, *quins*, *quines*; *quant, quanta, quants, quantes*.
- Pronombres adverbiales: *on, quan, com.*

El pronombre *qui* es un interrogativo invariable muy simpático: no lleva acento. Equivale a *quina persona* o *quines persones*. Sirve para preguntar en estilo directo o indirecto.

- Son preguntas directas: *¿**Qui** és? ¿**Qui*** són? *¿**Qui** has vist? ¿Amb **qui** anàveu?*
- Son preguntas indirectas: *No sé **qui** és. No sé **qui*** són. *Pregunteu-li amb **qui** parlava.*

El pronombre *què* es un interrogativo invariable no menos simpático, aunque siempre lleva acento abierto. Equivale a *quina cosa*. También puede formularse la pregunta con signos de interrogación o sin ellos.

- Son preguntas directas: *¿**Què** dius? ¿De **què** parlàveu? ¿Per **què** plores?*

- ✔ Son preguntas indirectas: *No sé **què** vol. Digueu-me de **què** heu parlat.*

El adjetivo *quin* (sin acento) presenta cuatro formas: *quin*, *quina*, *quins*, *quines*. Se refiere a uno, o más, elementos de entre varias personas o cosas sobre quien, o quienes, recae una interrogación.

- ✔ Son preguntas directas: *¿**Quin** dia vindràs? ¿Amb **quin** ganivet ho tallaràs? ¿Per **quins** carrers heu passat?*
- ✔ Son preguntas indirectas: *No sap **quina** resposta fer-me.*

También funciona como un adjetivo exclamativo: *¡**Quin** arbre més alt! ¡**Quina** noia més bonica! ¡**Quins** crits! ¡**Quin** un de més gros!*

Por otra parte, ***quin*** es un **pronombre** cuando el nombre al cual se refiere está sobreentendido:

> *T'he portat unes quantes camises; a veure **quina** t'agrada més (de camisa).*

En la frase anterior, *quina* se refiere a *camises* (una de un grupo de camisas), nombre que en la segunda oración está sobreentendido.

Observa las equivalencias de ***quin*** **en castellano:**

> Catalán → *¿**Quin** llibre t'agrada més?*
>
> Castellano → ¿**Qué** libro te gusta más?
>
> Catalán → *¿**Quines** pel·lícules t'agraden més?*
>
> Castellano → ¿**Qué** películas te gustan más?

El **adjetivo cuantitativo *quant*** presenta cuatro formas: *quant*, *quanta*, *quants*, *quantes*. Equivale a las expresiones *quina quantitat de*, *quin nombre de*. Observa los ejemplos:

- ✔ Son preguntas directas: *¿**Quant** sucre es necessita? ¿**Quants** anys tens? ¿**Quantes** copes n'han begut?*
- ✔ Son preguntas indirectas: *No sé **quants** anys fa. Em pregunto **quantes** barres de pa caldran.*
- ✔ Son exclamaciones: *¡**Quantes** mentides que has dit! ¡**Quanta** misèria!*

El **pronombre adverbial *on*** expresa diversas ideas —algunas no interrogativas—, a menudo acompañado de otros elementos (como las preposiciones).

- Eventualmente precedido de la preposición *a*, indica *en quin lloc, a quin lloc*: *¿**On** ets? ¿**On** vas? ¿A **on** vas?*
- Precedido de una preposición locativa indica *quin lloc*: *¿D'**on** veniu? ¿Per **on** passareu? M'ha demanat d'**on** veníem.*
- Eventualmente precedido de *a*, significa *lloc en el qual, en què*: *La casa **on** viuen. El parc **on** es van conèixer. Han plantat arròs en els camps del delta, a **on** la terra és més bona.*
- Precedido de una preposición locativa significa *el qual lloc*: *El balcó des d'**on** miràvem la processó. El país d'**on*** venen. *El camí per **on** han passat.*

El **pronombre adverbial *quan*** equivale a *en quin moment, en quina època*, y forma parte de preguntas en estilo directo y en indirecto:

- Son preguntas directas: *¿**Quan** vindreu? ¿Fins **quan** ha de durar aquest soroll?*
- Son preguntas indirectas: *No sé pas **quan** arribaran. Digueu-nos **quan** vindreu.*

El **pronombre adverbial *com*** significa *de quina manera* y admite, al igual que sus compañeros, las preguntas en estilo directo y en indirecto:

- Son preguntas directas: *¿**Com** te trobes? ¿**Com** has preparat aquest àpat?*
- Son preguntas indirectas: *No sé **com** fer-ho. En sortirem Déu sap **com**.*

Como te he comentado otras veces a lo largo de los capítulos de este libro, muchas veces nos apoyamos con acierto en el castellano (u otra lengua románica próxima) para construir nuestras expresiones en catalán... incluso a menudo demasiado literalmente, lo cual puede inducir a errores o a soluciones poco genuinas. Este es el caso que verás a continuación a propósito de *com / què tal.*

Son expresiones genuinas del catalán *¿**Com** esteu?, Hola, ¿**com** va?, Aniré a veure **com** es troba*, etc. Pero son totalmente incorrectas las traducciones literales del castellano de estas mismas expresiones: **¿Què tal esteu?, *Hola, ¿què tal?, *Aniré a veure què tal es troba.*

Usos incorrectísimos de *com*

En catalán, como en todas las lenguas, se cometen incorrecciones que debemos corregir paulatinamente en nuestro subconsciente lingüístico. A propósito de *com* (ya sea un pronombre u otra categoría gramatical, como adverbio o conjunción) tienes que evitar sus malos usos, que te presento clasificados en los puntos siguientes junto con las opciones correctas.

Valor de aproximación

Incorrecto → **A la sala d'actes hi havia **com** cent persones.*

Correcto → *A la sala d'actes hi havia **si fa no fa*** (o: ***unes, aproximadament, gairebé***) cent persones.

Valor condicional

Incorrecto → ****Com** no ho clavis, caurà.*

Correcto → ***Si no** ho claves, caurà.*

com a molt

Incorrecto → ****Com a molt** eren tres-cents.*

Correcto → ***A tot estirar*** (o: ***pel cap alt, com a màxim***) *eren tres-cents.*

com abans

Incorrecto → ****Com abans** acabem la feina, abans anirem a casa.*

Correcto → ***Com més aviat** acabem la feina, abans anirem a casa.*

com no

Incorrecto → **A l'acte de presentació del llibre hi havia l'editor i el director de l'editorial i, **com no**, l'autor de l'obra.*

Correcto → *A l'acte de presentació del llibre hi havia l'editor i el director de l'editorial i, **naturalment*** (o: ***és clar, no cal dir**...*), *l'autor de l'obra.*

Ten en cuenta que las formas ***quan***, ***com***, ***on***, ***per què***... + **infinitivo** al inicio de una oración no son correctas en catalán. Observa los ejemplos siguientes:

Incorrecto → **Com ensenyar català als meus pares.*

Correcto → *Com puc ensenyar català als meus pares; No sé com ensenyar català als meus pares.*

Incorrecto → **¿On menjar?*

Correcto → *¿On menjarem? ¿On podem menjar?*

Incorrecto → **¿Per què patir?*

Correcto → *¿Per què ha de patir?*

Tres posibilidades para el catalán: *per què, perquè y per a què*

Aquí te presento tres expresiones muy parecidas en catalán pero que se utilizan en situaciones muy distintas, por lo que suelen generar dudas, ya que se escriben de tres formas posibles: con acento y separadas o juntas y con acento.

Per què se escribe en dos palabras y con acento solo en oraciones interrogativas directas e indirectas. Equivale a la expresión *per quin motiu*. En el resto de los casos lo escribirás junto y con acento: ***perquè***.

- ✔ Separado y con acento: *¿**Per què** no heu fet els exercicis? No sé **per què** han de tornar a repetir les proves.*
- ✔ Junto y con acento: *No he vingut a treballar **perquè** estava malalt. No te'n sabria dir el **perquè**.*

Per a què tiene función interrogativa directa e indirecta y equivale a la idea de finalidad:

- ✔ *¿**Per a què** serveix memoritzar tantes dates?*

También es posible usar la forma *per a què* como equivalente a *per al qual* o *per a la qual*:

- ✔ *L'examen **per a què** m'estic preparant.*
- ✔ *L'examen **per al qual** m'estic preparant.*

Con este apartado doy término a la demonología pronominal. Entre el capítulo anterior y este, habrás aprendido todos los pronombres en catalán: fuertes, débiles, relativos e interrogativos. Es decir, los últimos pequeños vocablos que faltaban para completar el gran grupo de nuestras "divinas palabras". En las páginas siguientes empezaré una nueva parte temática, centrada en el uso de los verbos y de todas las palabras que los rodean, y que forman la verdadera acción de tus pensamientos. Pues, como sabes muy bien, sin verbos no hay sentido y las oraciones no existirían, de modo que no podríamos ni pensar ni mucho menos hablar. De manera que, avance a toda máquina con las conjugaciones, los tiempos, la tipología de verbos y su correcta utilización. Además vas a conocer también los adverbios, las preposiciones y las conjunciones, que tanto tienen que ver con las oraciones y los verbos. No desesperes que ya llegamos al final de la historia y a punto estás de convertirte en un gramático competente. ¡Ánimo!

Un pequeño ejercicio para demostrar tus conocimientos. En las oraciones siguientes rellena los espacios en blanco con un pronombre relativo, acompañado, si es necesario, de otros elementos (preposiciones y artículos):

1. Aquest ordinador i .... jo he comprat són de la mateixa marca.

2. Vam passar per la ciutat .... vivia el seu germà.

3. Vaig trobar un amic .... havia fet la mili.

4. Dona'm les eines .... ho has fet.

5. L'obra .... parlàveu és de Salvador Espriu.

CORRIGE LOS PRINCIPALES ERRORES EN TUS EXPRESIONES.	
INCORRECTO	*CORRECTO*
lo que	*el que, tot el que, això que, tot això que*
el quin, la quina, els quins, les quines	*qui*
¿Què tal esteu?	*¿Com esteu?*
Hola, ¿què tal?	*Hola, ¿com va?*
Hi havia com tres-centes persones	*Hi havia si fa no fa (aproximadament, gairebé) tres-centes persones*
Com no vinguis...	*Si no vens...*
com a molt	*a tot estirar, pel cap alt, com a màxim*
com abans	*com més aviat*
com no	*naturalment, és clar, no cal dir*
com aprendre català	*com puc aprendre català*
on menjar	on podem menjar, on menjarem

Parte V

En el ojo del huracán

En esta parte...

Los verbos son la parte fundamental del lenguaje, porque nos permiten generar oraciones que expresen nuestros pensamientos y nuestras emociones. Pensar es hablar. Pero para pensar hay que tener en el cerebro una estructura de lenguaje que permita articular palabras. Eso ya nos viene de fábrica, al nacer. No hay que preocuparse por ello, desde luego. Pero las palabras que en poco tiempo formaremos entre risas y llantos deben, naturalmente, tener sentido; es el requisito mínimo de la comunicación. Por eso, en la última parte de este libro, trataremos de los verbos, de la acción, de sus tiempos y conjugaciones, para que aprendas a *conjugar* correctamente en catalán. Aunque también es necesario que ahondes en todas aquellas pequeñas palabras que están estrechamente relacionadas con los verbos; a saber: los adverbios y las locuciones adverbiales, las preposiciones y el infinito mundo de sus locuciones y, para acabar, las conjunciones, que permiten producir oraciones coordinadas y subordinadas, esenciales para... ¡tu vida entera! Agárrate fuerte, porque te encuentras en el ojo del huracán.

Capítulo 13

Pasamos a la acción con los verbos

En este capítulo

- Conocer los tiempos verbales
- Distinguir los verbos regulares de los irregulares
- Conjugar los verbos correctamente
- Utilizar los verbos con propiedad y evitar errores frecuentes

Dice Juan, el evangelista, que "en el principio existía la Palabra", es decir el verbo *(In principio erat Verbum)*, y que la palabra era la luz verdadera que alumbra a todo hombre. Al mundo vino y en el mundo estaba, y en ella había vida... ¡Maravilloso! ¡Impresionante! ¡Qué bellas palabras! Ciertamente sin el verbo no hablaríamos y no se produciría la comunicación humana y nada se escribiría, ni nada quedaría para la futura arqueología. Seríamos como animalitos del bosque: pasaríamos por el mundo sin pena ni gloria. No es que me vaya el palo religioso, pero el origen del lenguaje da qué pensar, y los mitos cumplen con una cierta y azucarada función *aclarativa*.

En fin, yo lo que puedo decirte, sinceramente, es que preferí no explicarte el verbo al principio de este libro y me lo reservo para el final, para la última parte, lugar nada despreciable por cierto, porque yo creo que este puede ser el mejor *final* de nuestra historia.

Dejando de lado la filosofía y el arte de la retórica, quiero entrar de lleno en lo que nos ocupa, que no es otra cosa que las características y singularidades de los verbos catalanes. En primer lugar hay que decir que nuestros verbos se manifiestan a través de múltiples resultados, fruto de las diferentes variedades geográficas y registros (algunos aceptados, otros tolerados y otros nada recomendables). Para que puedas comprenderlo, te explico todo con detalle a continuación de estas mismas líneas.

¿Qué son los verbos?

Sin duda, los verbos presentan una complejidad mucho mayor que la de los nombres. Si los pronombres formaban una extensa demonología, podemos decir que los verbos son el diablo en mayúsculas. Pero no te alarmes, que todo puede llevarse por buen camino. Todo va bien si acaba bien, como suele decirse.

Los verbos son una categoría léxica formada por palabras que tienen flexión (es decir, que cambian el final para indicar distintos significados) y que en una oración forman parte del predicado, designando acciones, procesos o estados. El verbo es el núcleo de ese predicado, llamado **sintagma verbal** (SV), como puedes ver en el ejemplo siguiente:

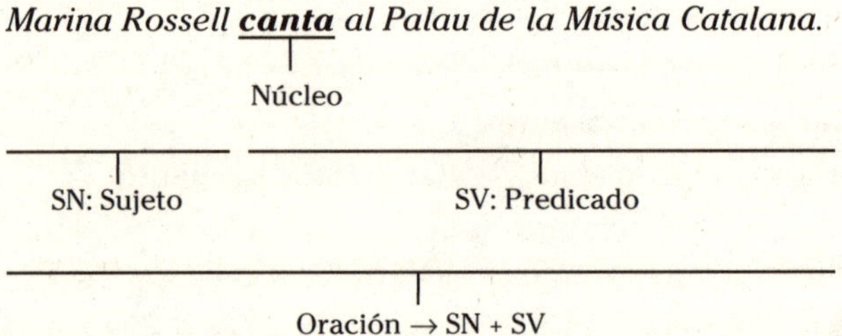

Una oración es, por tanto, la secuencia de un sintagma nominal (SN) y un sintagma verbal (SV), es decir un sujeto y un predicado, cuyo núcleo es el verbo. Pero ¿de qué está formado un verbo? Muy simple: todo verbo está formado por una parte fija, denominada **raíz** o **radical**, y otras variables, que son las **terminaciones** o **desinencias**:

> ***Cant**ar → **cant**-àvem, **cant**-aria, **cant**-o*

La raíz y las desinencias

La raíz *(cant-)* expresa el significado del verbo, mientras que las terminaciones *(-àvem, -aria, -o)* indican una serie de categorías o accidentes del verbo, que son **el tiempo**, **el modo**, **el aspecto**, **la persona**, **el número** y **la conjugación**. (No te preocupes, a lo largo del capítulo te explicaré qué significa cada cosa.)

Asimismo, las terminaciones de los verbos se pueden subdividir en componentes más pequeños, como puede ser la primera vocal que aparece de modo recurrente en las terminaciones de *cant+**a**+va*, *cant+**a**+ré* o de *dorm+**i**+em*, *dorm+**i**+ria*... Esas vocales *a/i* se llaman **vocales temáticas** y sirven para identificar y agrupar los verbos que pertenecen a una determinada conjugación.

Así se puede segmentar, por ejemplo, la forma **cant + à + ve + m**:

Tema		*Terminación*	
Raíz	**Vocal temática**	**Tiempo**	**Persona**
cant	à	ve	m

El primer segmento *(cant-)* es la **raíz** (también denominada ***radical***), y es la parte que aporta el significado del verbo ('producir sonidos musicales con la voz'). El segundo segmento corresponde a la **vocal temática** *a* (que es la vocal que se sitúa inmediatamente después de la raíz y permite clasificar los verbos en conjugaciones, en este caso la primera conjugación). El tercer segmento indica el **tiempo** *(imperfet d'indicatiu)*. El cuarto señala la **persona**, que en este caso es la primera del plural *(nosaltres)*.

Por otra parte, los verbos presentan **formas simples** o **formas compuestas** (las construidas con un verbo auxiliar), además de las **formas perifrásticas**, que más delante te explicaré.

Verbos regulares y verbos irregulares

Por otra parte, hay verbos que se conjugan sin sufrir alteraciones en la raíz ni modificar las terminaciones de los modelos de la conjugación a la cual pertenecen; se trata de **verbos regulares**. Por otra parte, los **verbos irregulares** presentan alteraciones en la raíz o bien se conjugan modificando las terminaciones. En otras palabras: un verbo es regular si sigue un paradigma modelo y los verbos que se apartan de los modelos de conjugación (que te explico más adelante) se consideran irregulares. Por lo tanto, se considera que son verbos regulares:

- Los de la **primera conjugación,** que siguen el modelo de ***cantar***.
- Los de la **segunda conjugación,** que siguen el modelo de ***batre*** o de ***témer***.
- Los de la **tercera conjugación,** que siguen el modelo de ***dormir*** (los puros) o de ***servir*** (los incoativos).

Enseguida te explico todos estos conceptos nuevos, pero ahora empecemos analizando los denominados *accidentes* del verbo.

Los accidentes del verbo

Los accidentes del verbo son la persona, el número, el tiempo, el aspecto, el modo y la conjugación; y todos ellos quedan expresados en la desinencia.

La persona y el número

La persona y el número son categorías verbales que concuerdan con el sujeto y, en consecuencia, se refieren al actor o actores que participan en la situación designada por el verbo. Están ambas fusionadas y no es posible distinguir las marcas relacionadas con la persona de las marcas de número. Pero podemos diferenciar seis personas distintas:

- ✔ Las personas primera, segunda y tercera del singular.
- ✔ Las personas primera, segunda y tercera del plural (a veces llamadas personas cuarta, quinta y sexta).

Observa los ejemplos de la tabla 13-1 con estas seis personas en el presente de indicativo del verbo *cantar*, el verbo modelo por excelencia, junto con los pronombres personales con los que el verbo puede establecer la concordancia:

Tabla 13-1. Las categorías verbales de persona y número

Número	*Persona*	*Pronombres personales*	*Ejemplo*
Singular	1	jo	cant**o**
	2	tu	cant**es**
	3	ell, ella; vostè	cant**a**
Plural	1	nosaltres	cant**em**
	2	vosaltres; vós	cant**eu**
	3	ells, elles; vostès	cant**en**

Las únicas formas verbales que no tienen persona son el infinitivo, el gerundio y el participio, que se denominan **formas no personales** (más adelante las veremos con detalle). El modo imperativo no tiene primera persona, puesto que se trata de un modo con el cual se expresan órdenes dirigidas al interlocutor o interlocutores.

El tiempo, el aspecto y el modo

El tiempo, el aspecto y el modo del verbo se expresan en la misma desinencia. Fíjate en el ejemplo siguiente: *cantava*. En esta forma verbal la terminación *-ava* indica:

- ✔ que la categoría es del tiempo pasado;
- ✔ que el aspecto es imperfectivo (acción durativa o no acabada);
- ✔ que el modo es indicativo (el modo de la realidad).

Los tiempos verbales

Pero antes de continuar navegando por nuestra tempestad verbal sin marearnos, es importante que conozcas cómo se llaman por su nombre los verbos en catalán. En este libro seguiremos la denominación más moderna, que he recogido en la tabla 14-2 con el modelo estrella, como no, del verbo *cantar*.

Tabla 13-2. Denominación de los tiempos verbales en catalán

Denominación	*Ejemplo*
Infinitiu	*cantar*
Infinitiu perfet	*haver cantat*
Gerundi	*cantant*
Gerundi perfet	*havent cantat*
Participi	*cantat*
Present d'indicatiu	*canto*
Perfet d'indicatiu	*ha cantat*
Imperfet d'indicatiu	*cantava*
Plusquamperfet d'indicatiu	*havia cantat*
Passat simple	*cantí*
Passat perifràstic d'indicatiu	*vaig cantar*
Passat anterior	*hagué cantat*
Passat anterior perifràstic d'indicatiu	*va haver cantat*
Futur	*cantaré*
Futur perfet	*haurà cantat*
Condicional	*cantaria*
Condicional perfet	*hauria cantat*
Present de subjuntiu	*canti*
Perfet de subjuntiu	*haguí cantat*
Imperfet de subjuntiu	*cantés*
Passat perifràstic de subjuntiu	*vagi cantar*
Plusquamperfet de subjuntiu	*hagués cantat*
Passat anterior perifràstic de subjuntiu	*vagi haver cantat*
Imperatiu	*canta*

Algunas consideraciones sobre estos tiempos verbales:

- ✔ El **presente** se caracteriza como un tiempo no pasado y no futuro.
- ✔ El **indicativo** es el modo de la realidad. Es decir, es un modo no marcado por la actividad subjetiva del hablante, que se usa para formar frases afirmativas o interrogativas.
- ✔ El **subjuntivo** se acerca a la irrealidad. Es un modo marcado por la actividad subjetiva del hablante frente a la situación designada por el verbo, que aporta valores de incertidumbre, temor, posibilidad, deseo, voluntad, etc.
- ✔ El **imperativo** se utiliza para dar órdenes. Expresa un mandato dado a un interlocutor en las oraciones afirmativas, o bien una prohibición, en las oraciones negativas.

Los tiempos simples y los tiempos compuestos

Habrás comprobado, según la tabla 13-2, que hay que distinguir entre los **tiempos simples** y los **tiempos compuestos**. Son fáciles de detectar: los primeros están formados por un solo elemento *(canto)* y los segundos están formados por la forma simple del verbo auxiliar *(haver, anar)* más el participio del verbo que se conjuga *(he cantat, havia cantat)*. Además, están los **tiempos perifrásticos**, formados por la forma auxiliar *vaig* y el infinitivo del verbo que se conjuga *(vaig cantar)*. Mejor te lo explico caso por caso (basándome en el catalán central).

Los tiempos simples

- ✔ ***Present d'indicatiu.*** Todo presente denota la acción o el estado de cosas simultáneos al momento en que se habla. Las terminaciones del modelo *cantar* son: *-o*, *-es*, *-a*, *-em*, *-eu*, *-en*.
- ✔ ***Imperfet d'indicatiu.*** Los tiempos imperfectos expresan una acción o un estado de cosas simultáneos a un instante anterior al momento en que se habla. Las terminaciones para *cantar* son: *-ava*, *-aves*, *-ava*, *-àvem*, *-àveu*, *-aven*.
- ✔ ***Passat simple.*** Denota una acción pasada y acabada, pero es un tiempo que se utiliza más en valenciano y balear que en otras variantes dialectales. Las terminaciones para *cantar* son: *-í, -ares, -à, -àrem, -àreu, -aren*.
- ✔ ***Futur.*** Como ya supondrás, el futuro expresa posterioridad respecto al momento en que se habla. Las terminaciones para *cantar* son: *-aré*, *-aràs*, *-arà*, *-arem*, *-areu*, *-aran*.

- ***Condicional.*** Expresa acción temporal de futuro respecto al pasado del que parte. Las terminaciones para *cantar* son: *-aria*, *-aries*, *-aria*, *-aríem*, *-aríeu*, *-arien*.
- ***Present de subjuntiu.*** Las terminaciones para *cantar* son: *-i*, *-is*, *-i*, *-em*, *-eu*, *-in*.
- ***Imperfet de subjuntiu.*** Las terminaciones para *cantar* son: -és, *-essis*, -és, *-éssim*, *-éssiu*, *-essin*.
- ***Imperatiu.*** Indica mandato, exhortación, ruego o disuasión. Las terminaciones para *cantar* son solo: *-a*, *-i*, *-em*, *-eu*, *-in*.

Los tiempos compuestos

En los tiempos compuestos se refleja la idea de momento pasado y cada uno de los tiempos expresa una temporalidad análoga a la de las formas simples que te comentaba en el apartado anterior.

- ***Perfet d'indicatiu.*** Se forma con el presente de indicativo del verbo *haver* más el participio: *he cantat*, *has cantat*, *ha cantat*, *hem cantat*, *heu cantat*, *han cantat*.
- ***Plusquamperfet d'indicatiu.*** Se forma con el imperfecto de indicativo del verbo *haver* más el participio: *havia cantat*, *havies cantat*, *havia cantat*, *havíem cantat*, *havíeu cantat*, *havien cantat*.
- ***Passat perifràstic d'indicatiu.*** Esta es la forma que domina sobre el *passat simple* y de uso corriente en el catalán actual. Se forma con las formas auxiliares de *anar* más infinitivo: *vaig cantar*, *vas cantar*, *va cantar*, *vam cantar*, *vau cantar*, *van cantar*. También son corrientes en el catalán noroccidental, balear y valenciano las formas auxiliares *vàreig*, *vares*, *vàrem*, *vàreu*, *varen*.
- ***Passat anterior.*** Se forma con el *passat simple* del verbo *haver* más el participio: *haguí cantat*, *hagueres cantat*, *hagué cantat*, *haguérem cantat*, *haguéreu cantat*, *hagueren cantat*.
- ***Passat anterior perifràstic d'indicatiu.*** Se forma con el *passat perifràstic* más la perífrasis correspondiente: *vaig haver cantat*, *vas haver cantat*, *va haver cantat*, *vam haver cantat*, *vau haver cantat*, *van haver cantat*.
- ***Futur perfet.*** Se forma con el futuro de *haver* más el participio: *hauré cantat*, *hauràs cantat*, *haurà cantat*, *haurem cantat*, *haureu cantat*, *hauran cantat*.
- ***Condicional perfet.*** Se forma con el condicional del verbo *haver* más el participio: *hauria cantat*, *hauries cantat*, *hauria cantat*, *hauríem cantat*, *hauríeu cantat*, *haurien cantat*.

- ***Perfet de subjuntiu.*** Se forma con el presente de subjuntivo del verbo *haver* más el participio: *hagi cantat, hagis cantat, hagi cantat, hàgim cantat, hàgiu cantat, hagin cantat.*
- ***Plusquamperfet de subjuntiu.*** Se forma con el *imperfet de subjuntiu* del verbo *haver* más el participio: *hagués cantat, haguessis cantat, hagués cantat, haguéssim cantat, haguéssiu cantat, haguessin cantat.*
- ***Passat perifràstic de subjuntiu* y *passat anterior perifràstic de subjuntiu.*** Estos tiempos se forman con el verbo auxiliar *anar* y las formas del *passat perifràstic (vagi cantar, vagis cantar, vagi cantar, vàgim cantar, vàgiu cantar, vagin cantar)*, o con el *passat anterior perifràstic (vagi haver cantat, vagis haver cantat, vagi haver cantat, vàgim haver cantat, vàgiu haver cantat, vagin haver cantat).*

Las tres conjugaciones verbales

Los verbos catalanes se clasifican en todas sus variedades dialectales en tres conjugaciones, a partir de las formas del infinitivo, por la vocal que predomina en la mayoría de sus terminaciones: *a* en la primera, *e* en la segunda e *i* en la tercera. Estas conjugaciones tienen las características siguientes:

- **Conjugación I.** Formada por los verbos terminados en **-ar**, como *cantar*, se trata de la conjugación más productiva y reúne a la mayoría de los verbos (el 84 % del total, más de 5.000 verbos). De modo que si tienes que inventar un verbo nuevo (a menudo porque surge un invento o se produce un descubrimiento científico), ten por seguro que será de la primera conjugación. Eso es lo que ocurre con *allunar*, *amarar* y *esterilitzar*.
- **Conjugación II.** Es una conjugación poco productiva (el 4 %, unos 250 verbos), en la que no es posible generar verbos nuevos. Reúne verbos cuyo infinitivo terminan en una de las siguientes desinencias:
  - **-er** (con *e* tónica, como *haver*, *poder*, *saber*, *soler*, *valer* y *voler*; o con *e* àtona, como *tòrcer*, *créixer* y *esprémer*).
  - **-re** (con *e* átona, como *caure*, *rebre* y *vendre*).
  - **-r** (en verbos como *dir* y *dur*).
- **Conjugación III.** Reúne los verbos que acaban en **-ir** y se divide en dos grupos o subclases. El modelo IIIa *(servir)*, denominado *conjugación incoativa*, que presenta en algunas formas verbales un grupo de letras que se añaden antes de la desinencia; es el grupo ***-eix-***, como en *ser**veix**o*. Por su parte, el modelo IIIb *(dormir)*, se denomina *conjugación pura* y no añade nada en medio de la palabra. Se dice que

> esta conjugación es semiproductiva, sobre todo en cuanto a verbos del tipo IIIa, y suma el 12 % de los verbos actuales del catalán, lo que sobrepasa los 800.

En la tabla 13-3 puedes ver, a modo de resumen, las tres conjugaciones verbales del catalán, con ejemplos en infinitivo.

Tabla 13-3. Las conjugaciones verbales

Catalán	*Ejemplos*
I	*ballar, cantar, caminar, parlar.*
II	*batre, témer, voler, dir.*
IIIa (incoativa)	*servir, patir, seguir.*
IIIb (pura)	*dormir, sentir, collir.*

Los verbos de la conjugación I

Los verbos de esta conjugación son casi todos regulares; es decir que se conjugan sin que se altere la raíz, por lo que se dice que siguen el modelo de *cantar* (el verbo estrella que estoy utilizando para muchos ejemplos). Solo los verbos ***anar*** y ***estar*** son irregulares. Fíjate por qué:

- ✔ El verbo *anar* tiene diferentes raíces, como *vaig*, *vas*, *va*, *vagi* y *anirem*.
- ✔ El verbo *estar* presenta irregularidades en la primera persona del *present d'indicatiu*, en la forma *estic* y en otra semejantes, como *estigui* y *estigués*.

Pero para remachar el clavo, hay verbos de la primera conjugación que cambian la última consonante de la raíz ante una terminación en *-e* o en *-i*. Este es el caso del presente de indicativo de los verbos acabados en *-çar*, *-jar*, *-car*, *-gar*, *-guar* o *-quar*, que presentan las siguientes irregularidades ortográficas, como te muestro en la tabla 13-4. Pero ten en cuenta que no pueden considerarse como verbos irregulares aquellos que presentan variaciones ortográficas en algunas de sus formas, ya que esto se corresponde con las reglas ortográficas generales.

Las personas primera, segunda, tercera del singular y la tercera del plural de los dos presentes (indicativo y subjuntivo) acabados en **consonante + *iar*** *(canviar, estudiar, pronunciar, acariciar, anunciar, diferenciar...)* se pronuncian con *i* tónica: *jo canv**i**o, tu canv**i**es, ell canv**i**a, ells canv**i**en, estud**i**a (tu)*... Hay que tener en cuenta, además, que las formas del presente de subjuntivo llevan diéresis: *jo estudiï, tu estudiïs, ell estudiï, ells estudiïn.*

Tabla 13-4. Cambios ortográficos en verbos de la conjugación I

ç → c	**traçar**	traço, traces, traça, tracem, traceu, tracen.
j → g	**blanquejar**	blanquejo, blanqueges, blanqueja, blanquegem, blanquegeu, blanquegen.
c → qu	**clicar**	cliclo, cliques, clica, cliquem, cliqueu, cliquen.
g → gu	**mossegar**	mossego, mossegues, mossega, mosseguem, mossegueu, mosseguen.
qu → qü	**adequar**	adequo, adeqües, adequa, adeqüem, adeqüeu, adeqüen.
gu → gü	**enaiguar**	enaiguo, enaigües, enaigua, enaigüem, enaigüeu, enaigüen.

A veces, sin querer, convertimos verbos regulares en irregulares, porque los conjugamos mal. Ese es el caso del verbo regular *donar* que produce en el habla coloquial las formas **donc*, **dongui*, **donguéssim*, **donguéssiu...* cuando en realidad lo que debemos decir es *dono*, *doni*, *donéssim*, *donéssiu.*

Los verbos de la conjugación II

Son regulares los que siguen los modelos de *perdre* o *témer*. Con los poquitos verbos que hay en esta conjugación, encima la mayoría son irregulares (al final del capítulo puedes consultar una lista con los principales verbos irregulares del catalán).

Hay que ir con cuidado con esta segunda conjugación porque a menudo también producimos soluciones verbales que son incorrectas, por más que corrientes. Por lo tanto, no existen **infinitivos** acabados en ***-guer*** ni **gerundios** acabados en ***-guent***, por lo que las formas **capiguer*, **capiguent; *poguer*, **poguent; *sapiguer*, **sapinguent; *valguer*, **valguent; *beguent*, **riguent*, **caiguent; *haguer...* son incorrectas. Hay que sustituirlas por las correctas: *caber*, *cabent; poder*, *podent; saber*, *sabent; valer* (o *valdre*), *valent*; *bevent*, *rient*, *caient; haver.* Recuerda, además, que el archiconocido verbo *haver* en catalán se escribe con *v* y no con *b* como en castellano *(haber)*.

También a veces puedes dudar si por ejemplo tienes que decir *concebre* o **concebir*, *admetre* o **admitir*, *permetre* o **permitir*, ya que son verbos que pueden confundirse con falsos verbos de la conjugación III por influencia de otras lenguas románicas. Para que lo tengas muy claro, pertenecen a la conjugación II:

- ✔ Los verbos *batre* (y sus compuestos, como *abatre*, *combatre* y *debatre*); *cloure* (y sus compuestos, como *concloure*, *excloure* e *incloure*);

córrer (y sus compuestos, como *concórrer*, *discórrer* y *ocórrer*); *concebre*, *fondre* (y sus compuestos, como *confondre*, *difondre* e *infondre*); y *percebre* y *rompre* (y sus compuestos, como *interrompre*, *irrompre* y *prorrompre*).

- ✔ Los verbos que acaban en *-metre* y sus compuestos, como *admetre*, *emetre*, *ometre*, *permetre*, *remetre* y *trasnmetre*.

En los verbos de la conjugación II *aparèixer*, *conèixer*, *contradir* y sus derivados, como *comparèixer*, *desconèixer*, *desaparèixer*, *reconèixer*, entre otros, la primera persona del presente de indicativo acaba con la consonante velar *c*: *aparec*, *comparec*, *conec*, *contradic*, *desconec*, *desaparec*, *reconec*..., por lo que son totalmente incorrectas formas como **apareixo*, **coneixo* y **contradeixo*. En cambio, las formas del subjuntivo y del *passat simple* de indicativo de esos mismos verbos acaban con los grupos consonánticos velares *-gui*, *-gue*: *apareguin*, *apareguí*, *coneguem*, *contradigueu*...

Algunos verbos de la conjugación II pueden presentar dos formas para el infinitivo, ambas correctas:

- ✔ *cabre* o *caber*
- ✔ *caldre* o *caler*
- ✔ ésser o *ser*
- ✔ *valdre* o *valer*

Ser o *ésser* son dos formas verbales igualmente correctas, pero tienes que ser coherente a la hora de usarlas; así que utiliza siempre la misma forma en un mismo texto. Ahora bien, como nombre normalmente se utiliza *ésser*: *els éssers vius*, *l'ésser humà*, ya que quedan bastante mal soluciones del tipo *els sers vius*, *el ser humà*. El verbo *ésser* o *ser* presenta además tres formas para el participio: *estat*, *sigut* y *set* (esta última solo en algunas zonas), de las que la primera se considera más culta.

Como te expliqué en el capítulo 4 a propósito de las normas ortográficas de la *j* y la *g*, o en el capítulo 2 sobre la vocal neutra, los verbos *jeure* o *jaure*, *treure* o *traure*, *néixer* o *nàixer* (y sus derivados, como *ajeure* y *retreure*) presentan doble raíz; por esa razón la vocal de la raíz de estos verbos será *a* si es átona, pero cuando es tónica se escribe con la vocal que se pronuncia, como puedes ver en la tabla 13-5.

La mayoría de los verbos irregulares de la conjugación II se caracterizan por no tener afijo vocálico en la primera persona del presente de indicativo; además presentan alternancias en las consonantes finales de la raíz.

Tabla 13-5. Cambios de vocal en el verbo *jeure/jaure*

Present d'indicatiu	*Present de subjuntiu*
jec (*o* jac)	jegui (*o* jagui)
jeus (*o* jaus)	jeguis (*o* jaguis)
jeu (*o* jau)	jegui (*o* jagui)
jaiem	jaguem
jaieu	jagueu
jeuen (*o* jauen)	jeguin (*o* jaguin)

En la tabla 13-6 puedes ver diferentes modelos de variaciones en las personas primera y tercera del singular y primera del plural del presente de indicativo, donde puedes observar que las consonantes en alternancia varían en cada caso.

Tabla 13-6. Verbos de la conjugación II con variación en la raíz en el presente de indicativo

Verbo	*1.ª persona singular*	*3.ª persona singular*	*1.ª persona plural*
beure	bec	beu	bevem
coure	coc	cou	coem
seure	sec	seu	seiem
caure	caic	cau	caiem
moldre	molc	mol	molem
prendre	prenc	pren	prenem
conèixer	conec	coneix	coneixem
viure	visc	viu	vivim
veure	veig	veu	veiem

Si tomamos de ejemplo el verbo *beure*, a partir de la raíz de la primera persona del singular del presente de indicativo ***bec*** (c → g) se obtiene:

- ✔ El **presente de subjuntivo.** Su conjugación es: *begui*, *beguis*, *begui*, *beguem*, *begueu*, *beguin*.
- ✔ El **pasado simple.** Su conjugación es: *beguí*, *begueres*, *begué*, *beguérem*, *beguéreu*, *begueren*.
- ✔ El **imperfecto de subjuntivo.** Su conjugación es: *begués*, *beguessis*, *begués*, *beguéssim*, *beguéssiu*, *beguessin*.
- ✔ El **participio.** Tiene las formas: *begut*, *beguda*, *beguts*, *begudes*.

Y a partir de la raíz de la tercera persona del singular del presente de indicativo *beu* se obtienen:

- Las personas segunda del singular y tercera del plural del **presente de indicativo**, que son *beus* y *beuen*, respectivamente.
- La segunda del singular del **imperativo**, que es *beu*.
- El **infinitivo,** que es *beure*.
- El **futuro.** Su conjugación es: *beuré*, *beuràs*, *beurà*, *beurem*, *beureu*, *beuran*.
- El **condicional.** Su conjugación es: *beuria*, *beuries*, *beuria*, *beuríem*, *beuríeu*, *beurien*.

Otros verbos que siguen el patrón de *beure* son *caure*, *jeure* (o *jaure*), *doldre* (o *doler*), *valdre* (o *valer*), *tindre* y *vindre*. Fíjate que las formas del infinitivo *tindre* o *vindre* son correctas en catalán, aunque sean propias del lenguaje coloquial, pero genuinas, frente a los verbos más formales *tenir* y *venir*.

En los verbos de la conjugación II, hay formas que presentan una ***i*** entre la vocal de la raíz y la vocal temática o la vocal de la terminación. Se denomina **antihiática**, ya que permite evitar el contacto entre dos vocales, como puedes ver en las personas primera y segunda del plural del presente de indicativo, en la segunda del plural del imperativo y en el gerundio de la mayoría de los verbos cuya raíz acaba en *-a* o *-e*:

- *caiem*, *caieu*, *caient*;
- *creiem*, *creieu*, *creient*;
- *jaiem*, *jaieu*, *jaient*;
- *seiem*, *seieu*, *seient*;
- *traiem*, *traieu*, *traient*;
- *veiem*, *veieu*, *veient*.

Los verbos de la conjugación III

Los verbos de la tercera conjugación siguen el modelo de *dormir* o bien el de *servir*. Los primeros son los puros y los segundos los incoativos, porque añaden el incremento *-eix-* después de la raíz en las formas que no tienen vocal temática, es decir, en las personas primera, segunda y tercera del singular y la tercera del plural de los presentes de indicativo y subjuntivo, y en la segunda del singular del imperativo, tal como aparece en la tabla 13-7.

Tabla 13-7. Formas que presentan incremento *-eix-*

Tiempo o modo	*Persona*	*Ejemplos*
Present d'indicatiu	1.ª sing. 2.ª sing. 3.ª sing. 3.ª plural	serv**eix**o serv**eix**es serv**eix** serv**eix**en
Present de subjuntiu	1.ª sing. 2.ª sing. 3.ª sing. 3.ª plural	serv**eix**i serv**eix**is serv**eix**i serv**eix**in
Imperatiu	2.ª sing.	serv**eix**

Quizá te sea de ayuda saber que la mayoría de los verbos de la tercera conjugación **son incoativos**, como *aplaudir*, *atrevir-se*, *avorrir*, *corregir*, *decidir*, *discutir*, *divertir*, *partir*, *reunir*, *seguir*, entre otros muchos. Pero hay que distinguir los que no lo son porque a menudo cometemos el error de conjugarlos como si lo fueran: no digas **bulleixo*, **munyeixo* o **consenteixo* sino *bullo*, *munyo* y *consento*. Para que los tengas en una lista, los siguientes verbos, entre otros, **no son incoativos**: *ajupir*, *bullir*, *collir*, *cosir*, *escopir*, *fugir*, *morir*, *obrir*, *omplir*, *pudir*, *sentir*, *sortir*, *tossir*, ni tampoco sus posibles derivados, y por tanto, se conjugan con el modelo de *dormir*. En cambio, existen unos pocos que admiten las dos posibilidades: *acudo* o *acudeixo*, *mento* o *menteixo*, *consumo* o *consumeixo*.

Los verbos *tenir* y *venir* pueden adoptar las formas populares *tindre* o *vindre* (también correctas, como te he comentado más arriba), aunque esta terminación en *-dre* no se admite en los derivados de estos verbos, como *intervenir*, *mantenir* o *prevenir*, que solo funcionan con la forma acabada en *-ir*.

Las irregularidades ortográficas más destacables que puedes encontrar en los verbos de la tercera conjugación están en los verbos *collir*, *cosir*, *escopir*, *sortir*, *tossir* y sus derivados: *acollir*, *escollir*, *recollir*; *descosir*; *ressortir*, *sobresortir*... Estos verbos tienen la gracia de que cuando la vocal es tónica se escriben con la vocal que se pronuncia, pero cuando es átona se escriben con *o*. Observa los ejemplos siguientes del presente de indicativo:

- *c**u**llo*, *c**u**lls*, *c**u**llo*, *c**o**llim*, *c**o**lliu*, *c**u**llen*.
- *c**u**so*, *c**u**ses*, *c**u**s*, *c**o**sim*, *c**o**siu*, *c**u**sen*.
- *s**u**rto*, *s**u**rts*, *s**u**rt*, *s**o**rtim*, *s**o**rtiu*, *s**u**rten*.
- *t**u**sso*, *t**u**sses*, *t**u**s*, *t**o**ssim*, *t**o**ssiu*, *t**u**ssen*.

Los verbos que acaban en **vocal + *ir***, como *agrair*, *conduir*, *traduir*, etc., llevan diéresis en los siguientes casos:

- ✔ *agraïm, agraïu; agraïres; agraïa, agraïes, agraïa, agraïen; agraït, agraïda, agraïts, agraïdes.*

No te olvides de que el infinitivo, el gerundio, el futuro y el condicional de los verbos que acaban en **vocal + ir** no llevan diéresis: *agrair, agraint, agrairé, agrairia*. (Puedes repasar el uso de la diéresis en el capítulo 6).

Los modelos de conjugación

Con el fin de que aprendas bien las conjugaciones de las formas simples de los verbos regulares que sirven como modelo voy a reproducirlos en la tabla 13-8, que te permitirá aprenderlos e incluso recitarlos como un lorito (si te apetece). En caso contrario, esta tabla siempre te servirá como modelo de consulta para conjugar los demás verbos regulares.

Tabla 13-8. Modelos de las formas simples de los verbos regulares

Persona	*I*		*II*	*IIIa*	*IIIb*
			INDICATIU		
			PRESENT		
1.ª sing.	canto	bato	temo	serveixo	dormo
2.ª sing.	cantes	bats	tems	serveixes	dorms
3.ª sing.	canta	bat	tem	serveix	dorm
1.ª plural	cantem	batem	temem	servim	dormim
2.ª plural	canteu	bateu	temeu	serviu	dormiu
3.ª plural	canten	baten	temen	serveixen	dormen
			FUTUR		
1.ª sing.	cantaré	batré	temeré	serviré	dormiré
2.ª sing.	cantaràs	batràs	temeràs	serviràs	dormiràs
3.ª sing.	cantarà	batrà	temerà	servirà	dormirà
1.ª plural	cantarem	batrem	temerem	servirem	dormirem
2.ª plural	cantareu	batreu	temereu	servireu	dormireu
3.ª plural	cantaran	batran	temeran	serviran	dormiran
			CONDICIONAL		
1.ª sing.	cantaria	batria	temeria	serviria	dormiria
2.ª sing.	cantaries	batries	temeries	serviries	dormiries
3.ª sing.	cantaria	batria	temeria	serviria	dormiria
1.ª plural	cantaríem	batríem	temeríem	serviríem	dormiríem
2.ª plural	cantaríeu	batríeu	temeríeu	serviríeu	dormiríeu
3.ª plural	cantarien	batrien	temerien	servirien	dormirien

(cont.)

Tabla 13-8. Modelos de las formas simples de los verbos regulares *(cont.)*

Persona	*I*	*II*		*IIIa*	*IIIb*
	PASSAT SIMPLE				
1.ª sing.	cantí	batí	temí	serví	dormí
2.ª sing.	cantares	bateres	temeres	servires	dormires
3.ª sing.	cantà	baté	temé	serví	dormí
1.ª plural	cantàrem	batérem	temérem	servírem	dormírem
2.ª plural	cantàreu	batéreu	teméreu	servíreu	dormíreu
3.ª plural	cantaren	bateren	temeren	serviren	dormiren
	IMPERFET				
1.ª sing.	cantava	batia	temia	servia	dormia
2.ª sing.	cantaves	baties	temies	servies	dormies
3.ª sing.	cantava	batia	temia	servia	dormia
1.ª plural	cantàvem	batíem	temíem	servíem	dormíem
2.ª plural	cantàveu	batíeu	temíeu	servíeu	dormíeu
3.ª plural	cantaven	batien	temien	servien	dormien
	SUBJUNTIU				
	PRESENT				
1.ª sing.	canti	bati	temi	serveixi	dormi
2.ª sing.	cantis	batis	temis	serveixis	dormis
3.ª sing.	canti	bati	temi	serveixi	dormi
1.ª plural	cantem	batem	temem	servim	dormim
2.ª plural	canteu	bateu	temeu	serviu	dormiu
3.ª plural	cantin	batin	temin	serveixin	dormin
	IMPERFET				
1.ª sing.	cantés	batés	temés	servís	dormís
2.ª sing.	cantessis	batessis	temessis	servissis	dormissis
3.ª sing.	cantés	batés	temés	servís	dormís
1.ª plural	cantéssim	batéssim	teméssim	servíssim	dormíssim
2.ª plural	cantéssiu	batéssiu	teméssiu	servíssiu	dormíssiu
3.ª plural	cantessin	batessin	temessin	servissin	dormissin
	IMPERATIU				
2.ª sing.	canta	bat	tem	serveix	dorm
2.ª plural	canteu	bateu	temeu	serviu	dormiu
	FORMES NO PERSONALS				
	INFINITIU				
	cantar	batre	témer	servir	dormir

(cont.)

Tabla 13-8. Modelos de las formas simples de los verbos regulares *(cont.)*

Persona	*I*	*II*		*IIIa*	*IIIb*
	GERUNDI				
	cantant	batent	tement	servint	dormint
	PARTICIPI				
	cantat cantada cantats cantades	batut batuda batuts batudes	temut temuda temuts temudes	servit servida servits servides	dormit dormida dormits dormides

En la mayoría de los verbos catalanes la raíz está formada por un único constituyente morfológico: *cant-*, *dorm-*, *tem-*, *bat-*. La raíz es uniforme en todas las formas del paradigma y solo está condicionada por los cambios de pronunciación. Por ejemplo, el verbo *perdre* tiene una raíz acabada en el sonido [t] en las formas *perd*, *perds*, pero se transforma en [d] en las formas *perdem*, *perdut* o *perdre*, por normas ortográficas que ya te expliqué en el capítulo 4.

Para mayor fastidio, los verbos más irregulares suelen ser los más usados. Pero, por suerte, esas irregularidades se memorizan fácilmente porque los verbos son, precisamente, muy frecuentes. Sin duda, *anar*, *fer*, *haver* y *ser* son los verbos más usuales del catalán. Para que puedas consultar estos verbos siempre que te convenga, a continuación, en la tabla 13-9, he recogido los modelos de conjugación en las formas que puedan ofrecer más dudas. Entre paréntesis tienes las soluciones alternativas, también correctas en catalán.

Tabla 13-9. Modelos de conjugación de los verbos *anar, fer, haver* y *ser*

Tiempos verbales	*anar*	*fer*	*haver*	*ser (ésser)*
GERUNDI	*anant*	*fent*	*havent*	*essent (sent)*
PARTICIPI	*anat, anada, anats, anades.*	*fet, feta, fets, fetes.*	*hagut, haguda, haguts, hagudes.*	*estat (sigut, set), estada (siguda, seta), estats (siguts, sets), estades (sigudes, setes).*

(cont.)

Tabla 13-9. Modelos de conjugación de los verbos *anar, fer, haver* y *ser (cont.)*

Tiempos verbales	*anar*	*fer*	*haver*	*ser (ésser)*
PRESENT D'INDICATIU	*vaig, vas, va, anem, aneu, van.*	*faig, fas, fa, fem, feu, fan.*	*he (haig), has, ha, hem, heu, han.*	*soc (so) ets, és, som, sou, són.*
IMPERFET D'INDICATIU	*anava, anaves, anava, anàvem, anàveu, anaven.*	*feia, feies, feia, fèiem, fèieu, feien.*	*havia, havies, havia, havíem, havíeu, havien.*	*era, eres, era, érem, éreu, eren.*
PASSAT SIMPLE	*aní, anares, anà, anàrem, anàreu, anaren.*	*fiu, feres, féu, férem, féreu, feren.*	*haguí, hagueres, hagué, haguérem, haguéreu, hagueren.*	*fui, fores, fou, fórem, fóreu, foren.*
FUTUR	*aniré, aniràs, anirà, anirem, anireu, aniran.*	*faré, faràs, farà, farem, fareu, faran.*	*hauré, hauràs, haurà, haurem, haureu, hauran.*	*seré, seràs, serà, serem, sereu, seran.*
CONDICIONAL	*aniria, aniries, aniria, aniríem, aniríeu, anirien.*	*faria, faries, faria, faríem, faríeu, farien.*	*hauria, hauries, hauria, hauríem, hauríeu, haurien.*	*seria (fóra), series (fores), seria (fóra), seríem (fórem), seríeu (fóreu), serien (foren).*
PRESENT DE SUBJUNTIU	*vagi, vagis, vagi, anem, aneu, vagin.*	*faci, facis, faci, fem (facem), feu (faceu), facin.*	*hagi, hagis, hagi, hàgim, hàgiu, hagin.*	*sigui, siguis, sigui, siguem, sigueu, siguin.*
IMPERFET DE SUBJUNTIU	*anés, anessis, anés, anéssim, anéssiu, anessin.*	*fes, fessis, fes, féssim, féssiu, fessin.*	*hagués, haguessis, hagués, haguéssim, haguéssiu, haguessin.*	*fos, fossis, fos, fóssim, fóssiu, fossin.*
IMPERATIU	*ves, vagi, anem, aneu, vagin.*	*fes, faci, fem, feu, facin.*	*No se usa.*	*sigues, sigui, siguem, sigueu, siguin.*

Las formas no personales de los verbos

Son aquellas que no se refieren concretamente a una persona gramatical. Son formas que no tienen, por tanto, categorías o accidentes, como número, persona y tiempo. Se trata del **infinitivo** *(cantar)*, el **gerundio** *(cantant)* y el **participio** *(cantat)*.

Hay que saber utilizar correctamente estas formas. Por lo que se refiere al **infinitivo:**

- Es incorrecto utilizarlo con valor de imperativo.

  Incorrecto → **No molestar el conductor. *Empènyer la porta.*

  Correcto → *No molesteu el conductor. Empenyeu la porta.*

- Es incorrecto usarlo con valor condicional precedido de la preposición *de*.

  Incorrecto → **De venir el teu germà, aniríem en dos cotxes.*

  Correcto → *Si vingués el teu germà, aniríem en dos cotxes.*

- Es incorrecto usarlo con un valor de conclusión.

  Incorrecto → **I per últim, tenir present aquestes recomanacions.*

  Correcto → *I per últim, hem de tenir present aquestes recomanacions.*

- Es incorrecto usarlo precedido de artículo (a no ser que sea un nombre, como *el dinar*, *l'ésser humà*),

  Incorrecto → **L'arribar tard és un mal costum.*

  Correcto → *Arribar tard és un mal costum.*

- Actualmente se admite en construcciones *a* + infinitivo, del tipo *a poder ser...* y *a no ser que...*, aunque te aconsejo usar las formas *si pot ser...* y *si no tens...*, que son más genuinas.

Sobre el **gerundio**, hay que tener en cuenta que esta forma del verbo expresa acciones anteriores o simultáneas a la acción que expresa el verbo principal, o bien relaciones de condición, causa o modo:

- *He elaborat els pressupostos **seguint** les vostres indicacions.*
- *Han passat unes noies **cantant**.*
- ***Fent** la feina així, aviat acabareu.*

Un truco que normalmente puede servir para asegurarte de que el gerundio es correcto consiste en cambiar el orden y colocarlo delante del verbo para comprobar que el sentido es el mismo: *Seguint les vostes indicacions, he elaborat els pressupostos.*

En cambio, el gerundio es incorrecto si expresa una acción posterior o la del verbo principal, o bien es su consecuencia:

Incorrecto → **El president va anul·lar la reunió de la junta, **convocant-la** per a la semana que ve.*

Correcto → *El president va anul·lar la reunió de la junta **i la va convocar** per a la semana que ve.*

Tampoco es correcto usar el gerundio con valor meramente copulativo:

Incorrecto → **L'oli ha estat una tradició centenària en aquesta comarca, **essent** la base de la seva economia.*

Correcto → *L'oli ha estat una tradició centenària en aquesta comarca, **i és** la base de la seva economia.*

El **participio** puede establecer concordancia de género y de número.

- Normalmente con el complemento directo cuando esa función la ejercen los pronombres *el*, *la*, *els*, *les* y *en* (tienes más información en el capítulo 11): *La carta, l'he **enviada*** (o *l'he enviat*) *aquest matí.*
- Con el sujeto, si actúa como tal el pronombre *en*: *De cadires, n'he **comprades*** (o *n'he comprat*) *sis.*

Pero la concordancia es incorrecta si el pronombre *en* sustituye al complemento del nombre:

Incorrecto → **Hem cantat la part més senzilla de l'acte. N'hem **cantada** la part més senzilla.*

Correcto → *Hem cantat la part més senzilla de l'acte. N'hem **cantat** la part més senzilla.*

Las perífrasis verbales

Quizá te acaba de asaltar la duda repentinamente: ¿Qué es una perífrasis verbal? Pues se trata de una construcción compuesta por un verbo auxiliar acompañado de una forma no personal de otro verbo, de tal manera que el conjunto de ambos expresa valores de aspecto o modo que no figuran en ninguno de ellos por separado. Dicho en pocas palabras: dos verbos que expresan una sola idea. Se pueden formar con infinitivo, con gerundio o con participio. Veamos las clases de perífrasis que existen en catalán con algunos ejemplos ilustrativos.

Perífrasis de infinitivo

Las perífrasis de infinitivo se pueden agrupar según la idea que expresan.

Obligación

- ✔ **Haver de** + infinitivo: *He de treballar molt encara.* Es incorrecto expresar esa misma idea con **tenir que*: **Tinc que treballar molt encara.*
- ✔ **Caldre** + infinitivo: *Cal fer-ne una exposició.* Es incorrecta la perífrasis **haver-hi que*: **Hi ha que fer una exposició.*
- ✔ **Ser necessari** + infinitivo: *És necessari veure els resultats.*

Probabilidad

Con infinitivo hay una perífrasis de mucho uso.

- ✔ **Deure** + infinitivo: *A hores d'ara ja deu haver acabat.*

Con este sentido es incorrecta la construcción en futuro o en *condicional*:

- ✔ *Serien les vuit.* La alternativa correcta es: *Deurien ser les vuit.*

Posibilidad

- ✔ **Poder** + infinitivo: *¿Em pots deixar el teu ordinador?*

Inminencia

Entre las perífrasis de infinitivo que expresan inminencia hay que distinguir dos tipos según el tiempo del que traten, ya que la perífrasis correcta es diferente.

- ✔ **Anar a** + infinitivo expresa inminencia de un hecho pasado: *Quan m'has trucat, anava a sortir.*
- ✔ **Estar a punt de** + infinitivo expresa inminencia de un hecho presente: *Estan a punt de fer la pel·lícula.* Cuando lo que se expresa todavía no ha sucedido, como es el caso del ejemplo, no es correcto usar la perífrasis *anar* + infinitivo. Por ejemplo: **Anem a posar una pel·lícula.*

Inicio

Hay dos perífrasis muy comunes que indican que una acción está a punto de empezar.

- ✔ **Començar a** + infinitivo: *Aviat començarà a fer calor.*
- ✔ **Posar-se a** + infinitivo: *Es va posar a treballar de seguida.*

Perífrasis de gerundio

En catalán el gerundio en combinación con otros verbos da lugar a perífrasis que expresan ideas diversas.

Duración

- ✔ **Estar** + gerundio: *El gos està tot el dia bordant.*
- ✔ **Anar** + gerundio: *De mica en mica va aprenent català.*

Presta atención porque es incorrecta la perífrasis ****venir*** + gerundio para expresar que una acción mantiene cierta duración: **Vinc escrivint el llibre des de fa cinc mesos*. La alternativa correcta es: *Fa cinc mesos que escric el llibre.*

Permanencia

- ✔ **Continuar** + gerundio: *Encara continuen barallant-se amb els veïns.*

Consecuencia

- ✔ **Acabar** + gerundio: *Finalment va acabar cantant la cançó que el públic li demanava.*

Perífrasis de participio

Por lo que respecta a las perífrasis de participio, expresan tres ideas principales.

Consecuencia

- ✔ **Quedar** + participio: *Va quedar garratibat.*
- ✔ **Deixar** + participio: *La feina, ja l'han deixada enllestida.*

Finalización

- ✔ **Donar per** + participio: *Més val que donem això per acabat.*

Resultado

- ✔ **Tenir** + participio: *¿Ja ho tens tot preparat?*

Ser o estar... he ahí el dilema

Ser o estar... He ahí el dilema. ¿Qué es mejor para el alma, usar *ser* o *estar* cuando me plazca, aquí, allá, al buen tuntún, en cualquier frase y lugar, o levantarme contra el océano del mal para averiguar su mejor posición y usanza? ¡Qué difícil! ¡Qué difícil decisión!

No me queda la menor duda de que habrás reconocido el parafraseo de uno de los más famosos monólogos que la literatura ha proporcionado de la pluma de William Shakespeare. Perdón por la broma. Pero lo que yo quiero es indagar en los asuntos de nuestro lenguaje, para saber en qué casos debemos usar ***ser*** y en cuáles ***estar*** en catalán, la gran duda que nos asuela; tema ciertamente arduo y, en algunos casos, de difícil solución.

En catalán, los usos de *ser* y *estar* no coinciden necesariamente con el castellano. Como la *Gramàtica del català contemporani* y algunos autores tratan este asunto detalladamente, lo que aquí voy a presentarte es un resumen general que sea útil para la mayoría de las oraciones cotidianas.

Ser o estar con sujetos animados

Cuando se trata de expresar el estado, la situación o alguna característica de seres animados, se pueden distinguir varios casos que veremos a continuación.

- ✔ **Con adjetivos que indican características permanentes, definitivas o distintivas se usa el verbo *ser*.** Es el caso de adjetivos como *savi, llest, constant, bo (de bon caràcter), alt, baix, coix, cec, sord, mut, calb, treballador, enginyós, viu (espavilat), espavilat*, entre otros muchos.
  - *El seu pare* **és savi**.
  - *La Joana* **és** *molt* ***espavilada*** (pero: *Aquell noi* ***està*** *molt* ***espavilat***; no se sabe si lo es, pero hace progresos).
  - **És** *un xicot molt* ***viu****: de seguida ha entès què havia de fer.*
  - *La Caputxeta Vermella* **és bona**.
  - **Ésser constant** *en les seves afeccions.*
  - *En Pere* **és** *més* ***alt*** *que la Carmina.*
  - **És sord** *de les dues orelles* (pero si es transitorio: ***Està sord*** *de les dues orelles*).

- **Con participios pasados, adverbios y adjetivos que indican cualidades o afecciones pasajeras se usa el verbo *estar*.** Es el caso de *animat, refredat, capacitat; bé, malament; exempt, satisfet, prest, gras, bo (sa), malalt, groc (molt pàl·lid)*, entre otros.
  - ***Estava groc*** *com un mort.*
  - *L'àvia de la Caputxeta Vermella ja* ***està bona****.*
  - *En aquesta hora els bars* ***estan*** *encara poc* ***animats****.*
  - *¿**Esteu bé**, en aquesta butaca?*
  - *No* ***està bé*** *de fer això.*

También se han aproximado a este grupo adjetivos que se construían tradicionalmente con *ser*, como *viu, mort, casat*:

- *No sabia si* ***eres viu*** *o* ***mort*** */ No sabia si* ***estaves viu*** *o* ***mort****.*
- *Sense pacte fiscal, el país* ***està mort****.*
- *¿**Ets casat** o solter? / ¿**Estàs casat** o solter?*

- **En ciertos adjetivos está clara la diferencia de significado entre *ser* y *estar*:** *alegre, trist, tranquil, nerviós, quiet...*:
  - *En Felip* ***és nerviós*** *de mena: de petit ja no parava.* Es decir que tiene un carácter nervioso, siempre; se trata de una característica permanente.
  - *La Maite* ***està nerviosa*** *perquè té un examen de filosofia.* Es decir que está nerviosa solo en ese momento. Se trata de un estado no permanente.

No obstante, ocurre que por influencia del castellano se usa ***estar*** con muchos adjetivos que tiempo atrás en catalán se construían con el verbo *ser*, tanto para cualidades permanentes como para estados transitorios: *jovial, vell, jove, amable, dòcil, bonic, maco, lleig, genial, boig, preciós, atractiu, bo (atractiu, ben fet, desitjable), encantador, irresistible, elegant, meravellós, espaterrant, explosiu, horrible, alt (d'estatura), coix, sord, calb, espavilat, animat*, son algunos de esos adjetivos. Observa estos ejemplos:

- ***Està horrible****.*
- *L'Ernest* ***està coix /sord / cec / calb****.*
- *Aquesta noia* ***està*** *molt* ***bona*** (Incluso: *Aquesta noia* ***està*** *com un tren*).

- **El verbo *ser* indica localización. Ese significado no lo tiene *estar*, que indica permanencia, estabilidad**. Observa los ejemplos siguientes:

- *Vam trobar-los sota el pont: **eren** allí, armats.*
- *Els mossos **estan** vuit hores al camp.*
- *No t'amoïnis: **estic** al teu costat* (hacer compañía).
- *No t'amoïnis: **soc** al teu costat* (ocupar simplemente ese lugar).

Ser o estar con sujetos no animados

Igual que con los sujetos animados, con los inanimados la elección entre *ser* y *estar* sigue unas pautas claras.

- **Con adjetivos que indican características permanentes, cualidades definitorias o transitorias se usa *ser***, por ejemplo con *alt, llarg, blanc, car, bonic, bo, difícil, clar, transparent, dur, tou*: entre otros. Toma como ejemplo estas frases:
  - *El sol **era** ja molt **alt**.*
  - ***És difícil** de remoure aquesta pedra.*
  - *Encara **és clar** a les set.*
- **Con participios pasados, adverbios y adjetivos que indiquen cualidades transitorias se usa *estar*, pero convive con *ser* en la mayoría de los casos (excepto cuando se trata de adverbios).** Es el caso de *encès, glaçat, cuit, obert, tancat, mullat, trencat...; bé, malament, mal; calent, fred, tebi, dolç, salat, cru, madur, verd (no madur), tendre, intacte* y muchos más. Fíjate en estos ejemplos:
  - *¡Ja poden passar, que la porta **és oberta!***
  - *La finestra **està tancada**.*
  - ***Mal** m'**està** el dir-ho.*
  - *El raïm encara **està verd**.*
  - *La guineu quan no les pot haver (les figues), diu que **són verdes**.* (Se trata de la frase final de la fábula del zorro, que no pudiendo alcanzar unos apetitosos higos, tuvo que consolarse diciendo que no estaban maduros.)
  - *Hi entro i veig que la casa **està intacta**.*
  - *El segell **és** encara **intacte**.*
- **Con algunos adjetivos aplicados a ser inanimados, el uso de *ser* o de *estar* cambia el significado.** Eso ocurre con adjetivos como *tort* y *fluix*, entre otros.

- *Aquest arbre* ***és tort*** (crece inclinado o tortuoso).
- *Aquest quadre* ***està tort*** (no está recto, se inclina hacia un lado porque está mal colocado).
- *La bombeta* ***és fluixa*** (de baja intensidad).
- *La bombeta* ***està fluixa*** (no funciona bien porque está mal enroscada).

Pero también se observa una extensión del uso de *estar*, por influencia quizá de los sujetos animados, aunque haya personas y hablas que mantienen vivo el uso exclusivo de *ser* en adjetivos como: *espès, bo, bulliciós, malenconiós, net, brut, tèrbol, relliscós, pla, flonjo, humit, clar, transparent, dur, tou*, entre otros. Lee las oraciones siguientes:

- *Al restaurant del poble, el conill* ***està*** *molt bo.*
- *El conill* ***és molt*** *bo.*
- *Aquest vi* ***està*** *tèrbol: l'heu de deixar reposar.*
- *Dona'm aigua clara, que aquesta* ***és tèrbola****.*

✔ **Para indicar la localización de seres inanimados se utiliza el verbo *ser*, si bien es cierto que avanza el uso de *estar*.**

- *Menorca* ***és*** *més al nord que Mallorca.*
- *¿On* ***són*** *les claus?*
- *Les tombes de la gent important* ***estan*** *sota terra* (quizá para que se entienda que 'estan fetes sota terra').

Con sintagmas preposicionales

Con algunos sintagmas preposicionales, conviven los dos verbos, *ser* y *estar*. Algunas de esos sintagmas son: *a l'abast, al ple de l'estiu, a la recta final del programa...* Fíjate en estas oraciones:

✔ ***Estem*** *al ple de l'estiu, de l'hivern =* ***Estem*** *en ple estiu.*

✔ *El doctorat* ***està*** *al teu abast = El doctorat* ***és*** *al teu abast.*

✔ *Ja* ***estan*** *a la recta final del programa = Ja* ***són*** *a la recta final del programa.*

✔ *Els llibres* ***estan*** *a l'abast de tothom = Els llibres* ***són*** *a l'abast de tothom.*

Ni ser ni estar, la solución perfecta

Ocurre de vez en cuando que el catalán se expresa con otros verbos o con otros giros, como *anar*, *trobar(se)*, *sentir-se*, *haver-hi*. Observa los ejemplos siguientes:

- *¿Que* ***vas*** *coix?*
- ***Vas*** *molt elegant.*
- ***Em sento / em trobo*** *molt feliç.*
- ***Ens trobem*** *davant d'un cas excepcional.*
- *La Iolanda encara* ***fa*** *de bon veure.*
- *¿Que* ***hi ha*** *la Roser?*

Verbos parecidos, pero no iguales

Algunos de los verbos que usas todos los días no se corresponden exactamente a lo que quieres decir. Eso se debe a que hay verbos que tienen un significado muy concreto y no siempre equivalente a otros verbos que pueden parecer sinónimos pero no lo son. Por eso quiero mostrarte algunos casos interesantes, con el fin de que uses los verbos adecuados en cada contexto.

Tastar / Provar no significan la mismo. *Tastar* está relacionado con la comida y la bebida. Exactamente significa tomar una pequeña cantidad (de una comida o una bebida), poner un poco en la boca, para apreciar su gusto: ***Tastar*** *una salsa per veure si està bé de sal* (en castellano sería: **probar** la salsa para asegurarse de que está bien de sal). Pero en catalán, *provar* significa solamente someter a alguien o una cosa a ciertas experiencias para apreciar su valor, si funciona bien o si es como debe ser: *¿No et va bé la teva ploma?* ***Prova*** *aquesta altra.*

Tirar / Llençar / Llançar se usan en casos parecidos, pero cuando coinciden en esa semejanza hay que distinguir bien los matices. ***Tirar*** puede parecerse a *llançar* cuando lo utilizamos en el sentido de arrojar, 'lanzar algo con cierto impulso': *Li va tirar una pedra*; o bien para indicar que se vierte o se echa algo, incluso si deja caer desde cierta altura: ***Tirar*** *sucre al cafè;* ***tirar*** *els daus;* ***tirar*** *les claus per la finestra.* En cambio, *llençar* es 'tirar algo al suelo o dejarlo en un lugar destinado a recoger basura': *Ja ho pots* ***llençar****, això: no serveix per a res.* El verbo *llançar*, escrito con *a*, significa 'lanzar con un fuerte impulso algo de manera que recorra una distancia en el aire': *L'atleta* ***llançà*** *el pes a una distància de 20 metres.*

Seguir / Continuar. *Seguir* significa 'ir detrás de alguien': *El vam* ***seguir*** *d'un tros lluny per veure on anava. Continuar* significa 'proseguir, retomar': ***Continuar*** *la lectura; el deixeble* ***continuarà*** *l'obra començada pel mestre.*

Sentir / Escoltar. Se trata de verbos que se confunden. *Sentir* significa 'percibir con los sentidos, excluyendo el de la vista': ***Sentir*** *un soroll, una olor;* ***sentir*** *cantar algú.* Pero *escol-*

(continúa)

(continuación)

tar quiere decir 'prestar atención a lo que dice alguien, aplicar el oído para percibir algo': ***Escolta** el que et dic; **escolta** aquest soroll que se sent.*

Caldre es un verbo que no existe en castellano y es difícil de traducir a otras lenguas. Significa 'ser necesario': *Us **cal** molt de diner per fer això; **cal** temps i paciència; no **cal** córrer tant.* En estos casos, en castellano se podría traducir con la expresión *es necesario*; en inglés sería *we need*; en francés, *il faut*, etc. En cambio una expresión como *Un home com **cal***, se traduciría por: *Un hombre como debe ser, A good man, Un homme comme il faut.*

Necessitar / Precisar. *Necessitar* es 'tener necesidad de algo, de una cosa': *No en pot prescindir: ho **necessita**. Precisar* en catalán solo significa 'determinar una cosa con precisión': ***Precisar** les dades.* Por tanto, no traduzcas literalmente del castellano una expresión como *se precisa dependienta.* La forma correcta en catalán es: *Necessitem* (o *es necessita*) *una dependenta.*

Prendre / Treure. El primer significado que encontramos en el diccionario de *prendre* es el 'coger algo de otro, generalmente contra su voluntad, con violencia': *Li han **pres** el rellotge.* Pero si decimos *li han **tret** el rellotge*, entonces se entiende que 'se lo han quitado de la muñeca, del lugar donde estaba, para ponerlo en otro sitio', pero no se lo han robado. Ahí está la diferencia.

Recolzar. Por influencia del castellano, a menudo este verbo se utiliza como sinónimo de *apoyar* en el sentido de favorecer, patrocinar, ayudar; confirmar, probar, sostener alguna opinión o doctrina, pero en catalán tiene un sentido muy distinto. Significa 'descansar algo sobre un soporte': *Posa l'escala que **recolzi** a la paret*, o bien: *Una teoria que **recolza** sobre fets indiscutibles.* Para el sentido de sostener, favorecer o apoyar hay que usar la solución *donar* (o *prestar*) *suport*. *Quan vas presentar la proposta, et va donar suport.*

Pujar / Apujar (Baixar / Abaixar). Cuando hablamos de precios, sueldos o impuestos utilizamos las palabras *pujar* y *apujar, baixar* y *abaixar*, pero no es raro que estén mal usados. En estos contextos, *pujar* significa 'llegar a un nivel más alto, a un grado superior de intesidad', por tanto: *Els preus pugen; l'euro ha pujat.* Lo que sube es el sujeto de la frase (los precios, el euro). En cambio, *apujar* significa 'hacer alguien que un precio, un sueldo, etc., sea más alto: *Apujar els preus; li han apujat el sou*, o bien, si el verbo es intransitivo pronominal: *S'han apujat les tarifes dels transports públics.* Exactamente la misma explicación sirve para *baixar/abaixar.*

El siguiente capítulo tratará de los adverbios, aquellas palabras que te ayudarán a complementar la significación de los verbos, de los adjetivos e incluso de otros adverbios. Curiosas e interesantes palabras que enriquecerán sin duda tu vocabulario y, por encima de todo, te serán útiles para expresar tus pensamientos con precisión. No dejes de leer el siguiente capítulo.

Siempre es bueno recitar un verbo, al menos mucho más útil que desafinar cantando una aria y te permite aprender de un modo divertido. Aquí te propongo completar unas series en la primera persona del singular (la más difícil, por supuesto):

Infinitiu	*Present d'indicatiu*	*Imperfet d'indicatiu*	*Present de subjuntiu*	*Imperfet de subjuntiu*
esquiar				
estudiar				
dibuixar				
actuar				
munyir				

LISTA DE LOS PRINCIPALES VERBOS IRREGULARES			
absoldre	collir	estar	pertànyer
anar	començar	fer	poder
aprendre	conèixer	fondre	rebre
atendre	córrer	fugir	resoldre
beure	creure	haver	riure
complaure	cruixir	heure	saber
córrer	dir	jeure	sortir
créixer	donar	jugar	tenir
cabre o caber	dur	lluir	treure
caldre o caler	eixir	néixer o nàixer	vendre
canviar	entendre	obrir	veure
caure	escriure	obtenir	viure
concloure	esglaiar	passejar	voler
conèixer	ésser o ser	percudir	

BARBARISMOS

Incorrecto → *correcto*	
poguer → *poder*	coneguent → *coneixent*
sapiguer → *saber*	poguent → *podent*
tinguer → *tenir o tindre*	sapiguent → *sabent*
valguer → *valer o valdre*	tinguent → *tenint*
volguer → *voler*	valguent → *valent*
	volguent → *volent*

Incorrecto → *correcto*
admitir → *admetre*
batir → *batre*
concebir → *concebre*
concluir → *cloure*
concurrir → *concórrer*
fundir → *fondre*
interrumpir → *interrompre*

Capítulo 14

El mundo del adverbio

En este capítulo

- La clasificación de los adverbios catalanes
- Descubrir las locuciones adverbiales
- Utilizar bien los adverbios
- Construir adverbios en *-ment* y a partir de adjetivos

El mundo de los adverbios es de lo más rico que puedas imaginar. La misma palabra ya lo dice: del latín *adverbium*, es decir: que modifica el verbo, la palabra. Esto promete, sin duda; porque el adverbio no se contenta solo con el verbo, sino que también es capaz de modificar los adjetivos e incluso otros adverbios, a la vez que aporta matices suculentos al lenguaje.

Ahir es un adverbio de tiempo. Es una sola palabra. Pero a menudo, en lugar de adverbios hablamos de locuciones adverbiales, pues ya entra en juego un grupo de palabras, toda una expresión, que hace la función del adverbio. Se trata de expresiones formadas por preposiciones y nombres: *d'amagat, a l'engròs, en breu, de gom a gom*, entre otros muchos que pronto te descubriré.

Por ejemplo, como avance, te diré que *a dojo* es una locución adverbial de modo, que significa 'a porrillo, profusamente': *L'aigua brollava a dojo per les escletxes de la roca*. Esta locución, además, posee expresiones sinónimas 'a patadas': *a balquena, a betzef, a bondó, a doll, a manta, a l'uf, a munts* o *a senalles.* Este fenómeno indica que se produce un número notable de locuciones adverbiales, según qué concepto o circunstancias expresen. Todo esto da riqueza al lenguaje ya que es el reflejo de que en el habla popular se forman locuciones muy expresivas aplicables a situaciones muy diferentes.

Los adverbios te ayudarán a matizar, a expresar con precisión diferentes circunstancias, como el tiempo, el modo y la cantidad. Además, mejorarás las frases negativas y afirmativas con palabras ricas y equivalentes, para no decir siempre como un robot sí o no. Asimismo, los adverbios, al igual que los adjetivos, te serán útiles para hacer descripciones precisas tanto en los textos escritos como la expresión hablada. Vale la pena echarles algo más que un vistazo.

Qué es un adverbio y para qué sirve

Para decirlo técnicamente: un adverbio es una categoría léxica constituida por palabras invariables que modifican un verbo, un adjetivo, otro adverbio o toda una oración, como si fueran complementos circunstanciales. Por esa razón se clasifican en grupos según su capacidad de ampliar, precisar o matizar el significado de la palabra que modifican.

Por riguroso orden alfabético, los adverbios pueden ser de:

- ✔ afirmación
- ✔ cantidad
- ✔ duda
- ✔ lugar
- ✔ modo
- ✔ negación
- ✔ tiempo

Verás que hay adverbios que pertenecen a más de un grupo; por ejemplo, *prou* puede ser un adverbio de afirmación y también de cantidad; y *bastant* es adverbio pero puede ser además un adjetivo cuantitativo. Eso es frecuente en materia de lengua: una misma palabra puede funcionar en categorías gramaticales diferentes. El contexto tiene mucho que ver con la categoría de las palabras. Por eso, no te asombres cuando veas aquí un adverbio que antes viste en otro apartado, quizá también lo verás en el capítulo siguiente como una preposición, por ejemplo. Observa:

Preposición → *Anirem just **fins** a casa.*

Adverbio → *Tothom l'ha abandonat, **fins** els seus col·legues* (en el sentido de *fins i tot*).

A continuación te presentaré los tipos de adverbios que existen en catalán, según su contexto. En esta clasificación separaré los adverbios propiamente dichos de las locuciones adverbiales, para que puedas distinguir las dos posibilidades lingüísticas. Aquí no van a salir todos, ya que algunos grupos son muy numerosos (sobre todo los que pueden producir una gran cantidad de locuciones), pero sí los principales, es decir, los que puedan resultarte más útiles; no obstante, añadiré algún adverbio interesante por ser antiguo, curioso o muy genuino en catalán. En consecuencia, para profundizar sobre este tema, te recomiendo consultar a tu mejor amigo: el diccionario.

Naturalmente, esta clasificación irá siempre acompañada con ejemplos para que entiendas bien el significado y el uso de los adverbios que vayan saliendo, sobre todo con los que puedan ofrecer más dudas, o expresiones incorrectas o barbarismos.

Expresar la afirmación

El adverbio por excelencia de este grupo es la partícula afirmativa ***sí***, como puedes imaginar, pero también existen muchas más.

- **Adverbios**: *àdhuc, certament, demés, endemés, fins, prou, sí, també.*
- **Locuciones**: *a més a més, així mateix, al cap i a l'últim, al cap i a la fi, al capdavall, ben mirat, ben segur, comptat i debatut, de bo (de bo de bo), de debò, de veres, de veritat, en definitiva, en efecte, en realitat, és clar, fet i fet, fins i tot, i tant, més aviat, no cal dir-ho, per descomptat, pla bé, sense dubte...*

Para la tabla 14-1 he reservado los que me parecen menos conocidos; es posible que nunca hubieras dicho que sean adverbios de afirmación.

Tabla 14-1. Ejemplos con adverbios y locuciones adverbiales de afirmación

Adverbio o locución	*Significado*	*Ejemplo*
àdhuc	Incluso; aun; hasta.	*Tothom ho trobarà ben fet, **àdhuc** els seus enemics.*
de debò (de bo, de bo de bo)	Realmente; de veras; de verdad.	*M'he fet mal **de debò**.*
demés	Además.	*Aquest botiguer té uns productes molt cars i, **demés**, cobra el transport.*
endemés	Además; por otra parte.	*Han plantat arbres a la plaça i, **endemés**, hi posaran una font.*
pla bé	Muy mucho.	*¡Te'n guardaràs **pla bé** de fer-ho!*
prou	Desde luego; por descontado; por supuesto.	*Que ell ara és més bon minyó que abans, **prou**, però encara no es porta com jo voldria.*

Conviene decir que la archipopular forma ***ademés** no es correcta en catalán. Lo correcto es decir ***a més*** (o *a més a més*, o *de més*, o *de més a més*), que es un adverbio de cantidad: *Quan puguis vine i, a més, porta el martell. En Bernat té molta sort a més a més de diners.*

La cantidad en los adverbios

Para expresar la cantidad existen muchas formas adverbiales.

- **Adverbios**: *almenys, aproximadament, bastant, braument, demés, encara, endemés, força, gaire, gairebé, gens, gota, massa, menys, més, mig, molt, pla, pler, poc, prou, quant, quasi, tan, tant, tantost, tot.*
- **Locuciones**: *a més a més, a més d'això, amb escreix, ben bé, bo i, bona cosa, d'allò més, d'altra banda, de més, de poc, de valent, ni poc ni gaire, ni poc ni molt, prop de, si més no, ultra mesura...*

En la tabla 14-2 tienes los adverbios y locuciones que pueden resultarte más difíciles.

Tabla 14-2. Ejemplos con adverbios y locuciones adverbiales de cantidad

Adverbio o locución	*Significado*	*Ejemplo*
almenys	Al menos; lo menos; por lo menos.	*Eren **almenys** quinze.*
amb escreix	Con creces; de sobra.	*Li vaig pagar **amb escreix** el que li devia.*
de valent	Mucho; de firme; de lo lindo.	*Va caminar **de valent**.*
gota	Ni gota; nada; ni pizca.	*No hi veig **gota**.*
pler	Mucho.	*M'agrada **pler**.*
prou	(lo) bastante; (lo) suficientemente.	*Les pomes no són **prou** madures.*
quasi (gairebé)	Casi; cuasi.	*Hi érem **quasi** tots. Hi érem **gairebé** tots.*
tantost	Por poco.	*De l'empenta, **tantost** se li escorre el paquet dels braços.*
ultra mesura	Sin medida.	*Quan l'inviteu, sol beure **ultra mesura**.*

Los adverbios de cantidad, que forman un grupo numeroso, dan pie a ser usados en un sentido que no les corresponde. A continuación te destaco los errores principales:

1. Los adverbios ***prou*** y ***pla*** equivalen en catalán a *suficientment*. Debes evitar construcciones incorrectas del tipo **el suficient*: **Em sembla el suficient interessant* (o *el suficientment*) *perquè t'ho miris*. Di simplemente: *Em sembla prou interessant perquè t'ho miris*.

2. A propósito de ***quasi*** y ***gairebé***, hay que evitar a toda costa las formas incorrectas **quasibé* y **casi*.

3. En catalán ***almenys*** se escribe todo junto, a diferencia del castellano que se separa (*Nadie ha venido, al menos, que yo sepa*). Tampoco hay que confundir *almenys* con la forma ***al menys*** (contracción + adverbio): *Col·loqueu la taula al menys lluny possible*; más adelante te explico esta segunda posibilidad.

4. No debes confundir el adverbio de cantidad ***gens*** con el pronombre ***res***:

   Incorrecto → **Aquesta ciutat no m'agrada **res.***

   Correcto → *Aquesta ciutat no m'agrada **gens.***

   Correcto → *No hi ha **res** d'aquesta ciutat que m'agradi* (*cap cosa*; aquí es pronombre).

5. Los diablillos ***tant*** y ***tan*** son dos adverbios de cantidad tal para cual y solo se distinguen por la presencia o ausencia de la ***t*** final. Te aconsejo, para que no cometas errores a la hora de escribirlos, que sigas las instrucciones siguientes:

   - Escribe ***tan*** delante de un adjetivo, de otro adverbio o de una locución adverbial. Por ejemplo: *És **tan** ric com tu. No parlis **tan** fort. No vagis **tan** de pressa.*

   - Escribe ***tant*** en el resto de casos. Por ejemplo: *Ha corregut **tant**, que està mig mort. **Tant** l'un com l'altre no en saben res. ¿Per què has begut **tant**?*

6. Es incorrecta la locución adverbial ****quan menys***. Hay que sustituirla por las correctas *si més no, si no més, pel cap baix, tirant curt, com a mínim:*

   Incorrecto → ****Quan menys**, no tenia problemes econòmics.*

   Correcto → ***Si més no**, no tenia problemes econòmics.*

Lo dudo, lo dudo, lo dudo...

Para indicar la duda existen diversas formas adverbiales.

- **Adverbios**: *possiblement, potser, probablement.*
- **Locuciones**: *a la millor, per ventura, qui et diu que, qui sap, si de cas, si molt convé, tal vegada, tal volta...*

Lo mejor será verlo en ejemplos y casos concretos, como los que aparecen en la tabla 14-3.

Tabla 14-3. Ejemplos con adverbios y locuciones adverbiales de duda

Adverbio o locución	*Significado*	*Ejemplo*
a la millor (si molt convé)	A lo mejor, posiblemente; quizá; tal vez.	***A la millor*** *no vindré.*
potser	Quizá, tal vez; posiblemente; acaso; a lo mejor.	***Potser*** *arribarà demà.*
qui sap	Quién sabe; vete a saber; Dios sabe.	*Aquests diners vénen* ***qui sap*** *d'on.*
tal volta (tal vegada)	Probablemente	***Tal volta*** *s'hi podria arribar per un altre camí.*

El adverbio estrella para expresar la duda es, sin duda, ***potser***. Pero no hay que confundirse con la perífrasis verbal ***pot ser*** (verbo *poder* + verbo *ser*), pues solo suenan igual y nada más. Observa la clara diferencia en estos dos ejemplos:

- *Avui* ***potser*** *acabarem aviat.* = Tal vez hoy acabemos pronto.
- *Això* ***no pot ser***. = Esto no puede ser.

Un castellanismo que debes evitar consiste en usar ****a lo millor*** como locución adverbial. Lo que tienes que decir es ***a la millor***, o bien otras expresiones sinónimas mucho más genuinas del catalán, como ***si molt convé*** o ***i ves a saber si***:

Incorrecto → ****A lo millor*** *es casaran aquesta primavera.*

Correcto → ***Si molt convé*** *es casaran aquesta primavera.*

Correcto → ***I ves a saber si*** *es casaran aquesta primavera.*

En un lugar de... el adverbio

Los adverbios de lugar constituyen uno de los grupos más numerosos de toda la clasificación, ya que se producen muchas locuciones que expresan conceptos relacionados con el lugar. En los adverbios y locuciones que verás a continuación las palabras entre paréntesis pueden acompañar al adverbio o no.

- ✔ **Adverbios**: *(a, al) darrere, (a, al) davant, (a) baix, (a) dalt, (a) damunt, (a) dessota, (a) dins, (a) dintre, (a) fora, (a) on, (a) prop, (a) sobre, (a) sota, (al) davall, (al) defora, daltabaix, (al) dessobre, ací, allà, aquí, arreu, deçà, dellà, enlaire, enlloc, entremig, lluny, onsevulga, onsevulla, pertot.*
- ✔ **Locuciones**: *a frec, a l'entorn, a la vora, a tocar, al capdamunt, al capdavall, al capdavant, al costat, al voltant, d'allí estant, d'aquí estant, davant per davant, deçà i dellà...*

En la tabla 14-4 tienes ejemplos con los adverbios y locuciones adverbiales acerca de cuyo uso podrías dudar en algunos contexto. El resto son muy fáciles de comprender.

Tabla 14-4. Ejemplos con adverbios y locuciones adverbiales de lugar

Adverbio o locución	*Significado*	*Ejemplo*
(a) on	Dónde; adónde; a donde.	*¿**On** ets? ¿**A on** vas? La casa **on** viuen.*
(a) prop	Cerca.	*Ja hi som **a prop**. Viu **prop** d'aquí.*
a frec (frec a frec)	Muy cerca; casi; rozando.	*El cavall passà **a frec** del grup.*
a l'entorn	Alrededor; en torno a.	*El jardí té arbres **a l'entorn**.*
al capdamunt	Arriba del todo.	***Al capdamunt** hi ha una ermita.*
al capdavall	Abajo del todo.	*Trobarem el quiosc **al capdavall** del carrer.*
arreu	Por todos lados; por todas partes.	*Aquest costum l'he vist **arreu**.*
d'aquí estant	Aquí, donde estoy; desde aquí.	***D'aquí estant** veig una estrella.*
daltabaix	Desde lo alto.	*Estava enfilat a l'armari i va caure **daltabaix**.*
davall	Debajo. En un escrito: más abajo; más adelante.	*L'un era sobre, l'altre **davall**. Em fareu trametre els objectes **davall** especificats.*

(cont.)

Tabla 14-4. Ejemplos con adverbios y locuciones adverbiales de lugar *(cont.)*

Adverbio o locución	*Significado*	*Ejemplo*
davant per davant	Frente a; enfrente de; frente a frente.	*En trobar-se els dos enemics **davant per davant**, tragueren les espases.*
deçà i dellà	A uno y otro lado.	*Hi havia llibres escampats **deçà i dellà**.*
dessobre	Encima.	*Li caigué **dessobre**.*
dessota	Debajo.	*L'un era sobre, l'altre **dessota**.*
onsevulga (onsevulla)	Donde quiera; dondequiera; donde sea.	***Onsevulga** que siguis, les paraules recordaran la mar si hi ha memòria.*
pertot	En (por) todas partes.	*Ficar el nas **pertot** arreu.*

Como suele ocurrir, cuando existen tantas formas para elegir, también podemos cometer errores en el uso de los adverbios de lugar, especialmente cuando se utilizan en un sentido que no les es propio. Vamos a ver algunos casos.

- Los adverbios ***dalt*** o ***baix*** no sirven para indicar dirección hacia arriba o hacia abajo, sino que los adverbios correctos son *amunt* y *avall.*

  Incorrecto → **Vés carretera **a dalt** (**a baix**) i el trobaràs.*

  Correcto → *Vés carretera **amunt** (**avall**) i el trobaràs.*

- No tienes que confundir el adverbio ***enlloc*** con la locución prepositiva ***en lloc de***, ya que tienen significados distintos. El primero significa 'en ninguna parte; en ningún sitio'; en cambio *en lloc de* quiere decir 'en lugar de; en vez de', como puedes observar en estas oraciones.
  - *No el troben **enlloc.***
  - *Vindré jo **en lloc d'ell.***

El modo y sus buenas maneras

Te encuentras delante de otro grupo numeroso de adverbios y, sobre todo, locuciones adverbiales, que son casi infinitas; no obstante, aquí veremos solo las formas más frecuentes y principales.

- **Adverbios**: *àdhuc*, *així*, *almenys*, *altrament*, *bé*, *ben*, *com*, *corrents*, *debades*, *dempeus*, *exclusivament*, *exprés*, *fins*, *gairebé*, *inclusivament*, *mal*, *malament*, *millor*, *molt*, *només*, *pitjor*, *quasi*, *seriosament*, *sobretot, sobtadament, solament, sols, tanmateix, tot, verament, veritablement.*

- **Locuciones**: *a cau d'orella, a dojo, a l'inrevés, a lloure, al revés, de cop i volta, de cop, de cor, de memòria, de mena, de pressa, de sobte, de tota manera, de trascantó, en peus, en va, en veritat, fins i tot, per natura, tot d'un cop, tot d'un plegat, tot d'una, tot plegat...*

En la tabla 14-5 puedes ver ejemplos de uso de algunas formas adverbiales.

Tabla 14-5. Ejemplos con adverbios y locuciones adverbiales de modo

Adverbio o locución	*Significado*	*Ejemplo*
a cau d'orella	Al oído.	*Parlar a algú **a cau d'orella**.*
a l'inrevés	Al revés.	*Ho diré **a l'inrevés**.*
a lloure	En libertad; a sus anchas.	*Quan els gats són fora, les rates van **a lloure**.*
àdhuc	Incluso; aun; hasta.	***Àdhuc** negre estaria millor que morat.*
almenys	Al menos.	*Digueu-me **almenys** qui us ho ha dit.*
altrament	De otro modo; de otra manera.	*Ell pensa **altrament** que jo.*
corrents	Corriendo; deprisa; deprisa y corriendo.	*Ves-hi **corrents**, no et torbis.*
de mena	Por naturaleza.	*De porc i de senyor, se n'ha de venir **de mena**.*
de trascantó	De sopetón; de improviso.	*Va aparèixer **de trascantó**.*
debades	En balde; en vano.	*Tot fou **debades**.*
dempeus	De pie; en pie.	*Quan va passar la comitiva, la gent es va posar **dempeus**.*
exprés	Hecho expresamente; a propósito, ex profeso, a posta, adrede.	*Un vestit fet **exprés** per a algú.*
gairebé (quasi)	Casi, cuasi.	***Gairebé** va perdre el control.*
sobretot	Sobre todo.	*Tothom l'estimava, **sobretot** el seu germà gran.*
tanmateix	De todos modos.	*No m'han concedit la plaça, però **tanmateix** no era gaire interessant.*
tot	Todo / -da; muy; completamente.	*La noia estava **tota** avergonyida.*

Ha llegado el momento de enumerar una serie de breves normas y consejos sobre esta clase de adverbios:

Bé y ben

Te habrás dado cuenta de que los adverbios ***bé*** y ***ben*** son semejantes y pueden ofrecer dudas a la hora de escribirlos.

- Escribirás ***ben*** delante de adjetivos, adverbios y formas verbales: *ben bonic, ben de pressa, ben acabat*. Ante una forma verbal es equivalente a *del tot*: *S'ho va ben creure* (= *S'ho va creure del tot*).
- Ecribirás ***bé*** en el resto de casos: *treballa bé, dorm bé*...

Com

Como te expliqué en el capítulo 12, en el apartado de los interrogativos, recuerda los **usos incorrectos de *com***. Este adverbio significa 'cómo; de qué manera': *¿Com et trobes?*, pero no es correcto en el sentido de *aproximadamente*; para expresar esa idea usarás la expresión *si fa no fa*: *Aquestes dues coses són si fa no fa iguals*. Tampoco es correcta la expresión **com a molt*, cuya alternativa correcta es *pel cap alt* o *a tot estirar*.

Corrents

El adverbio ***corrents***, tiene algunas locuciones prácticamente sinónimas: ***a correcuita***; ***a correcorrents*** y ***cames ajudeu-me*** (o ***cametes em valguen***), como puedes ver em los ejemplos siguientes:

- *Un bon rostit vol temps, no es pot fer* ***a correcuita***.
- *Tot ho havia de fer* ***a correcorrents***, *amb presses*.
- *Va fugir* ***cames ajudeu-me***.

Mal

Este adverbio tiene usos particulares.

- Delante de un participio: *Uns exercicis* ***mal*** *fets. Una pel·lícula* ***mal*** *explicada*.
- En ciertas expresiones: ***mal*** *si ho fa*, ***mal*** *si no ho fa*; *parlar* ***mal*** (o ***malament***) *d'algú*; *jutjar* ***mal*** (o ***malament***) *algú*.

En el resto de las situaciones se utiliza la forma ***malament***: *Tot ho fa malament. Els alumnes es porten molt malament*.

Només

El adverbio ***només*** es sinónimo de *solament* y *únicament*. A menudo se usa acompañado de la partícula *no*, es decir, ***no només***. Hay autores que opinan que esto es una cacofonía, que suena mal, pero esto no quita que la construcción sea correcta, en el sentido de *no sols, no solament, no únicament*:

- ***No només*** *compten les titulacions, també les capacitats.*

Sobretot, sols, solament y tot

Ten mucho cuidado con:

- El adverbio ***sobretot***, ya que en catalán se escribe en una sola palabra mientras que en castellano se escribe en dos: *sobre todo*. No obstante, no debes confundirlo con el homónimo *sobretot* cuando se refiere a una prenda de vestir, un abrigo, es decir un *sobretodo*.
- Los adverbios ***sols*** y ***solament*** suelen fundirse y confundirse en la palabra **solsament*, que no hace falta que te diga que es una solución incorrecta.
- Presta atención al adverbio ***tot***, ya que tiene sentidos que no puedes traducir al castellano. Cuando *tot* no funciona como un adjetivo o un pronombre, se trata de un adverbio, con los siguientes resultados:

De porc i de senyor, se n'ha de venir de mena

De mena es un genuina expresión catalana, muy típica del refrán *De porc i de senyor, se n'ha de venir de mena*, que en castellano significaría "Para ser cerdo o ser señor hay que nacer" o "Puerco y señor se llega a ser por naturaleza"; un refrán equivalente podría ser *de casta le viene al galgo*. Significa que los nacidos o criados en un ambiente de vulgaridad, no pueden ser personas cultas y refinadas.

La ironía no puede ser más fina para hablar mal de quien pretende ocupar una posición superior a la que se supone que le corresponde, sea por falta de educación o preparación. Te presento, a modo de anécdota, algunas variantes de esa expresión, junto con sus equivalencias en castellano:

Variantes y sinónimos	***Equivalencias***
Ahir pastor, avui senyor	A tal señor, tal honor
Fa pilota el lleó, és l'escarabat senyor	Cual el cuervo, tal su huevo
De tal riu, tal aigua	De tal palo tal astilla

- *La noia estava* ***tota*** *avergonyida* → La chica estaba toda avergonzada.
- *Les he deixades* ***totes*** *soles* → Las he dejado solas (no se traduce).
- *Tenia la roba* ***tota*** *mullada* → Tenía la ropa toda mojada.
- *M'ho deia* ***tot*** *plorant* → Me lo decía llorando (ante un gerundio no se traduce).

Me negarás tres veces o más

Para expresar la negación en catalán, aunque la forma principal es *no*, existen otras formas, algunas de ellas muy populares y arraigadas (como *ni fa ni fum, ni mica...*).

- ✔ **Adverbios**: *no, tampoc.*
- ✔ **Locuciones**: *a penes, això no obstant, amb prou feines, de cap manera, ni de bon tros, ni fa ni fum, ni mica, ni molt menys, ni per remei, ni poc ni gens, ni un borrall, no gens, tanmateix...*

Las formas que pueden presentar más problemas en el uso de estos adverbios son algunas locuciones recogidas con ejemplos en la tabla 14-6:

Tabla 14-6. Ejemplos con adverbios y locuciones adverbiales de negación

Adverbio o locución	*Significado*	*Ejemplo*
amb prou feines	Apenas; no; casi.	***Amb prou feines*** *parla.*
ni de bon tros	Ni con mucho; ni mucho menos.	*No hi ha,* ***ni de bon tros,*** *unanimitat.*
ni fa ni fum	No tiene importancia; da igual.	*Això que m'has dit, a mi,* ***ni fa ni fum.***
ni per remei	Ni por asomo.	*Això no ho farem* ***ni per remei.***
ni poc ni gens (ni poc ni molt)	Nada; ni poco ni mucho.	*L'espectacle no m'ha agradat* ***ni poc ni gens.***
ni un borrall	Ni pizca; nada de nada.	*No n'entenc* ***ni un borrall,*** *d'electrònica.*

La locución adverbial **no obstant això** es igualmente correcta en su forma **això no obstant**. A pesar de que la normativa aconseja la locución completa, hay lingüistas que consideran que también es correcta sin la palabra *això*, es decir, *no obstant*. El significado y el uso son equivalentes a la locución *no obstante* en castellano; por tanto sirve para introducir una salvedad a lo que que acaba de decirse.

- ✔ *Estava molt cansat;* ***no obstant****, va arribar al final de la cursa.*
- ✔ *Estava molt cansat;* ***no obstant això****, va arribar al final de la cursa.*
- ✔ *Va arribar al final de la cursa* ***no obstant*** *el seu cansament.*

Algunas observaciones sobre el uso de *no*

La partícula *no* puede utilizarse incluso en casos en que no sea realmente necesario. Por si tienes alguna duda sobre estos usos particulares de *no*, que son muy corrientes en catalán, aquí tienes algunos ejemplos ilustrativos.

- ✔ En verbos que expresan temor: *Em fa por que* ***no*** *tinguin massa fred.* Esa oración dice exactamente lo mismo que esta otra: *Em fa por que tinguin massa fred.*
- ✔ En oraciones comparativas, en las que la primera parte es afirmativa y la segunda va introducida por la conjunción *que*: *Treballes més que* ***no*** *dorms.*
- ✔ En oraciones temporales introducidas por *abans que* o por *fins que*: *Endreça-ho tot abans que* ***no*** *arribin. No m'ho crec fins que* ***no*** *ho vegi.*

Cuando las partículas negativas son positivas y el fenómeno de la doble negación

Para construir frases negativas en catalán, aparte del ***no***, tenemos las partículas ***cap, enlloc, gens, mai, ningú*** y ***res***, que forman una negación doble si se juntan con *no*; pero también pueden tener un valor positivo según el contexto. A continuación puedes ver ejemplos de los dos casos.

- ✔ **Tienen valor positivo** las oraciones interrogativas directas o indirectas (es decir, con signos de interrogación o sin ellos) y las condicionales o hipotéticas.

  INTERROGATIVAS

  - *¿Que et queda* ***gens*** *de pa?* = *¿Que et queda* ***una mica*** *de pa?*
  - *¿Has viatjat* ***mai*** *amb vaixell?* = *¿Has viatjat* ***alguna vegada*** *amb vaixell?*

- *¿Et passa* ***res****? = ¿Et passa* ***alguna cosa****?*
- *¿Ha trucat* ***ningú****? = ¿Ha trucat* ***algú****?*
- *¿Tens* ***cap*** *mocador? = ¿Tens* ***algun*** *mocador?*

CONDICIONALES O HIPOTÉTICAS

- *Si* ***mai*** *vas a Vic, no deixis de visitar la catedral = Si* ***alguna vegada*** *vas a Vic, no deixis de visitar la catedral.*
- *Aquests papers, si fa* ***gens*** *de vent, se'ls emportarà = Aquests papers, si fa* ***una mica*** *de vent, se'ls emportarà.*
- *Si* ***cap*** *d'ells et pregunta alguna cosa, no li* responguis = *Si* ***algun*** *d'ells et pregunta alguna cosa, no li responguis.*
- *No sé pas si aprendrà* ***res*** *= No sé pas si aprendrà* ***alguna cosa****.*

Observa que cada partícula negativa puede sustituirse por otra forma afirmativa.

✔ **Tienen valor negativo** esas mismas partículas en el resto de contextos. Por tanto, tienen sentido negativo las siguientes oraciones:

- ***No*** *té* ***cap*** *amic.*
- ***No*** *sé si arribaràs* ***enlloc.***
- ***No*** *tinc* ***gens*** *de son.*
- ***No*** *hi he estat* ***mai.***
- ***No*** *vull vendre* ***res.***

Una de las particularidades del *no* es que puedes expresar una oración negativa colocando las partículas *cap, enlloc, gens, mai, ningú* y *res* antes de *no* o después de ese adverbio (es ese curioso fenómeno de la doble negación, tan típico del catalán), o bien solamente con los negativos, sin el *no*.

- *Enlloc* ***no*** *es veu* ***cap*** *bolet. = Enlloc es veu* ***cap*** *bolet.*
- *Ell* ***mai no*** *ho faria. = Ell* ***mai*** *ho faria.*
- ***Ningú no*** *vindrà. =* ***Ningú*** *vindrà.*
- ***Ni*** *l'Emili* ***ni*** *la Mercè* ***no*** *vindran al teatre. =* ***Ni*** *l'Emili* ***ni*** *la Mercè vindran al teatre.*

Las oraciones que contienen algún elemento negativo —o expresión equivalente— y, además, van introducidas por la partícula *sense* no admiten el refuerzo del adverbio *no*, ya que *sense* equivale a *no*:

- *Han fet vaga* ***sense*** *que* ***ningú*** *els donés permís.*

En expresiones adverbiales que denotan rareza o dificultad, tampoco debes poner *no*:

Incorrecto → **Difícilment no hi estaria d'acord cap dels meus col·legues.*

Correcto → ***Difícilment*** *hi estaria d'acord cap dels meus col·legues.*

La **partícula *pas*** es otro de los elementos que forman parte de la doble negación. Añade diferentes matices en las oraciones negativas. En las Baleares y en el sur del dominio lingüístico no se utiliza en el lenguaje coloquial. En cambio, en el Rosellón y en la zona nororiental de Cataluña se utiliza muchísimo. Incluso en algunas zonas de las comarcas del Gironès, la Garrotxa y el Ripollès, la negación se combina en la fórmula *poc pas* (*¡Poc ho sé pas!*). O sea, que en las frases negativas, la partícula *pas* tiene varios usos:

- ✔ Refuerza el adverbio *no* en frases comparativas: *Fa més fred a dins que* ***no pas*** *a fora.*
- ✔ Niega una suposición implícita: *¡**No** vindré **pas**!* O bien: ***Poc*** *que vindrà amb aquesta pluja.*
- ✔ Expresa probabilidad: *¿**No** tens **pas** cap brúixola?* (= *es probable que tinguis una brúixola*). *¡Quin fred! ¿**No** hi ha **pas** res obert?* Sería incorrecto traducir esta oración literalmente del castellano: **¡Quin fred! ¿No hi haurà res obert?* Hay que utilizar el *pas*, que para eso está.
- ✔ Expresa un prohibición con un matiz de amenaza: *¡**No** facis **pas** això! ¡Pobre de tu, **no** ho toquessis **pas**!*
- ✔ Indica una negación parcial: *Ell surt tots els dies. **No pas** quan plou.*

Con los adverbios de tiempo, buena cara

Los adverbios de tiempo forman el tercer grupo extenso y productivo de expresiones adverbiales (los otros dos son los de lugar y los de modo). Sirven, evidentemente, para expresar los diferentes matices y situaciones de tiempo.

- ✔ **Adverbios**: *abans, (en) acabat, adés, adesiara, aleshores, alhora, anit, ans, anteriorment, antany, aprés, ara, arreu, aviat, avui, encara, encontinent, enguany, enllà, ensems, entretant, demà, dejorn, després, jamai, llavors, mai, quan, sempre, sovint, suara, tard, tantost, tostemps, tothora.*

- **Locuciones**: *a l'acte, a l'últim, a la fi, a la nit, a la tarda, a tot tardar, a vegades, a voltes, abans-d'ahir, adés adés, adés i ara, al cap darrer, al cap de poc, al capdavall, al capvespre, al matí, al més aviat possible, al més tard, al principi, al vespre, ara com ara, ara i sempre, ara o suara, ara per ara, ara si mai, avui per demà, cada dos per tres, com més aviat millor, d'ací (en) avant, d'aleshores ençà, d'antuvi, d'ara endavant, d'hora, de continent, de dia en dia, de llavors ençà, de primer moment, de seguida, de tant en tant, de vegades, dellà-ahir, demà passat, des d'ara, en endavant, per fi, primer de tot, tot seguit, un cop o altre...*

Algunos de estos adverbios y locuciones son muy antiguos; eran corrientes en catalán medieval, pero hoy día están en claro retroceso (o extinción) y su uso se reduce al lenguaje literario. Se trata de palabras como *ans, aprés, tantost, encontinent, ensems o tostemps*, que te explico en la tabla 14-7, junto con otros ejemplos que puedan ofrecer dudas. En realidad, hoy día son totalmente inauditos en las conversaciones y escritos corrientes, a no ser que te encuentres por ahí con un literato cursi.

Tabla 14-7. Ejemplos con adverbios y locuciones adverbiales de tiempo

Adverbio o locución	*Significado*	*Ejemplo*
adés	Hace poco; poco ha.	***Adés*** *plovia: per això no hem sortit.*
adesiara (de tant en tant)	De vez en cuando; algunas veces.	*Tu que vens* ***adesiara*** *a visitar la meva família.*
ans	Antes.	*Volgueren morir en la batalla* ***ans*** *que fugir.*
aprés	Después.	***Aprés*** *goig ens ve dol i plor.*
encontinent	Enseguida; prontamente; incontinenti.	*Ella li digué si volia* ***encontinent*** *rebre l'hàbit.*
enguany	Este año.	***Enguany*** *no collirem blat.*
ensems (alhora)	Juntos; al mismo tiempo; al alimón.	*Hi anaren tots* ***ensems****.*
d'antuvi	Antes de (o que) nada; en primer lugar; primeramente.	***D'antuvi*** *cal saber qui vindrà.*
dejorn	Temprano.	*Ens llevarem* ***dejorn*** *i esmorzarem abans de sortir de casa.*
jamai (mai)	Jamás; nunca.	***Jamai*** *un dia jo no coneguí en vós ningun senyal de tristor.*

(cont.)

Tabla 14-7. Ejemplos con adverbios y locuciones adverbiales de tiempo *(cont.)*

Adverbio o locución	*Significado*	*Ejemplo*
suara	Ahora mismo; hace poco.	***Suara** ha telefonat la teva dona.*
tantost	Enseguida; al instante.	*Entrà a dins i la porta **tantost** es tancà.*
tostemps	Siempre.	*Que el seu nom sia santificat per **tostemps**.*

Además, es conveniente que recuerdes algunos detalles relacionados con los adverbios y las locuciones adverbiales de tiempo, con el fin de que no cometas errores.

- ✔ No confundas el adverbio ***aleshores*** (sinónimo de *llavors*) con el sintagma ***a les hores*** (preposición + artículo + nombre), porque significan cosas distintas. Fíjate en las oraciones siguientes:
  - *Va ser **aleshores (llavors)** que va venir ell.*
  - *Només ens veiem **a les hores** de menjar.*
- ✔ Es incorrecta la locución adverbial ***de quan en quan** usada en lugar de las formas *de tant en tant, ara i adés, adesiara.*

  Incorrecto → **M'agrada passejar fins al mar de quan en quan.*

  Correcto → *M'agrada passejar fins al mar **de tant en tant.***
- ✔ Ojo con las locuciones adverbiales ***al més / al menys* + adverbio + *possible***. Las locuciones *al més* y *al menys* si van acompañadas de adverbios llevan la preposición *a*, como puedes ver en los ejemplos siguientes:
  - *Vine **al més** aviat **possible**.*
  - *Fes la maleta **al més** ràpidament **possible**.*
  - *Situa't **al més** lluny **possible*** (o ***al més** lluny que puguis*).

Y aunque no se limite a los adverbios de tiempo, presta atención, porque entre ***al més*** y la palabra ***possible*** solo puede haber un adverbio (o un adjetivo con función adverbial). Observa que el primero de los siguientes casos es incorrecto porque *verds* es un adjetivo y no un adverbio (o un adjetivo habilitado como adverbio):

Incorrecto → **Li agraden els plàtans **al més** verds **possible*** (*verds* es un adjetivo).

Correcto → *El professor ha parlat **al més** alt **possible**.*

Y ya que estamos, toma nota de que también deben escribirse con la preposición ***a*** los adverbios ***millor***, ***pitjor***, ***màxim*** y ***mínim*** cuando llevan el artículo delante, como en los ejemplos siguientes:

- *Fes l'allioli* ***al millor*** *que sàpigues.*
- *Dóna'ns una explicació* ***al màxim*** *de clara.*
- *Els destobarem* ***al mínim****.*

Además de la construcción *al més* + adverbio + *possible* hay otras fórmulas muy empleadas en locuciones adverbiales de tiempo, pero que también sirven para expresar el grado máximo de otros conceptos:

com mes **+ adverbio o adjetivo +** ***millor, tan*** **+ adverbio o adjetivo + *com sigui possible / com puguis***

Fíjate en las oraciones siguientes porque ejemplifican eso que parece un poco complicado:

- *Telefona'm* ***com més*** *aviat* ***millor****.*
- *Escriu-me* ***tan*** *aviat* ***com sigui possible****.*
- *La Joana compra* ***com més*** *barat* ***millor****.*

Las partes del día y los días de la semana

Hay bastantes locuciones que se refieren a las partes del día. La mayoría de ellas tienen la particularidad de que se forman con la preposición **a** o con otras preposiciones.

- ✔ **Al amanecer o por la mañana:** *a la matinada, a punta del dia, a trenc d'alba, al matí* (o *al dematí*), *a mig matí.*
- ✔ **Al mediodía, por la tarde y al anochecer:** *al migdia, a migdia, havent dinat, al després-dinar, a la tarda, al capvespre, a la vesprada, a l'horabaixa, al vespre, a l'entrada de fosc, a boca de fosc, a boca de nit, a entrada de nit, a hora foscant, cap al tard.*

Las expresiones *al matí, al migdia, a la tarda, al vespre* y *a la nit* se forman con la contracción *al* (preposición *a* + artículo), en vez de con la preposición *per*, como en castellano. Por tanto son incorrectas las expresiones **pel matí*, **pel migdia*, **per la tarda*, **per la nit*.

Las principales locuciones para indicar el día de la semana son: *abans-d'ahir, abans-d'ahir l'altre, avui (hui), demà passat, demà passat l'altre, despús-demà, l'endemà* y *l'endemà passat.*

Todavía más: los adverbios en -ment

Es posible formar adverbios con la terminación *-ment* (*-mente* en castellano) a partir del femenino de un adjetivo, por lo que llevarán tilde si ese adjetivo la lleva. Observa los ejemplos siguientes:

Adjetivo femenino inacentuado, como *justa* → ***justament***

Adjetivo femenino acentuado, como *ràpida* → ***ràpidament***

La mayoría de estos adverbios son de modo, pero también los hay de tiempo *(immediatament)*, de lugar *(externament)*, de cantidad *(totalment)*, de afirmación *(evidentment)*, de duda *(possiblement)*, etc.

Cuando se juntan en un texto dos adjetivos terminados en *-ment*, a diferencia del castellano, tienes que poner en ambos el sufijo *-ment* o bien suprimir el último. La fórmula de repetir los dos adverbios en *-ment* es la más habitual en catalán; pero es totalmente incorrecta la solución castellana (que suprime el primero):

Incorrecto → **Es comportà cortesa i cavallerosament.*

Correcto → *Es comportà cortesament i cavallerosament.*

Correcto → *Es comportà cortesament i cavallerosa.*

Hay que tener cuidado con estos adverbios, ya que existen muchos adjetivos que no originan un adverbio en *-ment*, como los de color: **grogament*, o los gentilicios: **tarragoninament*. Tampoco los producen muchos sin que se justifique por qué no lo hacen: **investigadorament*, **quadradament*, entre otros. No hay que pasarse.

Fíjate que no es lo mismo *breument* que *breu*: *T'ho diré en breu* / **T'ho diré breument*. La primera significa que te diré algo pronto, en breve; pero la segunda forma solo podría entenderse en el sentido de que voy a decirte algo de forma abreviada, con pocas palabras. Por tanto, la forma más próxima a *breument* es *en resum*:

Breument, no hi aniré = En resum, no hi aniré.

Lo último de lo último: adverbios adjetivales

Otro tipo de adverbios son los denominados **adverbios cortos** o **adjetivales**, porque proceden de inmovilizar ciertos adjetivos en masculino singular. Por ejemplo:

Parlava ***ràpid.***

No veig ***clar*** *el que vol.*

En la oración de ejemplo, *ràpid* es un adverbio de modo que modifica al verbo *parlava*: nos dice cómo hablaba. Y lo mismo ocurre con *clar*. Por tanto, nunca podrían ir en femenino ni en plural (eso significa que están inmovilizados en masculino singular). En realidad es como si fueran formas equivalentes a adverbios en *-ment*: *ràpidament, clarament*. La diferencia está en que el adverbio en *-ment* es compatible con el complemento directo, pero el adverbio adjetival no, como demuestran los siguientes ejemplos:

Incorrecto → **El locutor pronunciava clar* ***totes les paraules.***

Correcto → *Parla clar* (o *clarament*).

Correcto → *El locutor pronunciava clarament* ***totes les paraules.***

Puedes observar que el complemento directo *totes les paraules* no pega demasiado con *clar*; funciona mejor con *clarament*.

Los adverbios adjetivales constituyen un grupo bastante reducido. Te presento los principales con ejemplos ilustrativos, para que detectes bien su categoría adverbial y su función intensificadora.

- **alt:** *Salten alt.*
- **baix:** *Volar baix. Ha saltat més baix que tu.*
- **fix:** *Mireu fix.*
- **fluix:** *Parleu més fluix.*
- **fluixet:** *Va recitar el poema fluixet.*
- **fondo:** *Respira fondo.*
- **fort:** *Llançà fort la pilota. Va ploure fort.*
- **igual; diferent:** *Vesteix igual que la seva mare.*
- **recte:** *Continua recte (de dret).*
- **igual:** *Tots caminen igual.*

Estos adverbios suelen aparecer con verbos referentes a la lengua *(parlar, cantar, recitar, dir)*, con verbos de movimiento direccional *(caminar, anar, volar)* o con algunos de acción *(llançar, trepitjar, prémer, colpejar)* y con los que expresan fenómenos meteorológicos *(ploure, nevar)*.

También es posible que el adverbio forme con el verbo una locución verbal, que presenta un significado metafórico, es decir que transforma el sentido recto en otro figurado, mediante la comparación. Dicho de otro modo: no puedes comprender, por ejemplo, el significado de *filar prim* según lo que significan sus palabras por separado (*filar* 'reducir a hilo', *prim* 'delgado'); por el contrario hay que contemplarlas juntas y entender el significado de la locución. Se trata, por ejemplo, de las combinaciones que te presento en la tabla 14-8.

Tabla 14-8. Combinaciones de un adverbio con un verbo

Locución	*Significado*	*Ejemplo*
filar prim	Discurrir con sutilidad; ir al detalle.	*No cal que* ***fileu*** *tan* ***prim****: la qüestió és més simple del que sembla.*
mirar prim	Ser exigente.	*No creia que* ***miressis*** *tan* ***prim****.*
no mirar prim	No tener escrúpulos.	*S'ho ha acabat de gastar sense* ***mirar prim****.*
venir prim	Por poco.	*Va* ***venir prim*** *que no em poso a cridar.*
llaurar fondo	Esforzarse.	***Llaurar fondo*** *no és per a tothom.*
picar alt	Pretender algo grande; ser ambicioso.	***Pica molt alt****: demana allò que no li podem donar.*
pixar alt	Tener pretensiones	*No li arribava a la sola de la sabata, perque ells* ***pixaven*** *més* ***alt*** *que ella.*
saber greu (saber mal)	Lamentar algo; saber mal.	*Li* ***sap greu*** *que no hi hagis anat.*
saber bo	Ser agradable.	*¿Què li darem que li* ***sàpiga bo****?*
jugar net	Sin hacer trampa; jugar limpio.	*Sempre* ***juga net*** *i mai fa trampes.*
jugar brut	Hacer trampas en el juego; jugar sucio.	*És un trampós: sempre* ***juga brut****.*
parlar clar i net	Hablar clarito, sin tapujos.	*T'ho diré* ***clar i net****.*

Se trata de adverbios que no pueden separarse del verbo. Por ejemplo, a la pregunta *¿Com fila?*, tú no puedes responder *prim*. Y si dices *juga brut*

als daus, se comprende que alguien hace trampas en el juego; pero no puedes decir: **Juga als daus brut*, porque o bien no se entiende o bien estás diciendo que uno de los jugadores es un cochino (por falta de limpieza personal).

En estos momentos por tu mente circulan muchos conceptos nuevos. Para ordenarlos te propongo que hagas un test breve, de recapitulación, antes de pasar al siguiente capítulo, que tratará de nuevas y *divinas* palabras: las preposiciones y las conjunciones, para poner el punto final en tus conocimientos, ya extensos, de gramática y ortografía catalanas.

Con el fin de practicar un poco con los adverbios, lee con atención las frases siguientes, que tienen formas no demasiado corrientes (puedes consultar su significado en este mismo capítulo). Se trata de que sustituyas la palabra en negrita por otro adverbio o locución adverbial equivalente. Seguro que puedes hacerlo.

1. Ens llevarem **dejorn** i esmorzarem abans d'agafar el cotxe.

....

2. **Tothora** van plegats.

....

3. El professor explicava **suara** el significat d'aquesta paraula.

....

4. El veig **adesiara** al bar de la plaça del Mercat.

....

5. **Tantost** s'obriren les portes.

....

6. **Antany** hi hagué millor collita que **enguany**.

....

CASTELLANISMOS O SOLUCIONES INCORRECTAS QUE DEBES CORREGIR

Incorrecto → *correcto*

a lo millor → *a la millor*

ademés → *a més*

antes → *abans*

bueno → *bé*

com a molt → *pel cap alt, a tot estirar*

llavontes (allavons, llavonsis) → *llavors, aleshores*

lo màxim (lo mínim) → *al màxim (al mínim)*

lo més aviat possible → *al més aviat possible*

mentres → *mestrestant*

quan menys → *si més no*

quan no (con función de locución adverbial) → *més encara*

solsament → *solament, sols*

Capítulo 15

Las preposiciones y las conjunciones

En este capítulo

- Distinguir preposiciones átonas y tónicas, simples y compuestas
- Reconocer las locuciones prepositivas
- Entender el uso de las conjunciones coordinantes y subordinantes
- Evitar errores frecuentes con las preposiciones y las conjunciones

Preposición. Palabra insigne y elegante. Pequeña palabra que encontramos relacionada con los nombres, porque aparece siempre dentro del sintagma nominal, de significado a menudo abstracto, otras veces concreto, a medio camino entre palabras mayores, como nombres, adjetivos, adverbios o verbos, y palabras menores, como artículos, demostrativos o cuantificadores. Palabras, pues, con cierto carácter cuyo número puede ir aumentando gracias a la evolución del lenguaje, como te demostraré en este capítulo. Solo dos ejemplos, para que tengas una rápida y precisa idea de las preposiciones:

> Significado abstracto → *Viu **a** Ripoll.*
>
> Significado concreto → *Deixa el llibre **damunt** la taula.*

Conjunción. Placentera palabra que une, que junta dos cosas, no con un amor apasionado, pero sí en la justa medida, para unir oraciones coherentemente. Así que vas a encontrártelas siempre uniendo y relacionando frases, que pueden ser subordinadas (una oración depende de la otra) o coordinadas (dos o más oraciones son independientes si bien están unidas). Aunque todo eso te lo explicaré más adelante, veamos un par de ejemplos:

Relación coordinante → *Treballa molt*, ***però*** *no en té mai ni cinc*

frase independiente — frase independiente

Relación subordinante → *Ho he fet* ***perquè*** *estiguis contenta*

frase principal   frase subordinada a la principal

Las preposiciones y las conjunciones a veces se parecen; pero hay que saber reconocerlas, distinguirlas y observar en qué contextos aparecen. Por eso, una clasificación sintética en las tablas que verás a continuación te será de gran ayuda para tus consultas rápidas, ya que es posible que algunas preposiciones y conjunciones catalanas sean nuevas para ti, porque no tienen la misma forma o el mismo uso que en castellano. Por eso vamos a estudiarlas detenidamente en este capítulo.

Las preposiciones

¿Qué nos dice la definición de las preposiciones? Pues nos dice que se trata de una categoría gramatical formada por palabras invariables que exigen la presencia de un sintagma nominal (ya sabes, un grupo de palabras cuyo núcleo es el nombre) a continuación de una de ellas.

Las preposiciones en catalán se pueden clasificar según diversos criterios:

- ✔ Por la fonología, hay preposiciones átonas (o débiles) y tónicas (o fuertes), según tengan o no sílabas tónicas.
- ✔ Por la forma, hay preposiciones simples y compuestas, según si están formadas por una sola palabra o más de una.
- ✔ Además, hay locuciones preposicionales, formadas por un grupo de palabras.

Por tanto, según estos criterios y dejando aparte las locuciones preposicionales, se pueden establecer tres grupos de preposiciones: átonas, tónicas simples o tónicas compuestas. Puedes verlas en las tablas 15-1, 15-2 y 15-3, con ejemplos, para que sepas, a primera vista, cómo y cuándo usarlas.

Tabla 15-1. Las preposiciones átonas

Preposiciones átonas	*Ejemplos*
a	*Arribo **a** casa.*
amb	*Per dinar hi ha vedella **amb** bolets.*
de	*Vinc **de** casa.*
en	*El meu germà és doctor **en** Filologia.*
per	*Han sortit **per** la finestra.*
per a	*No és bo **per a** res.*

Tabla 15-2. Las preposiciones tónicas simples

Simples	*Expresa relación de*	*Ejemplos*
cap	Dirección	*Mira **cap** amunt.*
	Proximidad	*Ves **cap** allà.*
contra	Dirección	*Es va estavellar **contra** la paret.*
	Posición de contacto	*Va recolzar la fusta **contra** la paret.*
	Oposición	*Va posar una denúncia **contra** l'empresa.*
devers	Dirección (preposición culta)	*S'han instal·lat **devers** Vic.*
entre	Situación	*Viu tancat **entre** quatre parets.*
	Acción recíproca	*El llibre tracta de l'amor **entre** dues persones.*
	Período, intervalo o inclusión	*Arribarà **entre** les nou i les deu.*
envers	Dirección	*Va anar-se'n **envers** llevant.*
	Relación	*S'ha de tenir comprensió **envers** els infants.*
fins	Dirección	*Anirem **fins** allà.*
	Tiempo	*No arribaran **fins** dijous. ¡**Fins** aviat!*
malgrat	Oposición	***Malgrat** haver fet una carrera brillant, encara no té feina.*
		***Malgrat** ell, ho farem.*
pro	A favor de (preposición culta)	*És una campanya **pro** presos.*
segons	Manera	*Llegeixo l'Evangeli **segons** Mateu.*
		*Obrarà **segons** la seva consciència.*
sense (sens)	Exclusión	*Han vingut **sense** el fill petit.*
	Falta, privación	*Ha fet un exercici **sense** cap falta; **sens** dubte.*
ultra	además de (preposición culta)	***Ultra** els llibres que ha comprat, té els que li han donat.*
vers	Dirección	*Avançaven **vers** el turó.*
	Indicación aproximada espacial o temporal	*Succeí **vers** el 1966.*

Tabla 15-3. Las preposiciones tónicas compuestas

Compuestas	*Expresa relación de*	*Ejemplos*
cap a	Dirección, situación, proximidad	*Posa-ho* ***cap a*** *la dreta.* *Me'n vaig* ***cap a*** *casa.*
com a	En calidad de	*Hi fou invitat* ***com a*** *president.*
des de	Momento en que empieza a contarse un espacio de tiempo, una distancia...	*Som aquí* ***des de*** *les tres.*
fins a	Fin en el espacio o en el tiempo	*Anirem junts* ***fins a*** *casa.*

Ahora veremos algunas preposiciones tónicas que pueden ser motivo de duda o de errores. Con un poquito de esfuerzo y atención, bastará.

En primer lugar, tienes que distinguir las formas *com* (que no es una preposición, sino un adverbio) y *com a* ya que tienen significados distintos. La locución preposicional compuesta *com a* significa 'en calidad de; en concepto de':

> *Artur Mas,* ***com a*** *president de la Generalitat, va obrir el debat de política general.*

El ejemplo dice que Artur Mas, en calidad de *president*, abrió el debate de política general. Observa que en esa oración la forma es *com a*. Pues bien, esa *a* se suprime si a continuación se encuentra un nombre precedido de un artículo definido o indefinido, o un demostrativo *(aquest, aquell)* o las palabras *quelcom* o *algun*:

> *Joan Perucho ha estat considerat* ***com un*** *dels millors escriptors catalans.*
>
> *La crítica considera* Tirant lo Blanc ***com la*** *millor novel·la del segle* XV.
>
> *El miraven* ***com aquell*** *qui els havia de salvar.*

Por otra parte, si la palabra *com* es un adverbio con el significado de 'igual que' y tiene, por tanto, sentido comparativo, se escribe siempre sin *a*:

> *El meu cosí i jo ens estimàvem* ***com*** *germans (com s'estimem els germans, com si fóssim germans).*
>
> *Estava* ***com*** *mort (igual que mort).*

El caso de la preposición compuesta *fins a* también es interesante. Expresa el término o límite de un movimiento, de una duración:

*El curs no comença **fins al** 12 de setembre.*

*Van caminar **fins a** arribar al cim.*

*Comptaré **fins a** deu.*

Pero lo que tienes que saber es que la *a* de esta preposición compuesta se pierde en contacto con la conjunción *que* y con determinados adverbios:

*Estudia **fins que** sigui l'hora de sopar.*

*No treballaré **fins demà.***

Además, *fins* sin la *a*, también se utiliza con el mismo significado que la locución *fins i tot* ('hasta; incluso'):

***Fins** el seu millor amic el va abandonar.*

En la tabla 15-4 puedes ver un grupo de preposiciones constituidas por diferentes partículas, que pueden provenir de adverbios o de formas verbales, como el gerundio o el participio.

Tabla 15-4. Clasificación de las preposiciones provenientes de adverbios y verbos

Provenientes de adverbios	
dalt, dalt de	*S'ha enfilat **dalt de** l'armari.*
damunt, damunt de	*El llibre és **damunt** la taula.*
darrere, darrere de	*Venia **darrere** meu.*
davant, davant de	*Anava **davant** nostre.*
dins, dins de	*Viure **dins d'**un monestir.*
dintre, dintre de	*Ficar una carta **dintre d'**un sobre.*
prop, prop de	*Té **prop de** 50 anys.*
sobre, sobre de	*Deixa-ho **sobre** la taula.*
sota, sota de	*Duc una samarreta **sota** la camisa.*
vora, vora de	*Érem **vora** l'església.*

(cont.)

Tabla 15-4. Clasificación de las preposiciones provenientes de adverbios y verbos *(cont.)*

Provenientes de formas del gerundio y del participio	
durant	*Els banys es van construir **durant** l'època romana.*
excepte	*Van venir tots **excepte** la Júlia.*
mitjançant	*Ho aconseguirem **mitjançant** el vostre ajut.*
llevat, llevat de	***Llevat d'**això, la resta no té importància.*
salvat, salvant	***Salvat** el respecte que us dec, haig de dir-vos que no estic d'acord amb vosaltres.*
tret, tret de	***Tret de** casos comptats, aquests malalts es curen sempre.*

Como habrás observado, algunas de estas preposiciones pueden ir seguidas de la preposición *de* o no llevarla. Es obligatorio añadirla cuando inmediatamente de la preposición que indica el significado (*prop*, *dins*, *darrere*, *damunt*, etc.) no aparece el complemento, o bien cuando ese complemento es un pronombre personal. Fíjate en estos ejemplos:

> *El llibre és **sota** la carpeta i el llapis és **sota** mateix **del** llibre.*
>
> *El* llibre és ***davant** les claus i les claus són **davant de** vosaltres.*

Por favor, no cometas el error de utilizar *baix* con el significado de *sota*. Lo correcto es decir: *Estaven a quinze graus sota zero*; pero no: **Estaven a quinze graus baix zero*. A mucha gente se le ocurre decir eso y, la verdad, en catalán suena fatal. Se trata de una interferencia del castellano *bajo cero*, así que intenta no traducir literalmente las expresiones.

El infinito mundo de las locuciones preposicionales

En catalán existe un gran número de locuciones preposicionales, que se han formado (¡y todavía se forman!) a base de añadir elementos a las preposiciones, según la fórmula: **preposición + elemento** (que puede ser nombre, adjetivo, adverbio, gerundio, participio, etc.) + **preposición**, si bien algunas locuciones pueden llevar solo una de las dos preposiciones, o la anterior al elemento o la posterior. He aquí una pequeña lista de ejemplos para que te hagas una *ligera* idea: *a causa de*, *per causa de*, *a desgrat de*, *a despit de*, *a les envistes de*, *a mig*, *a mitjan*, *a força de*, *a còpia de*, *a compte de*, *a la mercè de*, *a excepció de*, *fora de*, *defora de*, *a fi de*, *per tal* *de, a favor de, a la vora de, prop de, abans de, acabat de, al cap de, al costat de, tocant a, al dedins de, al llarg de, amb vista a, de cara a, de cares a, arran de, ran de, contra de, d'aquí a, dalt de tot de, del costat de, de dret de, de por de, des de, d'ençà de, després de, dret a, en bé de, a bé de, en comparació de, en fet de, en vista de, en lloc de, en compte de, en comptes de, en dret de, enfora de, a l'enfora de, de... enfora, enfront de, enmig de, entorn de, fora de, defora de, gràcies a, no obstant (això), passa de, per comparació a, pel compte de, per mitjà de, per por de, a través de, quant a, pel que fa, tocant a, un munt de...* Ya me detengo, porque no es mi deseo abrumarte con locuciones sin fin; además, un buen número de ellas no las utilizarás nunca... ¿o sí? Lo único que quería demostrar es que las posibilidades de formar locuciones preposicionales son grandes.

Un mundo infinito de posibilidades, ¿no es cierto? Pero en realidad no tienes por qué aprenderlas todas para formar oraciones brillantes con ellas. Solamente las más importantes, aquellas que te sean útiles para tus textos, hablados o escritos. Observa los siguientes ejemplos y toma nota de las más destacadas.

- **a causa de**: *No van sortir a causa de la pluja.*
- **a favor de**: *Anava a favor del meu germà.*
- **a excepció de**: *A excepció d'uns quants, tots foren aprovats.*
- **a fi de**: *Es va apuntar a la llista a fi de tenir plaça.*
- **a còpia de**: *Va guanyar a còpia de diners.*
- **al costat de**: *Sempre es posa al costat del guanyador.*
- **al llarg de**: *Al llarg dels anys no ha canviat gens.*
- **arran de**: *Les orenetes passaven arran de terra.*
- **en comptes de**: *Allò era vinagre en comptes de vi.*
- **gràcies a**: *Ho he aconseguit gràcies al seu ajut.*
- **per mitjà de**: *Li ho va fer saber per mitjà d'una carta.*
- **per por de**: *No ho ha fet per por de rebre.*

El uso de la locución ***a base de*** es frecuente en el catalán oral, aunque en general su uso suele ser incorrecto. Con esto quiero decir que debes evitar la expresión *a base de* en lugar de *a força de, a còpia de* o *per mitjà de*; pero, en cambio, *a base de* es correcta si se refiere a los ingredientes de un plato, de un medicamento, etc., ya que el sentido propio de esta locución preposicional es "tomando como fundamento". He aquí un ejemplo:

Incorrecto → **Va guanyar* ***a base de*** *fer trampes.*

Correcto → *Va guanyar* ***a còpia de*** *fer trampes.*

Correcto → *Ha preparat un plat* ***a base de*** *verdura.*

Por otro lado, la expresión **en base a* siempre es incorrecta y debes sustituirla por *segons, d'acord amb, tenint en compte, sobre la base de, basant-se en*, etc. Fíjate bien en los ejemplos:

Incorrecto → **Ha pronunciat una conferència* ***en base als*** *punts següents.*

Correcto → *Ha pronunciat una conferència* ***d'acord amb*** *els punts següents.*

Las preposiciones *a* y *en*

La preposición *a* se utiliza en general para indicar la dirección. Por su parte, la preposición *en* para indicar la situación estática aplicada a nombres sin artículo definido, adjetivos, numerales, cuantitativos e indefinidos (excepto *un/algun*) y en pronombres relativos. Los ejemplos harán que veas claramente esas diferencias:

Situación → *M'agrada viure* ***en*** *grans ciutats.*

Dirección → *Viatgem* ***a*** *ciutats diferents.*

En cambio, con los nombres de lugar, se utiliza la preposición *a* tanto para expresar la situación como la dirección:

Situación → *Els nens passen l'estiu* ***al*** *Pirineu.*

Dirección → *La semana que ve viatgem* ***a*** *Suïssa.*

Pero si el topónimo se comporta como un nombre y aparece precedido de un artículo definido, porque se refiere a situaciones de naturaleza histórica o cultural, generalmente se utiliza la preposición *en* aunque indique situación estática: *en la Catalunya medieval, en la Roma dels Papes, en l'Anglaterra victoriana*, etc. Asimismo, se usa *a* para designar lugares únicos para los interlocutores: *Són a casa* (situación), *anem a casa* (dirección); y se entiende que en la primera oración la casa es la de ellos y en la segunda es la nuestra.

Con los demostrativos *aquest* y *aquell*, y los indefinidos *un* y *algun* se recomienda usar la preposición *en* para indicar situación:

Situación → *Deixa-ho **en** aquest prestatge.*

Con artículos definidos y el pronombre interrogativo *quin* se recomienda *a* para indicar situación o dirección:

Situación → *Porta un barret **al** cap; ¿**A** quina cadira seus?*

Dirección → *Han llençat els papers **al** carrer; ¿**A** quina ciutat se n'ha anat?*

En los que casos que podríamos llamar *espacio figurado* es conveniente distinguir entre *en* (situación estática) y *a* (dirección):

Situación estática→ *Treballa **en** l'ensenyament.*

Dirección → *Ha tornat **a** l'ensenyament.*

Es posible que al hablar del lugar donde ocurre una cosa, hayas dudado muchas veces si tienes que usar la preposición *a* o *en*. Tienes que usar la preposición *a* en expresiones de lugar físico que empiecen en consonante o con el artículo *el* o *els*. En cambio, usarás la preposición *en* si empiezan en vocal:

Con *a*	**Con *en***
*Ha viscut **a** molts països.*	*Som **en** un lloc públic.*
*És **a** la presó.*	*Viu **en** aquesta casa.*
*Treballa **al** camp.*	

Existen algunas excepciones a esta regla, por lo que utilizarás ***en*** tanto delante de vocal como de consonante:

- ✔ En lugares figurados, porque no tienen una localización física real: *En la societat actual es viu molt de pressa.*
- ✔ En expresiones difíciles de clasificar como lugares físicos o figurados: *Busca-ho en el diccionari...* Aunque en estos casos también se admite la *a*: *Busca-ho al diccionari.* Tú mismo, tanto monta.

La preposición *a* también puede combinarse con el complemento directo

Como norma general el complemento directo nunca va precedido de la preposición *a*. Pero antes de aplicar o no esta norma hay que saber qué es un complemento directo. Muy simple: se trata de un complemento verbal introducido generalmente sin preposición que recibe el sentido del verbo: *He comprat* ***un cotxe*** *tot terreny*. El sintagma nominal *un cotxe* tiene un sentido *directo* con el verbo comprar, por lo que se dice que es un complemento directo, y el sujeto, evidentemente, soy yo *(jo he comprat)*. En cambio la preposición *a* es propia del complemento indirecto: *Has d'enviar aquest paquet* ***a*** *aquell noi*, donde *aquest paquet* es el complemento directo del verbo *enviar* y el segmento *aquell noi* es el complemento indirecto del mismo verbo, introducido por la preposición *a*. (Encontrarás también información sobre complemento directo e indirecto en el capítulo 11, relativo a los pronombres personales.)

Ahora que ya sabes identificar el complemento directo y distinguirlo del indirecto, vamos a ver un ejemplo con la norma general, que dice que el complemento directo no va precedido de *a*:

He saludat (Ø) ***la nova directora del Departament.***

Contrariamente a este ejemplo, que sirve de modelo de la inmensa mayoría de casos, escribirás la preposición *a* delante del complemento directo en los casos siguientes:

1. Siempre que el complemento directo esté representado por pronombres personales fuertes *(tu, ell, nosaltres, elles, vostè...)*, como en *T'estimo* ***a*** *tu i no* ***a*** *ella.*

2. Se puede poner delante de los pronombres *tothom, ningú, qui, el qual* y *tots* si se refieren a una persona, como en *Coneix* ***a*** *tothom* o *Coneix tothom.* Pero si la ausencia de la preposición hace que la frase sea ambigua, entonces es obligatorio ponerla: *¿Qui estima* ***a*** *Gilbert Grape?, El Barça es classificarà si guanya* ***al*** *Bayern de Munic*; observa que *Gilbert Grape* y *Bayern de Munic* son complementos directos de sus correspondientes verbos, pero si suprimes la *a*, pasan de complementos a sujetos y las frases tendrían otro sentido: en el primero sería Gilbert Grape quien amaría a alguien y en el segundo, el Bayern el que ganaría el partido.

3. En casos de paralelismo, como ocurre en *Els hem convidat* ***a*** *ell i* ***als*** *seus pares.*

4. Cuando hay desplazamiento (el complemento va delante del verbo); es el caso de esta oración: ***A*** *la Judit, l'estimen petits i grans.*

5. En casos de reciprocidad, como *Es miraven l'un* ***a*** *l'altre.*

La preposición amb

La preposición *amb* expresa una relación que denota:

- ✔ El instrumento. *He netejat la taula* ***amb*** *un drap.*
- ✔ El medio. *Compra-ho* ***amb*** *els meus diners.*
- ✔ La compañía. *Anava* ***amb*** *el meu germà.*

La preposición *amb* también puede expresar, aunque en muy contadas ocasiones, algunos usos temporales con matices de causa o modo. Lo verás clarísimo en los dos ejemplos siguientes:

Modo → ***Amb*** *la sortida del sol, el cavaller va abandonar el castell.*

Causa → ***Amb*** *l'expulsió dels moriscos, l'economia va trontollar.*

Presta atención a la preposición *amb*, ya que a menudo suele confundirse, por similitud fonética con las preposiciones *en* y *a*, y se usa indebidamente:

Incorrecto → **Penso molt* ***amb*** *ells. *Ho vam dir tot* ***amb*** *ella.*

Correcto → *Penso molt* ***en*** *ells. Ho vam dir tot* ***a*** *ella.*

También hay que tener cuidado incluso cuando no se confunde, porque puede usarse con un valor inadecuado. Es decir, la preposición *amb* es incorrecta si va con un verbo infinitivo en sentido condicional:

Incorrecto → *****Amb*** *treballar més hores cada dia, no ho aconseguirà.*

Para que la oración sea correcta solo necesitas usar un gerundio:

Correcto → ***Treballant*** *més hores cada dia, no ho aconseguirà.*

Más casos de usos indebidos: la construcción *acabar amb* es incorrecta con el significado de destruir o poner fin:

Incorrecto → **La democràcia acabarà* ***amb*** *el feixisme.*

Tienes que decirlo con la expresión *posar fi*:

Correcto → *La democràcia* ***posarà fi*** *al feixisme.*

Pero en cambio es correcto en el sentido de acabar algo de una manera o por un medio: *El concert va acabar* ***amb*** *aplaudiments.*

No cometas el error de usar, por influencia del castellano, la preposición *per* en lugar de *a* en las expresiones de momentos del día: *al matí, a la tarda, al vespre, a la nit, al migdia*... Es incorrecto decir: **Vindré per la tarda; *veniu demà pel matí; *trobem-nos el dilluns per la nit* (igual que en castellano); mientras que hablar correctamente es tan fácil como decir: *Vindré a la tarda; veniu demà al matí; trobem-nos el dilluns a la nit.*

Más expresiones que van con a, en y amb

Vamos a ver en este apartado algunas expresiones que van con la preposición *a*, aunque sean formas que expresan matices de manera (que irían normalmente con *en*), y matices de instrumento o de compañía (que irían normalmente con *amb*).

Se escriben con *a*

- Expresiones del tipo *escriure* ***a*** *màquina* o *rentar* ***a*** *mà.*
- Delante de verbos infinitivos, como en *Fa temps que pensen* ***a*** *remodelar l'empresa*; *no hi tinc res* ***a*** *veure.*

Se escriben con *amb* o *en*

- Casos como *vedella* ***amb*** *bolets*, *prunes* ***en*** *almívar* o *llicenciat* ***en*** *Biologia*.
- Y hay otras expresiones en las que pueden usarse dos preposiciones, al gusto: *aquesta paraula va* ***en/amb*** *majúscula i* ***en/amb*** *negreta*; pero hay otras que no admiten gustos: *escriure* ***amb*** *ordinador*; *aquesta paraula va* ***amb*** *cometes*; ***amb*** *parèntesi*; ***amb*** *guionet.*

Se escriben con *en*

- Para expresar modo: *Ha escrit un conte* ***en*** *català.*
- Para expresar un período largo: *Aquesta obra s'ha de fer* ***en*** *vuit mesos.*
- Si hay un artículo, también se puede combinar con *a*: ***En*** *el Renaixement* o ***al*** *Renaixement;* ***en*** *el segle* XXI o ***al*** *segle* XXI.

Se escriben con *en/amb*

- Los medios de locomoción: *un viatge* ***en/amb*** *tren*; *anar* ***en/amb*** *bicicleta...*

No es menos interesante saber qué verbos requieren las preposiciones *a, en* y *amb* para introducir el complemento que se denomina de *régimen* porque es un complemento preposicional exigido o seleccionado por un verbo. De hecho hay verbos que requieren preposiciones determinadas, y no otras. Una lista te ayudará a memorizar este asunto:

- **Requieren preposición *a* los verbos** *accedir a, acostumar-se a, atrevir-se a, contribuir a, dedicar-se a, exposar-se a, jugar a, limitar-se a, negar-se a, renunciar a*, entre otros. *¿Renuncies a Satanàs?*
- **Requieren preposición *en* los verbos** *complaure's en, consistir en, creure en, entossudir-se en, equivocar-se en, interessar-se en, pensar en*, entre otros. *Es van equivocar en els comptes.*
- **Requieren preposición *amb* los verbos** *comptar amb, conformar-se amb, trobar-se amb*, entre otros. *No es conformava amb poc.*

No son demasiado correctas, o cuando menos no son genuinas en catalán, sintagmas con *a* del tipo de los ejemplos siguientes: **camisa* ***a*** *ratlles*, **olor* ***a*** *peix*, **gust* ***a*** *menta*, etc. Debes cambiar la *a* de estas expresiones por la preposición *de*: *camisa* ***de*** *ratlles*, *olor* ***de*** *peix*, *gust* ***de*** *menta*, etc. A pesar de esto, existen algunas expresiones que la normativa todavía tiene pendientes resolver, en las que esa *a* se puede considerar adecuada; son estas: *avió* ***a*** *reacció*, *cervesa* ***a*** *pressió*, *olla* ***a*** *pressió*.

Quizá te hayas dado cuenta de que en catalán es muy corriente la traducción literal de la locución preposicional *en cuanto a* por el incorrectísimo equivalente **en quant a*. Aunque lo hayas oído infinidad de veces, esta expresión tiene que ser sustituida por las locuciones correctas ***quant a***, ***pel que fa a***, ***pel que fa referència a***, ***pel que es refereix a***, ***tocant a***. He aquí un buen ejemplo: *Tinc la consciència tranquil·la quant a aquest punt.* Y otro muy idóneo: *Pel que fa a aquest problema, ja està resolt.*

En catalán las locuciones ***al més*** y ***al menys*** no se parecen en nada a las equivalentes en castellano *(lo más, lo menos)*. Si van acompañadas de adverbios llevan la preposición *a* (ausente en castellano, que usa el pronombre *lo*). Me refiero concretamente a esta fórmula:

> *al més + adverbio + possible*, como en *Vine* ***al més*** *aviat possible.*
>
> *al menys + adverbio + possible*, como en *Situa't* ***al menys*** *lluny possible.*

Tampoco tienes que confundir la locución preposicional ***al menys*** con el adverbio ***almenys*** cuyo uso puedes recordar mediante estos ejemplos: *Digueu-me almenys qui us ho ha dit; eren almenys quinze.*

También llevan preposición *a* los adverbios *millor, pitjor, màxim* y *mínim* con el artículo (que en castellano traducirías por la forma *lo mejor...*):

Fes-ho ***al*** *millor que sàpigues.*

Dona'ns una explicació ***al*** *màxim de clara.*

Els molestarem ***al*** *mínim.*

Si analizamos esta frase: *Moltes epidèmies són degudes a la mala alimentació*, te darás cuenta, en primer lugar, de que eso es bien cierto, desgraciadamente, y el remedio difícil. Pero en la escritura, al menos la de expresión del participio del verbo *deure* seguido de la preposición *a* es correcta. Por otro lado, la locución *degut a*, que hasta hace poco tiempo era incorrecta con valor causal, actualmente, y después de la publicación de la nueva *Gramàtica catalana* del Institut d'Estudis Catalans, esta locución es equivalente a *a causa de*, *gràcies a*, *per culpa de*, *per*, *com que*, etc. Por tanto, podemos usarla perfectamente como locución causal en el siguiente enunciado:

Van suspendre el partit degut al mal temps.

La preposición de

Dejamos por el momento las preposiciones *a, en* y *amb* para dedicar un tiempo al resto de las preposiciones átonas y a sus usos. Por lo tanto, proseguimos el capítulo con la preposición *de*.

Hay que decir que la preposición *de* tiene un significado muy abstracto y en la mayoría de los casos donde aparece no tiene ningún significado, sino que cumple solamente la función gramatical de acompañar al nombre: *El Rèquiem* **de** *Mozart, un barret* **de** *palla, la Seu Vella* **de** *Lleida, el mes* **de** *març*, etc.

Además de estos ejemplos generales, también la encontrarás en los siguientes casos:

- En elementos desplazados (separados por coma). Por ejemplo en la oración siguiente se ha adelantado una parte de la oración que normalmente va detrás: *En sap molt, **de** català.*
- Delante de un adjetivo (o de un participio) cuando omites el nombre al que califica el adjetivo pero aparecen numerales *un, dos, tres...* (o palabras similares). Observa esta oración: *Voldria un bolígraf blau i **dos de** vermells.*
- Cuando un adjetivo se refiere a un nombre sobreentendido. Eso es lo que ocurre en la oración: *Si vols bombons, en tinc uns **de** xocolata amb licor*, en la que la preposición *de* hace que la palabra *bombons* esté sobreentendida.
- En las preposiciones del tipo *darrere de*, *dalt de*, *damunt de*, *dins de...* Fíjate en estos ejemplos: *Posa't **darrere d'**ell. S'ha enfilat **dalt de** l'armari. Viu **dins d'**un monestir.*

Por lo que a los verbos se refiere, los hay que exigen la preposición *de*, como *assajar, provar, veure* y *mirar* (con el sentido de *procurar*), *dir* (con el sentido de *proposar*) y *pregar*:

*Mireu **de** tenir-ho acabat abans de Nadal.*

Pero hay verbos que pueden llevar o no llevar la preposición *de*. Se trata de verbos que expresan proyecto, deseo, intención o voluntad. Pero insisto, es optativa. Son los verbos siguientes: *acordar, aconsellar, cercar, decidir, deliberar, desitjar, esperar, exigir, permetre, prohibir, provar, suggerir*, entre otros; la lista puede ser aún más larga, pero la muestra es suficiente:

*Ens han suggerit **(de)** fer-ho.*

Ya para finalizar con la preposición *de* relacionada con los verbos, solo me queda por citar aquellos verbos que no admiten jamás la preposición *de*. Son, entre otros: *voler*, *saber*, *deure*, *soler*, *fer* y *gosar*:

No han gosat dir-t'ho.

¿Qué debo decir ***d'altres*** o ***altres***, respecto al uso de la preposición *de* junto a la palabra *altres*? Normalmente la combinación *d'altres (de + altres)* tiene un matiz cualitativo o partitivo (que expresa división de un todo en partes):

*Si no t'agraden aquests anells, te **n**'ensenyaré **d'altres.***

Pero sobre todo se utiliza en correlación con el pronombre débil *en* (que también estaba presente en el ejemplo anterior), o bien cuando es equivalente a *alguns altres, algunes altres*:

> *Utilitzaré un retolador vermell, perquè no* ***en*** *tinc* ***d'altre.***
>
> *Alguns han fet pont,* ***d'altres*** *han treballat.*

En otros casos que no sean análogos a los de los ejemplos, es mejor no abusar de la combinación *d'altres* y decir, o escribir *altres*, simplemente.

La preposición *de* en los nombres de lugar

Hay una tendencia por parte de los hablantes a eliminar la preposición *de* en los nombres de las calles, plazas o barrios: *carrer València, plaça Catalunya, Centre Mèdic Clot* en lugar de sus equivalentes más correctos: *carrer* ***de*** *València, plaça* ***de*** *Catalunya, Centre Mèdic* ***del*** *Clot*. Intenta recuperar esa preposición en tus expresiones; si te fijas, te darás cuenta de que la usas sin titubear cuando estableces una relación clara de lugar en otros casos, como *el castell* ***de*** *Balsareny, l'autopista* ***de*** *Tarragona*, etc.

Doy término con este último apunte a todo lo relativo a la preposición *de* que, como puedes ver, no presenta demasiados problemas. Pasamos, pues, al apartado siguiente, donde trataremos la preposición simple *per* y la compuesta *per a*.

Las preposiciones *per* y *per a*

Una de las cuestiones controvertidas de la gramática catalana, que ha ocasionado más polémica y debate, es el uso de las preposiciones *per/per a*. El caso es que a veces puedes tener la duda de usar *per* o *per a* en una frase determinada, sobre todo porque te apoyas en el castellano, ya que a menudo *per* se corresponde con *por* y *per a* equivale a la preposición *para*. Pero esas equivalencias no siempre funcionan. Vamos a verlo con detalle y claridad de uso.

Lo último que se ha dicho sobre este asunto resulta facilísimo de aplicar (y lo más simple, para mí, es siempre lo mejor). Mi recomendación es utilizar de manera distinta *per/per a* solo delante de nombres o pronombres, porque es el único caso en que usar solamente *per* podría ocasionar confusiones y ambigüedades:

Hem portat un regal ***per a*** *la Raquel* (para ella).

No anem al ball ***per*** *la Raquel* (por ella, a causa de ella, porque viene ella).

En esos dos ejemplos la diferencia de uso de *per/per a* produce significados distintos. Otro ejemplo más para que veas clara la diferencia de *per/ per a* delante de nombres:

Al senyor Puig li han donat 3000 € ***per a*** *la seva tesi doctoral* (para que la realice; expresa finalidad).

Al senyor Puig li han donat 3000 € ***per*** *la seva tesi doctoral* (por haberla realizado; expresa causa).

En resumidas cuentas, delante de nombres y pronombres (o sintagmas nominales) la preposición *per* expresa causa, motivo, agente, lugar o tiempo; en cambio, *per a* expresa el destinatario, el beneficiario o la finalidad.

Pero en otros casos se usará siempre *per*. Es decir, delante de infinitivos, adverbios o conjunciones:

Hem anat a Gelida ***per visitar*** *el castell.*

Ens quedarem a Girona ***per sempre.***

Li hem obert un compte ***per quan*** *sigui gran.*

Estos tres ejemplos, si los escribes con *per a*, el significado no cambia para nada. Entonces, ¿por qué hacerlo? En mi opinión, lo lógico es cargarse esa molesta *a*.

A pesar de lo dicho, hay que tener en cuenta que en muchas zonas del dominio lingüístico, sobre todo en la zona del catalán oriental, *per* y *per a* no se distinguen oralmente y se pronuncian solo *per* (la *a* enmudece). Eso no quita, sin embargo, que en el catalán escrito debas conservar la diferencia, ya que de no hacerlo el lector puede confundir el significado o, cuando menos, dudar de cuál es.

Un último apunte: hay que evitar el uso de *per*+ infinitivo con valor causal. En su lugar debes recurrir a la conjunción de causa pertinente *(perquè)*:

Incorrecto → **L'han empresonat* ***per*** *defraudar molts milions.*

Correcto → *L'han empresonat* ***perquè*** *ha defraudat molts milions.*

Contracciones de preposiciones y artículos

Las preposiciones átonas *a, de* y *per* (y también la partícula *ca*, que en catalán significa 'casa', en su forma reducida) cuando están en contacto con los artículos determinados *el, en* y *els* forman contracciones; es decir, se unen las dos palabras en una de sola.

- a + el → **al**: *Vaig al cinema.*
- de + el → **del**: *Vinc del metro.*
- per + el → **pel**: *Passo pel camí.*
- per a + el → **per al**: *Això és per al Lluís.*
- a + els → **als**: *Ho he dit als companys.*
- de + els → **dels**: *És la setmana dels barbuts.*
- per + els → **pels**: *Parla pels descosits.*
- per a + els → **per als**: *És un regal per als meus fills.*
- ca + en → **can**: *Això és can Penja-i-despenja.*
- ca + el → **cal**: *Haig d'anar a cal metge.*
- ca + els → **cals**: *Demà aniré a cals avis.*

Por si no lo sabías, la muy popular expresión *can Penja-i-despenja* alude a una casa de préstamos, de empeños; pero en sentido figurado ser refiere a una casa o tienda donde impera el desorden.

Presta atención: si el artículo lleva apóstrofo, entonces no se produce la contracción.

- **a + l'**: *Me'n vaig a l'hort.*
- **de + l'**: *Vinc de l'hort.*
- **per + l'**: *¿Quan passaràs per l'estudi?*
- **ca + n'**: *Hem visitat el poblat ibèric de Ca n'Oliver.*

Una contracción muy interesante es la que se realiza en los dialectos de Baleares, ya que se combina con el artículo *salat* (del que te he hablado en el capítulo 9), que tiene las formas *es, sa, es* y *ses* porque deriva del latín *ipse/ipsa*, en lugar de las formas *el, la, els* y *les*, que derivan de *illu/illa*. De esta manera resultan combinaciones propias, que son una de las características más sorprendentes del habla balear. Seguro que los has detectado si has viajado a las islas.

- a + es → **as**: *He anat as Mercadal (... al Mercadal).*
- de + es → **des**: *La naveta des Tudons (... dels Tudons).*
- per + es → **pes**: *He caminat pes carrer (... pel carrer).*
- ca + es → **cas**: *Cas Català (... cal Català).*
- so + en → **son**: *La badia de Son Servera (el Servera).*
- de + ets → **dets**: *La cova dets Hams (dels Hams).*

Después de ver los casos en que pueden contraerse preposiciones con artículos, lo que hay que tener muy en cuenta son los casos en que no tienes que hacer la contracción. Son los siguientes:

- Títulos de obras, como *Maquiavel és l'autor d'*El príncep.
- Nombres de lugar no catalanizados, como *La història d'El Bierzo.*
- Artículos que forman parte de títulos o nombres de entidades, como *Una obra teatral d'Els Joglars*; *un periodista d'*El Periódico; *anem a El Corte Inglés.*

Las conjunciones

Una vez vistas las preposiciones, su clasificación, sus usos y las reglas más importantes, vamos con otras partículas gramaticales que sirven para unir. Como dice la frase célebre, la unión hace la fuerza.

Empiezo pues con la definición. Las conjunciones son palabras invariables que sirven para enlazar oraciones o elementos de una misma oración. Según el tipo de relación entre los elementos unidos, pueden ser coordinantes o subordinantes, es decir, que te las vas a encontrar en frases subordinadas o coordinadas.

Como te he comentado al principio de este capítulo, la coordinación es una relación entre dos o más elementos (u oraciones), de la misma importancia, sin que ninguno de los elementos predomine sobre el otro. Podemos decir que son independientes. Sin embargo, en la subordinación, un elemento (o una oración) depende de otro; es decir, está *subordinado* a él.

Coordinación → *Avui arriben* ***i*** *demà se'n van.*

Subordinación → *No marxarem* ***fins que*** *acabem la feina.*

En el primer ejemplo las dos oraciones son independientes; es decir, se entienden por separado, funcionan si van aisladas. Pero en el segundo caso, la segunda oración *acabem la feina* solo tiene sentido si va unida a la primera, que es la oración principal, mediante la conjunción *fins que*, lo cual indica que está subordinada a ella.

Conjunciones coordinantes

En la tabla 15-5 puedes ver las conjunciones coordinantes más habituales y los correspondientes ejemplos ilustrativos de su uso. Espero que no te parezcan demasiadas. No son para usarlas todas a la vez el mismo día, sino para que te hagas una idea de sus posibilidades y te quedes con las que te sean más útiles.

Tabla 15-5. Clasificación de las conjunciones coordinantes

Tipos	*Conjunciones*	*Ejemplos*
Copulativas (unión de los elementos)	i; ni.	*En Pere canta **i** la Maria balla.* *No ha menjat **ni** carn **ni** peix.*
Disyuntivas (expresan alternancia)	o; o bé.	*¿Va bé **o** no va bé?* *Pots anar a estudiar a Lleida **o bé** quedar-te a Barcelona.*
Distributivas (indican una alternativa)	adés... adés; així com; ara... adés; ara... ara; els uns... els altres; ja... ja; mig... mig; ni... ni; no només... sinó (que); no solament... sinó (que); o... o: que... que; qui... qui; sia... sia.	***Ara** plora, **ara** riu.* ***Així com** avui plou, demà farà sol.* *Els templers eren **mig** frares **mig** soldats.* *Aquest noi **ni** fa **ni** deixa fer.* ***O** ho fem d'aquesta manera **o** no ho fem.* *Li ho diré, **no solament** a ell, **sinó** a la resta de companys.*
Adversatives (expresan oposición o excepción)	però ; sinó; ara; tanmateix; altrament; ans; mes; no obstant això; tot i això.	*Estudia molt, **però** no treu bones notes.* *No ho ha fet ell, **sinó** el seu company.* *Feia molt bon dia, i **tanmateix** duia el paraigua.* *Ho faig perquè ell m'ho ha demanat: **altrament**, no ho faria pas.*
Consecutivas (denotan consecuencia)	doncs ; de manera que; per tant.	*¿Tens gana? **Doncs** menja't una cama.* *Ja t'ha arribat la factura, **de manera que** l'hauràs de pagar.*
Continuativas (indican continuidad)	encara; endemés; demés; doncs; altrament.	*L'han esbroncat i **encara** se'n riu.*

Las conjunciones copulativas

Las conjunciones **copulativas** son muy fáciles de detectar y de usar, ya que con una simple *i* o un simple *ni*, indican la unión entre los elementos que relacionan.

Ten cuidado con la conjunción *i* en catalán, ya que no se convierte en *e* (al revés de lo que ocurre en castellano) cuando la palabra siguiente empieza por *i* o por *hi*: *l'assignatura de geografia* ***i*** *història analitza la política nacional* ***i*** *internacional.*

Las conjunciones disyuntivas

Las conjunciones **disyuntivas** expresan alternativa o contraposición entre los elementos enlazados. De entre ellas, *o* es la partícula estelar.

La conjunción *o* no se transforma en *u* ante una palabra que empiece por *o*, como ocurre en castellano, sino que se mantiene: *¿Tanques* ***o*** *obres?*

La conjunción doble *i/o* es bastante forzada en catalán, por lo que no debes abusar de ella. Ejemplo: *Qui estigui interessat en llibres i/o revistes antics que vagi al mercat de Sant Antoni.* Es mucho mejor decir: *Qui estigui interessat en llibres o revistes antics que vagi al mercat de Sant Antoni.*

Las conjunciones distributivas y adversativas

Las conjunciones **distributivas** indican alternativa entre los elementos que relacionan. Son más numerosas que las copulativas y las disyuntivas. Se forman a partir de conjunciones mezcladas con otras partículas.

Por su parte, las **adversativas** expresan una oposición entre los elementos que unen o bien que uno introduce una salvedad respecto al otro.

Mucho cuidado con la conjunción distributiva o adversativa *sinó* porque puede confundirse con el grupo *si no*. Fíjate en que este está formado por dos palabras que se escriben separadas: la conjunción condicional *si* y la negación *no*; además, no hay tilde en ninguna de las dos palabras.

Distributiva → *No només faré el dinar,* ***sinó*** *que tu m'ajudaràs.*

Adversativa → *No vindran avui,* ***sinó*** *la setmana que ve.*

Condicional → *Van dir que* ***si no*** *podien venir avui, vindrien la setmana que ve.*

Alerta con la conjunción *però*, que ya tiene un valor intensivo por sí misma, por lo que no debes usarla en la forma *però que* (es un castellanismo). Observa:

Incorrecto → **Era un prova fàcil,* ***però que*** *molt fàcil.*

Correcto → *Era un prova fàcil,* ***però*** *molt fàcil.*

Otra conjunción adversativa (qua algunos autores consideran locución adverbial) que puede presentar dudas es la forma *no obstant això*. Esta es su forma completa, que también puede escribirse como *això no obstant*. Lo que aquí quiero poner de manifiesto es que hay lingüistas que consideran igualmente válida la forma reducida en *no obstant*:

- ✔ *Va arribar molt cansat al coll; no obstant això, va arribar a fer el cim.*
- ✔ *Va arribar molt cansat al coll; no obstant, va arribar a fer el cim.*

Las conjunciones consecutivas

Las conjunciones **consecutivas** introducen la consecuencia o la conclusión de lo que las precede.

¡Cuidado con la conjunción *doncs*! No puedes usarla para introducir oraciones que expresen causa, sino que tienes que sustituirla por *ja que* o *perquè*, ya que *doncs* expresa la consecuencia o la conclusión:

> Incorrecto → **No vindré* ***doncs*** *estic malalt.*
>
> Correcto → *No vindré* ***perquè*** *estic malalt.*

El hecho de estar enfermo es la causa de no poder asistir a un lugar, pero no su consecuencia. Estos son ejemplos de consecuencia y de conclusión:

> Consecuencia → *Ara plou;* ***doncs****, agafaré el paraigua.*
>
> Conclusión → *Ja no en vol més. Deu estar tipa,* ***doncs.***

Las conjunciones continuativas

Por último, las conjunciones **continuativas** indican que prosigue la explicación o que hay una sucesión de oraciones o de palabras enlazadas; además, también pueden expresar acumulación o suma.

Evita los castellanismos *ademés* y *ni siquiera* con la función de conjunciones continuativas. La solución es muy fácil: en lugar de *ademés* tienes que usar las formas ***a més***, o repetido: ***a més a més***. La alternativa correcta a la expresión *ni siquiera* es ***ni tan sols***. Y una más: la expresión propia del castellano *es más* tiene su equivalente en catalán: ***encara més***.

- ✔ *Diu que té molta sort* ***a més a més*** *de diners.*
- ✔ ***Ni tan sols*** *té un abric.*
- ✔ *Ja te'l presentaré;* ***encara més****, prepararé una trobada perquè us conegueu.*

En los apellidos catalanes la conjunción *i* puede separar el primer apellido del segundo... o no

Es muy típico de los apellidos catalanes usar la *i* para separar el primer apellido del segundo, pero yo te recomiendo que te ahorres este recurso en la mayoría de los casos, porque no es necesario señalar tal separación que no indica nada de nada. Voy a explicarte por qué.

Actualmente en catalán tan correcto es escribir la *i* entre los dos apellidos como no hacerlo, por lo que puede escribirse tanto *Joan Puig i Soler* como *Joan Puig Soler*. La conjunción separadora parece darle cierta importancia al apellido. En castellano ocurre algo similar, aunque en esa lengua es menos habitual el uso de la conjunción: *Julián Sáenz y Carvajal = Julián Sáenz Carvajal*.

No obstante, hay una utilidad en el uso de esa conjunción entre los dos apellidos: evita, a veces, la ambigüedad en la interpretación del nombre y del primer apellido cuando el apellido puede ser también un nombre de pila. Por ejemplo, si leemos en la puerta de un despacho cualquiera: *Pere Jaume Ros (advocat),* no tendremos la menor idea de si *Jaume* forma parte de un nombre compuesto *Pere Jaume* o bien *Jaume* es el primer apellido. En cambio, si pone *Pere Jaume i Ros (advocat)* queda claro que *Jaume* es el primer apellido.

Para el resto de los casos, lo más recomendable, en mi modesta opinión, es escribir los apellidos sin la conjunción; pero si una persona quiere escribir sus dos apellidos separándolos con una *i* (en catalán) o una *y* (en castellano) y manifiesta que quiere escribirlos así, hay que respetar esa voluntad. Además, existe un decreto según el cual si alguien quiere incluir una *i/y* entre los apellidos, puede hacerlo en el Registro Civil.

Esta es, pues, la solución más equilibrada. Pero a mí no me gusta.

Conjunciones subordinantes

En la tabla 15-6 te presento el elenco de las conjunciones subordinantes, su tipología y ejemplos luminosos para que no te confundas. A continuación, te indicaré, como siempre, casos que merecen un comentario especial.

Tabla 15-6. Clasificación de las conjunciones subordinantes

Tipos	*Conjunciones*	*Ejemplos*
Completivas (unen oraciones)	que; si; com.	*Sembla* ***que*** *no vindrà.* *Em pots dir* ***si*** *demà vindràs.* *Ja sé* ***com*** *anirà disfressat.*
Temporales	quan; mentre; abans; abans que; acabat que; en acabat que; així que; després que; fins que; sempre que; tan aviat com; de seguida que; fins que; fins que no; tan bon punt; des que; d'ençà que.	*Hi anirem* ***quan*** *vulguis.* ***Mentre*** *fas el dinar, començaré a parar taula.* ***Així que*** *ha arribat, el nen li ha fet un petó.*
De lugar	on; allà on.	*Qui sap* ***on*** *és.*
Causales	perquè; car; que; com; com que; atès que; ja que; per tal com; com sigui que; vist que.	*No han sortit* ***perquè*** *plovia.* *Dona'ls el que et demanen,* ***car****, si no ho fas, correm un gran perill.* ***Atès que*** *no hi podia assistir tothom, la reunió ha estat suspesa.*
Finales	perquè; a fi que; per tal que.	*Tanco la finestra* ***perquè*** *no em volin els papers.* *Vaig cridar ben alt,* ***a fi que*** *ells em sentissin.*
Condicionales	si; mentre; en el cas que; només que; posat que; sempre que; si de cas; sols que; llevat que; tret que.	***Si*** *plou, no surtis.* ***Posat que*** *n'hi hagi, us en donaré a tots.* ***Mentre*** *això sigui així, pots comptar amb nosaltres.*
Modales	com; així com; com si; segons com; segons que; tal com; en tant que; en la mesura que; igual que; igual com.	*Ho he fet* ***com*** *em vas ensenyar.* *Perdoneu les nostres culpes,* ***així com*** *nosaltres perdonem els nostres deutors.* ***Segons que*** *siguis bo o dolent, així et tractaré.*

(cont.)

Tabla 15-6. Clasificación de las conjunciones subordinantes *(cont.)*

Tipos	*Conjunciones*	*Ejemplos*
Comparativas	tan... com; tal... com; tant... com; més... que; més del que; menys... que; menys... del que; com més... més; com menys... menys.	*És **tan** orgullós **com** ens van dir.* *És **més** vell **que** Adam.* *És **menys** intel·ligent **que** sa germana.*
Consecutivas	que; tan... que; tant... que; de manera que.	*Hem caminat **tant, que** no ens podem moure.*
Concesivas	encara que; malgrat que; per bé que; bé que; mal que; per més que; si bé; tot i que.	*No hi aniré **encara que** m'hi convidi.* ***Per més que** li ho vaig dir, no me'n va fer cas.*

Las conjunciones completivas

Las conjunciones **completivas** son parecidas a las coordinantes copulativas, es decir, unen oraciones.

Por favor, no omitas la conjunción *que* jamás de los jamases. Me refiero a las oraciones introducidas por esta conjunción que dependen de un verbo que expresa petición, propósito o deseo que algo suceda. No se entiende nada, ¿cierto? No te preocupes, en otras palabras te lo explico: la conjunción *que* introduce frases subordinadas; suprimirla es incorrecto:

Incorrecto → **Els demano ens confirmin l'assistència.*

Correcto → *Els demano **que** ens confirmin l'assistència.*

Las conjunciones temporales y de lugar

Siguiente caso: las conjunciones **temporales** introducen, como indica la misma palabra, oraciones de tiempo, así como las de **lugar** introducen el lugar. Esto es pan comido.

Pero mucha atención con la temporal **des de que* (traducción literal del castellano); en catalán tienes que sustituirla por las formas ***des que*** o ***d'ençà que***:

Des que *vós sou aquí, han canviat molt les coses.*

D'ençà que *és fora, res no és el mateix.*

Las conjunciones causales

Suma y sigue: las **causales** introducen en la oración subordinada el motivo de la acción expresada en la oración principal.

Pero ten en cuenta que la normativa no admite la locución causal **donat que* (equivalente a *dado que*), sino que debes sustituirla por las locuciones *atès que, considerant que, com que*, entre otras:

Atès que *no hi podia assistir tothom, la reunió ha estat suspesa.*

Las conjunciones finales

Las conjunciones **finales** están relacionadas con la finalidad o el objetivo de la acción expresada en la oración principal.

Las conjunciones condicionales

Las **condicionales** sirven para introducir una oración que indica una condición para que se realice la acción principal.

Es incorrecto el uso del infinitivo precedido de la preposición *de* con valor condicional, por lo que debes usar la conjunción *si* típica de las subordinadas condicionales o alguna equivalente:

Incorrecto → **De venir el gerent de l'entitat, firmaríem el contracte.*

Correcto → ***Si*** *vingués el gerent de l'entitat, firmaríem el contracte.*

Del mismo modo, es incorrecto el uso (bastante extendido, por cierto) de *com* con valor condicional. Hay que usar las conjunciones condicionales, que para eso están:

Incorrecto → **Com no t'espavilis, et quedaràs sense entrades per al concert.*

Correcto → ***Si*** *no no t'espàviles, et quedaràs sense entrades per al concert.*

Las conjunciones modales y comparativas

Las conjunciones **modales** introducen frases subordinadas que indican la manera de producirse la acción del verbo principal. Las **comparativas** denotan comparación, como no podía ser de otro modo.

Las conjunciones consecutivas y concesivas

Las **consecutivas** introducen la consecuencia, los efectos del hecho expresado en el verbo principal. Por su parte, las conjunciones **concesivas** indican que la acción expresada por el verbo principal se realiza a pesar de la dificultad de la oración que introducen.

Como has podido ver, las preposiciones y las conjunciones, aun siendo palabras cortas, tienen su carácter y pueden complicarte la vida con sus múltiples usos. Con ellas, hemos llegado al fin de nuestra historia. Ha pasado como un vendaval, fuerte y vigorosa, y quizá un poco gélida en esta última parte, pero estoy seguro de que estos vientos puros han refrescado tu mente, tus ideas, con un montón de buenos consejos y soluciones prácticas que sin duda aplicarás al catalán. Por eso, podrás ahora utilizar con rigor tiempos verbales, pronombres o preposiciones. Y si tienes dudas, podrás consultar cómo evitar y detectar los principales errores.

Pero todavía me quedan algunas cosas que decirte. Puedes leerlas en los tres próximos capítulos: los decálogos. En ellos te daré consejos para escribir bien, cómo usar con tino los signos de puntuación y los aspectos que presentan las letras.

Punto final.

Para repasar un poquito este capítulo, completa cada frase con la preposición que falta (si hace falta):

1. En Josep viu ... Madrid ... raons de feina.
2. Gràcies a la bona orientació de la Magda hem arribat ... riu.
3. S'estimen com ... germans.
4. Vine ... més aviat possible.
5. Falta un mes ... Nadal

Ahora rellena los espacios en blanco con *perquè* o *doncs*, según convenga:

1. Encara no han arribat .... han perdut el tren.
2. ¿Ja han arribat els nens? .... poseu-los a dormir.
3. Té la mà masegada .... li han trepitjat sense voler.
4. Té la mà masegada; .... fes-li una frega.

ERRORES QUE DEBES CORREGIR

Incorrecto → *correcto*

camisa a quadres → *camisa de quadres*

de quan en quan → *quan*

des de que → *des que*

en quant a → *quant a, pel que fa a, pel que fa referència a, pel que es refereix a, tocant a*

gust a taronja → *gust de taronja*

jersei a ratlles → *jersei de ratlles*

olor a peix → *olor de peix*

pel matí → *al matí*

per la nit → *a la nit*

per la tarda → *a la tarda*

Parte VI

Los decálogos

En esta parte...

Una vez terminada la *Ortografía y gramática catalanas para Dummies* se abre la puerta a los buenos consejos y a las pautas para perfeccionar tu dominio del lenguaje, sobre el catalán. Ahora ya sabes las reglas y ha llegado el momento de aplicarlas. En el capítulo 16 encontrarás diez estrategias para escribir bien y mejorar tus textos. Después de leerlo no será necesario que nadie te diga cómo debes escribir una carta o un artículo, incluso un libro entero. Se trata de consejos y orientaciones muy prácticos, así que estoy seguro de que los seguirás con precisión... ¡al menos algunos! No quiero dejar de lado unas breves pautas sobre el uso de los signos de puntuación y algunas orientaciones para usar las mayúsculas y las minúsculas, así como de otros aspectos de tipografía, que verás en los capítulos 17 y 18.

Capítulo 16

Diez consejos para escribir bien

En este capítulo

- Lo que hay que hacer antes de empezar a escribir
- Planificar, redactar, revisar

¿Para escribir bien hay que tener madera de escritor? Seguro que te te has formulado más de cien veces esta pregunta sin llegar a una respuesta convincente. Te aseguro que escribir bien ya no es para otros. Párate por un momento a pensar cuántos escritos has realizado en toda tu vida. Empecemos por el principio: ... *mi mamá me mima*... ¡Bingo! ¡La primera frase que escribiste en el parvulario! Luego llegaron los apuntes en la escuela, los exámenes, solicitudes de todo tipo, el currículum, cartas comerciales, informes de trabajo... además, claro está, de un sinfín de postales, cartas personales, notas, miles de correos electrónicos y tuits. ¡Y todo eso sin tener madera de escritor!

Ahora que ya te has dado cuenta de esa realidad, es el momento de dedicar un poco de tiempo a aprender a redactar. O mejor dicho a poner en claro los innumerables escritos que todavía te quedan por hacer. No te negaré que redactar es una tarea compleja, por eso en este capítulo te ofrezco diez consejos prácticos, claros y sencillos para mejorar tu manera de escribir. Pero, por favor, no los sigas a ciegas: piensa sobre ellos y llévatelos a tu terreno; que se note tu estilo.

Qué quieres decir

Cuando tienes la necesidad de escribir algo lo primero que hay que hacer es ordenar las ideas que tienes en mente sobre lo que quieras decir. No es lo mismo escribir un correo electrónico a un amigo que una carta al director de un periódico. El grado de formalidad hará que escribas con más franqueza y desenfado a un conocido que a una persona que no conoces de nada. Por tanto, sea para quien sea el escrito, tendrás que estructurarlo y preguntarte cuál es el objetivo que persigues.

A quién te diriges y cómo hacerlo

No se te ocurra escribir una carta de presentación a directivos de una empresa en la que pretendes que te den un puesto de trabajo en un tono irónico o humorístico, con las mismas expresiones que usarías para dirigirte a tus amigos. Eso está condenado al fracaso.

El estilo del texto, por tanto, es muy importante para que tenga el efecto deseado.

Dispón de la información necesaria

Para escribir bien, sin quedarte en blanco delante de la pantalla del ordenador o con el bolígrafo en la mano sin saber qué hacer, primero tienes que disponer de la información necesaria. Para ello tienes que elegir los conocimientos y las ideas útiles y tener un buen criterio de selección, puesto que lo que vas a escribir tiene que tener interés para tus lectores o para el destinatario del texto. Busca la claridad por encima de todo.

Ten las herramientas adecuadas

Un ordenador, un buen diccionario normativo de catalán, incluso diccionarios específicos: bilingües, de sinónimos y antónimos, de frases hechas... (muchos de ellos los encontrarás en internet) y, claro está, la *Ortografía y gramática catalanas para Dummies* y... ¡ya puedes empezar!

Bueno, me olvidé de decirte que hay herramientas más básicas y tradicionales, como papel, lápiz o bolígrafo (¿quizá una pluma de ganso?) y goma de borrar.

Ordena las ideas y estructura del texto

Lo malo que tienen las ideas es que no pueden plasmarse directamente en el papel o el ordenador tal como brotan en el cerebro porque es muy posible que no se entendieran o que resultaran, cuando menos, confusas. Las ideas, al materializarse en palabras, se someten a la sintaxis, es decir, a las reglas de coordinación de las palabras para formar oraciones y expresar conceptos que los demás puedan entender.

El orden básico va de la palabra a la oración, y de esta al párrafo. Cuando tengas más de tres párrafos escritos, tendrás casi un buen texto.

Usa las palabras con precisión

El lenguaje, cuanto más rico, mejor; y para que el lenguaje sea rico debe ser preciso. Eso quiere decir que conviene dominar el léxico propio de cada campo del lenguaje. El diccionario puede ayudarte. Porque lo cierto es que si estás escribiendo un artículo sobre la agricultura catalana en el siglo XVIII, tendrás, quizá, que referirte a las herramientas de campo que utilizaba un campesino. No puedes decir sencillamente *eines de camp*. Tienes que conocer más vocabulario y más preciso para poder distinguir las diferentes herramientas: *falç, rasclet, forca, dalla, arada, aixada, jou, rella...*

Lo mismo sucede con los dialectos o las variedades geográficas. Es un signo de deferencia y de interés usar las formas que son corrientes de los lugares: *mongeta, fesol, bajoca* son las distintas formas para designar esa legumbre *(alubia, judía)*, según donde vivas. Aprende las variedades locales.

Sé breve y conciso

¿Por qué decir en veinte líneas lo que puedes decir en cuatro? La brevedad es una virtud. Recuerda el consejo de Baltasar Gracián, el famoso escritor español del Siglo de Oro: "Lo bueno, si breve, dos veces bueno. Y aun lo malo, si poco, no tan malo". Esta es una de las recomendaciones más importantes para escribir bien. Los textos largos son complejos y si no están bien argumentados, la comunicación se verá distorsionada.

La extensión de un texto depende de su intencionalidad. *Un mundo sin fin*, de Ken Follet, es una novela de más de mil páginas con un peso de casi dos kilos, mientras que un dictamen forense no alcanzará las cuatro páginas. Y aun la respuesta de un correo electrónico puede constar solo de tres palabras: *No ho sé*.

Para lograr concisión suele ser útil pensar antes de escribir. Luego repasar y eliminar lo que sea sobrante o lo que no aporte datos relevantes. Si expresas una idea de manera breve y precisa demuestras que posees desenvoltura y elegancia en la escritura. Huye de las construcciones barrocas y estereotipadas. Finalmente, deja reposar el texto un tiempo, unos días (si puedes) y luego repásalo de nuevo. Definitivamente. Quedará perfecto.

Repite las ideas más importantes

Repetir (sin abusar) la información más importante es lo mismo que destacarla. Hazlo. Pero, al mismo tiempo, evita repeticiones innecesarias, no te pases con los posesivos o los adverbios en *-ment*, porque todo eso da una sensación de pobreza de vocabulario y denota pocos recursos de estilo por tu parte. Consejo: utiliza los sinónimos para evitar repetirte, es magnífico. Evita las cacofonías y las ambigüedades.

Usa frases sencillas y cuida la presentación

Las frases sencillas son las mejores. Las oraciones largas que ocupan varias líneas dificultarán la comprensión. Tus lectores te lo agradecerán. Da prioridad a las estructuras verbales para conferirle más ritmo al texto.

Finalmente, presenta tus textos lo mejor posible a fin de seducir al lector: Estructura las ideas, distingue los párrafos claramente y titula los apartados. Por favor, no escribas un texto seguido e infinito.

Evita desdoblar en masculino y femenino

Muchas veces habrás oído a los políticos decir en sus grandilocuentes discursos alusiones a las personas mediante los enunciados: *els catalans i les catalanes, les treballadores i els treballadors, amics i amigues*, etc. Eso es repetitivo, innecesario y colosalmente ridículo, puesto que, como bien dicen los lingüistas, el masculino es un género no marcado, es decir, que se utiliza para designar a individuos de sexo masculino, pero también a individuos en general, sin precisar su sexo. Esto no resulta ambiguo ni tampoco se trata de una discriminación por razón de sexo.

Un titular que leí hace tiempo en un periódico catalán decía: *Haití dona via lliure als quatre nens adoptats per les famílies catalanes*. Este enunciado es totalmente correcto y a nadie se le ocurriría escribir: *nens i nenes*, pues ya se entiende *nens* como un colectivo, 'menores', sin necesidad de precisar el sexo de los cuatro en combinaciones absurdas. Si te esfuerzas en el uso de los dos géneros, las oraciones no serán tan naturales y el mensaje será más obtuso. La economía en el lenguaje favorece su comprensión.

Por tanto, el masculino plural o el uso del masculino en un texto presenta siempre un valor genérico: *Els funcionaris de l'Ajuntament de Barcelona fan vaga.* No hace falta distinguir que las funcionarias también, puesto que eso sí sería *masculinizador*, ya que convertiría al género masculino como marcado activamente por el hecho de contraponerlo al femenino.

Solamente en los documentos administrativos que sean impresos para rellenar se recomienda escribir las dos formas para evitar la discriminación: *Autoritzo el meu fill / la meva filla...*

Capítulo 17

Diez signos de puntuación

En este capítulo

- Conocer los signos de puntuación
- Organizar las ideas mediante la puntuación

Me paso el día corrigiendo signos de puntuación. ¡Vaya lata! Separando frases con puntos, quitando y poniendo comas por doquier para que las oraciones tengan sentido. Esta es la tarea del corrector lingüístico y también del profesor. Muchos de mis antiguos alumnos me decían que las comas o los puntos no eran faltas de ortografía, por lo que no era necesario penalizarlo en un examen. ¡Error gravísimo! No serán de ortografía, pero sí lo son de puntuación. Una simple coma puede hacer cambiar el sentido completo de una frase. Recuerda lo que te expliqué de la coma en las oraciones adjetivas especificativas y explicativas (capítulo 12).

Los signos de puntuación permiten delimitar y al mismo tiempo identificar los enunciados de un texto, según el orden de las palabras, y lo que es más importante: la entonación, las pausas y el estilo.

No te queda otro remedio que admitirlo: también es posible cometer errores de puntuación y debes evitarlos si tienes la intención de que tus lectores o destinatarios comprendan lo que escribas.

La coma – la coma (,)

Indica una pausa breve. Se utiliza en los siguientes casos:

- ✔ En las enumeraciones breves de una serie, excepto si los elementos ya están separados por *i*, *ni*, *o*. Observa el siguiente ejemplo:

  Baldiri era un xicot alt, sec, ros, d'ulls blaus, de cabells aspres i esventats (Josep Pla, *Contraban*).

- Para indicar el cambio en el orden de los elementos de una oración (elementos desplazados) o cuando falta del verbo. Fíjate en estas frases:

  Que callis d'una vegada, et diuen.

  El Madrid juga contra l'Espanyol; el Barça, contra el Getafe.

- Para marcar los incisos, como en las oraciones siguientes:

  Artur Mas, president de la Generalitat, parla en un reportatge a la BBC.

  Sitges, vila coneguda per la malvasia, és un municipi del Garraf.

- Después de palabras de encabezamiento y despedida, si bien en los encabezamientos en catalán también se usan los dos puntos. Observa:

  Benvolgut senyor, / Benvolguda senyora:

  Ben cordialment,

- Por regla general no se debe escribir coma entre el sujeto y el verbo, ni entre el verbo y los complementos. Pero si el sujeto está constituido por un fragmento muy largo, entonces se puede marcar la pausa con una coma:

  Incorrecto → **El conseller d'educació, es reunirà demà amb el president.*

  Correcto → *El conseller d'educació es reunirà demà amb el president.*

  Correcto → *L'estudi prospectiu sobre la malalatia del càncer i les anormalitats moleculars detectables en certs tumors, és un dels reptes sanitaris més importants en les societats occidentals.*

El punto – el punt (.)

Indica el final de un enunciado. Por tanto, separa las oraciones que están en un mismo párrafo *(punt i seguit)*, o bien se pone cuando termina un párrafo y el texto continúa en otro párrafo *(punt i a part)*. Evidentemente, también para finalizar un escrito *(punt final)*. Después de punto siempre se escribe la inicial de la primera palabra en mayúscula. No debes poner punto final en los títulos de los capítulos y de apartados ni tampoco en las entradas del índice o el sumario de una obra.

El punto y coma – el punt i coma (;)

El punto y coma está a medio camino entre el punto y la coma, ya que separa elementos o series complejas, aunque no llega a representar el cierre del punto. Es muy útil para redactar largas oraciones que ya contienen comas porque hay una serie de elementos. También es útil en algunas construcciones con *però, per exemple, és a dir*, etc., que ya contienen alguna coma. Los dos textos siguientes sirven de ejemplo para estos dos usos:

> *Havíem quedat que en trobaríem dimecres a la tarda; però, abans de trobar-nos, em va trucar per anul·lar la cita.*
>
> *Els tres primers guanyadors dels premis del Festival de Cinema de Torelló 2013 són: el Mountain Wilderness, a* Steps, *de Philipp Eyer i Stephan Hermann*; el *Premi FEEC i Flor de Neu de Plata, a* Valhalla, *de Nick Waggoner i B. Sturgulewski*; *el Premi Boreal i Flor de Neu de Plata, a* Roraima – Climbers of The Lost World, *de Philipp Manderla.*

Los dos puntos – els dos punts (:)

Los dos puntos sirven para introducir explicaciones, aclaraciones, ejemplos, enumeraciones, citas textuales, etc.

- ✔ Explicación, como en *L'estructura més bàsica de la narració consta de tres apartats: plantejament, nus i desenllaç.*
- ✔ Relación, como en *Els punts de l'assemblea ordinària són: lectura i aprovació de l'acta anterior, estat de comptes, pla estratègic per al 2014, torn obert de paraules.*
- ✔ Citación textual, como en *L'alcalde va dir: "Estic cansat que m'ataquin."*

Los puntos suspensivos – els punts suspensius (...)

Los puntos suspensivos son tres y no veinticinco. No te pases escribiendo puntos de más, ya que este defecto vulgariza la redacción. Sirven para indicar la interrupción de un enunciado o bien para señalar que una relación es incompleta (como sustitutos de *etc.*). Pero también se usan para expresar un final vago, impreciso o abierto. Después de los puntos suspensivos puedes poner una coma, un signo de admiración o interrogación, pero jamás un punto:

El teu pare em cau bé, però la teva mare...

El bufet oferia entrants d'embotits, patés, formatges, fumats..., però això no era tot.

Los paréntesis – els parèntesis ( )

Los paréntesis se utilizan para introducir una aclaración, un matiz, una información complementaria, un dato secundario, etc., que puede no formar parte del discurso o texto general.

A part la ceràmica, s'hi trobaren també instruments de sílex (sobretot ganivets) i punxons fets amb ossos de cabra.

Jaume I el Conqueridor fou comte de Barcelona i rei d'Aragó (1213-76), de València (1239-76) i de Mallorca (1229-76) i senyor de Montpeller.

Los corchetes – els claudàtors [ ]

En catalán se denominan *claudàtors*. Se trata de paréntesis rectangulares y se reservan para ocasiones muy especiales. Encierran elementos que no forman parte del texto original, ya sea una referencia, una corrección o un comentario. Pueden asimismo cerrar expresiones comprendidas entre paréntesis.

[...] com diu Riquer (*Aproximació al Tirant lo Blanc* [Barcelona: Quaderns Crema, 1990]).

En obras especializadas en lengua delimitan la pronunciación (como habrás podido ver en este libro).

[ə] → a,e

La raya – el guió (—)

El guion, *guionet,* es el que sirve para partir palabras que no caben al final de renglón y para juntar algunas otras: ciertos nombres compuestos, números o pronombres débiles). Por su parte, la raya o *guió,* sirve, como el paréntesis para introducir, en una oración, comentarios y aclaraciones. No olvides que con esa función siempre va a pares: una raya de apertura y otra de cierre.

A l'horta d'en Pau —de retorn— es posa a ploure.

Además, se usa *el guio* para marcar los diálogos de una obra narrativa; pero con esta función no se cierra.

Gori sol dir:

—El matrimoni ensenya moltes coses.

Signos de interrogación – signes d'interrogació (¿?)

En catalán también se pueden poner los signos de interrogación (y de exclamación) iniciales, sin duda, al igual que el castellano. Te expongo las razones: El Institut d'Estudis Catalans *aconseja* sobre estos signos, con finalidad simplificadora, usarlos solo al final de una oración. Eso da a entender que el consejo no tiene un carácter prescriptivo y, por tanto, se pueden seguir otros usos.

El problema se produce cuando en una oración interrogativa o en una exclamativa largas no hay ningún elemento que las identifique como tales hasta el signo de interrogación o exclamación de cierre. Eso es bastante molesto y puede obligar al lector a releer el fragmento entero para captar el sentido. Pompeu Fabra decía que en frases muy largas podía usarse el signo de interrogación inicial. Pero propuestas más recientes, funcionales y coherentes (Joan Solà, 1975) *aconsejan* sumarse al sistema castellano, y poner ambos signos (interrogación y exclamación) en posición inicial siempre. De este modo no perdemos el tiempo pensando si la oración es suficientemente larga o no. Esta propuesta es seguida actualmente por algunas editoriales, algunos medios de prensa y algunos escritores, como Quim Monzó o Jesús Moncada. Lee:

Renegar de la pròpia classe per defensar els interessos dels qui, al capdavall volien destruir-la, ¿anava més enllà d'una entremaliadura de nens capriciosos o –com afirmaven alguns obertament– era una manera d'assegurar-se un peu a cada banda per trobar-se a recer bufés d'on bufés el vent? (Jesús Moncada, *Camí de sirga.*)

Si solo utilizas el signo de interrogación de cierre, tienes que leer el fragmento dos veces.

Quan em veuen arribar em miren amb cara estranyada, com si em preguntessin "Aquest ¿qui és?", o "¿Què hi ve a fer, ara, aquí?". Jo em pregunto: "¿Què fan aquests, aquí, d'on surten, què fan al meu pis?" (Quim Monzó, *Mil cretins.*)

Por cierto, después de un signo de interrogación de cierre, ni se te ocurra poner un punto.

Signos de exclamación – signes d'admiració (¡!)

Se ponen antes de oraciones o palabras y después de ellas para expresar admiración, queja o lástima, para llamar la atención hacia algo o ponderarlo, o para denotar énfasis. Igual que con los signos de interrogación, en catalán también puedes usar los signos iniciales de exclamación como haces en castellano. Los signos de exclamación (o admiración) eliminan el punto final:

> *¡A baix la tirania!*
>
> *¡Ja et ben dic jo que...!*

Es totalmente cursi e infantil repetir en un texto formal más de una vez el signo de admiración final con el fin de aumentar el énfasis de la oración: **No!!! No ho facis!!!*, aunque se tolera este uso en ciertas aventuras de cómics, con el fin de acentuar la expresión del dibujo o de la situación representada.

Capítulo 18

Diez tipos de letra y de palabras

En este capítulo

- Mayúsculas y minúsculas
- Otros tipos de letra: redonda, cursiva, negrita, versalitas...
- Abreviaturas y siglas

Para completar la gramática y la ortografía de una lengua es necesario dominar también ciertos aspectos a los que a menudo no damos demasiada importancia, pero la tienen, no lo dudes. La *mayusculitis*, por ejemplo, es una enfermedad grave y los que la padecen tienen por costumbre poner casi todas las palabras en mayúsculas, como si estuviéramos en la época romana (la de unos señores que ni practicaban la división de palabras ni usaban signos de puntuación y todo lo escribían en LETRASGRANDES).

Actualmente hay que ser más comedido y reservar las mayúsculas solo para las letras iniciales de los nombres propios o para determinados usos especiales de los comunes... pero ¡no en todas las palabras!, que en todo hay normas. A continuación te las expongo.

Mayúsculas

También llamadas *versales*, tienen básicamente dos funciones: marcar el inicio de un texto y marcar los nombres propios y denominaciones de entidades individuales, en oposición a los nombres comunes o a las denominaciones genéricas, que van en minúscula. Veamos los casos de mayúscula distintiva.

a) **Nombres propios de persona, divinidades, linajes, apodos...:** *Sergi Pàmies, Zeus, els Trastàmara, el Timbaler del Bruc.*

b) **Nombres propios de animales y plantas singularizados:** *el goril·la Floquet de Neu, el Pi de les Tres Branques.*

c) **Nombres propios de objetos singularizados y de vehículos (trenes, naves y aeronaves...):** *l'espasa Excalibur, el Tramvia Blau, el Titànic.*

d) **Marcas de productos y denominaciones oficiales de origen:** *un Ford, la Pera de Lleida, Torró de Xixona.* Pero las denominaciones genéricas que proceden de nombres propios van en minúsculas: *un priorat sublim, un jeep...*

e) **Nombres de instituciones, organismos, entidades y empresas:** *l'Institut d'Estudis Catalans, el Gran Teatre del Liceu, l'Hotel Majestic.*

f) **Fiestas y celebraciones populares:** *l'Onze de Setembre, Cap d'Any, la revetlla de Sant Joan* (pero: *sant Joan).*

g) **Hechos históricos singulares:** *la Guerra dels Segadors, la Revolució Francesa, el Maig del 68.*

h) **Planetas, constelaciones y estrellas:** *la Terra, la Lluna, l'Óssa Menor, el Sol.* Pero: *unes ulleres de sol, prendre el sol, lluna plena...*

i) **Topónimos diversos:** *Girona, Vilanova i la Geltrú, el País Valencià, el País Basc* (pero: *països escandinaus*), *la República Txeca* (pero: *la república de Venècia, l'Estat espanyol*), *la Costa Brava, l'Orient Pròxim* (pero: *Europa central*), *el Tercer Món.* Observa que los artículos, las preposiciones y las conjunciones que forman parte de los topónimos se escriben en minúsculas.

j) **Nombres de edificios singulares y denominaciones de salas singulares:** *el Palau de la Música Catalana, el Pati dels Tarongers, el Saló de Cent.*

k) **Formas de tratamiento:** *Molt Honorable Senyor* (al presidente de la Generalitat), *Excel·lentíssim Senyor* (al alcalde de Barcelona), *Don Joan, Lady Macbeth, Madame Curie*, etc.

El resto de los casos no expuestos en esta listilla, que son la inmensa mayoría, van evidentemente en MINÚSCULAS.

Letra redonda

La letra redonda se llama así porque tiene una forma circular y derecha. Es la que utilizas para escribir la mayoría de los textos en tu ordenador.

Letra cursiva

La letra cursiva también se denomina *itálica*. Está ligeramente inclinada hacia la derecha porque imita más o menos la letra manuscrita. Se utiliza solo para destacar determinadas palabras en el texto, como *itálica*. También se utiliza la cursiva para indicar que estás reproduciendo una palabra o un fragmento tal como aparece en otro contexto; por ejemplo, los títulos de obras o publicaciones (la novel·la de Santiago Rusiñol, *L'auca del senyor Esteve*). La cursiva también puede usarse en palabras o expresiones extranjeras no adaptadas al catalán *(avant la lettre)*.

Comillas

Se ponen al principio y al final de las frases incluidas como citas o ejemplos. Suele emplearse con la misma función que la raya en los diálogos, en los índices y en otros escritos semejantes. También se emplea para poner de relieve una palabra o frase, si bien para eso también se usa la cursiva.

Estos signos pueden representarse de modo angular y bajos (« »), cuando hay un fragmento de texto que contiene ya otras comillas; altos (" "), cuando incluyen un pasaje en un texto o el título de una parte de una obra; simples (''), cuando destacan una palabra o una expresión:

> *El professor va dir: «Sapigueu que en lingüística "tònic vol dir 'que presenta accent'"».*

Versalitas

Las versalitas son letras con la forma de las mayúsculas pero que tienen la misma altura que la minúscula del mismo tipo de letra que estés usando. Se utilizan para escribir las cifras romanas (como los siglos: el *segle* XIII), los apellidos de los autores en las bibliografías, índices o notas al pie de página (PLA, Josep. *El quadern gris*. Barcelona: Editorial Destino, 2007). Observa que la inicial del apellido Pla va en mayúscula (es un poco más alta), con independencia del resto de las versalitas. También se usan para indicar el étimo de una palabra (*taula* > *del llat.* TABULA) o como recurso para distinguir algunas palabras.

Negrita

La letra negrita es de trazo más grueso que las otras letras de la misma familia. Se utiliza para destacar y facilitar la localización de una determinada palabra, signo o cifra de un texto; por ejemplo los títulos de párrafos o capítulos, determinadas palabras en los manuales escolares o para facilitar la memoria de las palabras clave.

Las abreviaturas

La abreviación es un procedimiento lingüístico que consiste en reducir las palabras mediante la supresión de letras finales o centrales, y que suelen cerrarse con punto. Existen tres grandes grupos: las abreviaturas, las siglas y los símbolos.

Las abreviaturas representan palabras o frases mediante alguna de sus letras, de las cuales la primera debe coincidir con la inicial de la palabra (o palabras) que las forman. Antes de producir una abreviación tienes que pensar si el lector podrá entenderla sin tener que estrujarse demasiado el cerebro. Por eso hay que producirlas con ingenio, mediante las letras clave. Normalmente se escriben con un punto final o con una barra inclinada. Pueden ir en plural e, incluso, llevar acento. Miras estos ejemplos:

> *àrab (àr.), avinguda (av.), carrer (c.* o *c/), carreró (cró.), número (núm.), limitada (ltda.), passatge (ptge.), passatges (ptges.), rambla (rbla.)*

Las abreviaturas se escriben con mayúscula inicial si la palabra no abreviada se escribe en mayúscula (*Gnet.* por *Gramenet*), excepto las abreviaturas de tratamiento, que siempre van en mayúsculas: *Dr., Dra., Prof., Sr., Sra.*, etc.

Las siglas

Las siglas son las iniciales que se utilizan para abreviar nombres de empresas, entidades, instituciones y organismos diversos; pero también nombres de documentos. Se escriben todas las letras en mayúsculas, no llevan tilde ni se indica mediante punto o barra inclinada que están abreviando una palabra. Suelen formarse con la letra inicial de cada una de las palabras que forman el nombre entero (excepto preposiciones y artículos):

DNI (document nacional d'identitat)

ONU (Organització de Nacions Unides)

PIB (producte interior brut)

EUA (Estats Units d'Amèrica)

Las siglas referidas a documentos o algunas publicaciones pueden llevar alguna letra en minúscula para evitar confusiones: *DECat (Diccionari etimològic i complementari de la llengua catalana).*

Cuando una sigla se convierte en una palabra y, por tanto, se encuentra en el diccionario general, se escribe en minúsculas y sigue las reglas de acentuación gráfica. Por ejemplo, la palabra *làser*, que proviene de la sigla LASER *(light amplification by stimulated emission of radiation).*

Acrónimos

Los acrónimos son siglas que no abrevian una palabra mediante su inicial, sino que se utilizan otras partes. Suelen escribirse con mayúscula inicial y el resto en minúsculas: *Incavi (Institut Català de la Vinya), Termcat (Centre de Terminologia per a la Llengua Catalana).*

Símbolos

Los símbolos son abreviaturas de uso internacional que se aplican a medidas, pesos, monedas y diferentes elementos de la ciencia y la tecnología. Se escriben sin punto y no tienen plural: *% (tant per cent), $ (dòlar), € (euro), Hz (hertz), km (quilòmetre), N (nord), Gb (gigabyte)...*

Índice

• A •

• B •

• C •

• O •

• P •

• Q •

• R •

• S •

• X •

• Y •